Lorenz Wiegels

# ICH WAR UNTERWEGS –
# 40 Jahre in alle Welt

**Bibliografische Information der Deutschen Nationalbibliothek**
Die Deutsche Nationalbibliothek verzeichnet diese Publikation in der Deutschen Nationalbibliografie; detaillierte bibliografische Daten sind im Internet über http://dnb.d-nb.de abrufbar.



Umschlagdesign, Satz, Herstellung und Verlag:
Books on Demand GmbH, Norderstedt

ISBN 978-3-8391-9484-3

# Inhaltsverzeichnis

Reiseleiter für Studienreisen – ein Traumjob? Das ganze Jahr in der Weltgeschichte umherziehen und für dieses Vergnügen auch noch bezahlt werden? Die Wirklichkeit sieht ein wenig anders aus. Nur dringt wenig von der Wahrheit an die Öffentlichkeit, weil Verschwiegenheit nun mal zum Handwerk gehört. Doch wenn dann tatsächlich mal jemand einen Blick in sein Tagebuch erlaubt … Aber lesen Sie doch lieber selbst.

# Vorwort

Meine Geschichte soll nicht erzählen von fremden Ländern, fremdartigen Menschen, fremden Lebensgewohnheiten und Verhaltensweisen. Sie soll nicht die Eindrücke schildern, die nahezu täglich auf die Touristen niederprasseln und die es natürlich zu verarbeiten gilt. Und sie soll auch nicht wiedergeben, was es an unglaublichen Naturschönheiten, an kulturhistorischen Sehenswürdigkeiten, an faszinierender Flora und Fauna zu bestaunen lohnt. Darüber gibt es ja inzwischen eine nahezu unvorstellbare Fülle von Büchern. Reiseführer – wer wollte oder könnte sie noch alle aufzählen –, Reisebeschreibungen, Reisebegleiter, Reisetipps, Reisekarten, Reisepläne, »Richtig-Reisen«, »Heute-Reisen«, »Besser-Reisen« usw. Nein, darum geht es nicht. Und damit auch nicht um die Empfehlung für ein bestimmtes Land, ein bestimmtes Hotel, einen bestimmten Strand, eine bestimmte Fluggesellschaft. Strandurlauber oder klassische Badetouristen oder sogenannte Erholungssuchende kommen in dieser Geschichte auch nicht vor. Obwohl zweifelsohne Verhaltensmuster der von mir geschilderten Landsleute auf diese übertragbar wären.

Aber nein, vielmehr will ich erzählen von den Mitmenschen, die eine Studienreise machen, eine Erlebnis- oder sogenannte Bildungsreise. Davon, wie sich diese Bildungsreisenden verhalten auf solchen Reisen, gegenüber Fremdartigem, Fremden, Andersdenkenden, Anderssprechenden. Wie sie sich untereinander verhalten, gegenüber dem Reiseleiter, dem örtlichen Führer, den dortigen Bus- oder Taxifahrern. Wie sie sich bei der Abfertigung am Flughafen, im Hotel, im Bus, im Restaurant, am Büfett, in Läden bewegen, sehen – und oft gleichzeitig – bewerten. Landsleute also, die – und dies ist keinesfalls überheblich gemeint, sondern wiederholt nur, wie sie sich selbst sehen – wirklich etwas vom Reisen verstehen, weil sie viel gereist sind und die erforderlichen Voraussetzungen mitbringen, um gewisse Ansprüche stellen zu dürfen. Der zuweilen stolze Reisepreis ist möglicherweise allein für sich Grund genug. Ihr Alter, ihr akademischer Titel, ihre Reiseerfahrung und ihr

Beruf formen ihre Erwartungshaltung, wenn man ihnen zum ersten Mal begegnet, zum Beispiel beim erwähnten Abfertigungsschalter der Fluggesellschaft am Flughafen. Wenn Sie, liebe Leserin und lieber Leser, über diese Geschichten schmunzeln oder sich vielleicht ertappt fühlen, dann haben diese ihren Zweck erfüllt. Wenn Sie nachdenklich werden, freue ich mich. Vielleicht haben Sie sogar Gelegenheit, vor, während oder in Verbindung mit einer Reise diese Geschichten zu lesen. Das wäre das Beste.

Ich war versucht, diese Erzählung »Ross und Reiter« zu nennen, weil es alles wahre Begebenheiten sind, nur die Namen der Betreffenden sind natürlich geändert. Aber besser scheint mir der Titel „40 Jahre in alle Welt«. Und dann möchte ich an dieser Stelle noch betonen, um Missverständnissen vorzubeugen, dass es sich bei diesen Geschichten zwar um tatsächlich erlebte Begebenheiten, aber auch bei allen Reisen und Kreuzfahrten um eine unter dem Strich verschwindend geringe Minderheit von Mitreisenden handelt. Ich habe viele großartige, tolerante, interessierte und gebildete Reisende kennengelernt, das sind die meisten, die dazu beigetragen haben, dass ich nach so langer Zeit immer noch viel Freude habe, mit ihnen durch die Welt zu ziehen. Dieser Hinweis scheint mir außerordentlich wichtig. Doch nun: Reisen Sie einfach in Gedanken mit oder erinnern Sie sich an Ihre letzte Reise.

## Vor der Reise

Das Durchstöbern der schriftlichen Reiseanmeldungen, der zum Teil umfangreichen Korrespondenz des Reiseveranstalters mit den Reiseteilnehmern gehört in der Regel zu meiner ersten Tätigkeit. Mit einer gewissen Spannung und einer Art Faszination gebe ich mich ihr hin. Welche Menschen, Landsleute, Reisende hast du denn dieses Mal unter deinen Fittichen?

Es ist offensichtlich üblich oder schick geworden, bei Reiseanmeldung Wünsche zu äußern, deren Erfüllung als selbstverständlich angesehen wird. Dabei wird völlig außer Acht gelassen, dass es sich um eine Gruppenreise handelt. Dass es 15, 20, 30, ja, sogar 80 andere Reiseteilnehmer gibt, die möglicherweise auch Wünsche haben, ähnliche oder gleiche, interessiert niemanden. Es geht nach dem Motto »me first« oder »after you, first« zu. Nachdruck wird dem Ganzen verliehen durch: »Ich fahre jetzt zum zwölften Male mit Ihnen und immer haben Sie es ermöglicht. Daher möchte ich wieder … Ich darf doch damit rechnen … Ich rechne damit.« Oder: »Überlegen Sie mal, wie viele Bekannte und Freunde ich schon für Sie geworben habe.« Vielfach wird auch ein Krankheitsbild oder ein Gebrechen vorgeschoben, um dem geäußerten Wunsche Nachdruck zu verleihen.

Und um es gleich vorwegzunehmen: Nicht alle Mitmenschen, die sich zu einer Reise entschlossen haben, äußern bereits bei der Reiseanmeldung Wünsche. Aber die können noch kommen, während der Reise, vielleicht schon beim ersten Kennenlernen am Flughafen. Natürlich wäre die Beantwortung der folgenden Frage hochinteressant: Was sind das für Menschen? Dies auch nur annähernd zu klären, ist bei Durchsicht der Reiseanmeldungen nahezu unmöglich, im Verlaufe oder am Ende einer Reise sehr schwierig. Wenn es einem gelingt, sich von Vorurteilen, Vermutungen und dergleichen freizumachen, kann man bei allen Vorbehalten zwei Generallinien erkennen: Die Älteren und die Gebildeteren sind die Schwierigen. Und das macht das Ganze so schwierig innerhalb einer Gruppe. Aber davon später mehr. Sie, liebe Leserin und lieber Leser, sollen sich ja selbst ein Bild machen.

Zurück zu den Reiseanmeldungen: Was sind das für Wünsche, fast hätte ich Forderungen gesagt, vielfach aber zu Voraussetzungen gemachte Äußerungen hinsichtlich der Teilnahme oder Nichtteilnahme an einer Reise, die bereits bei Reiseanmeldung dem Veranstalter auf den Tisch flattern? Wohl zuallererst die offensichtlich über Leben und Tod entscheidende Frage: Raucher oder Nichtraucher? Ohne Garantie, ohne Gewähr, ohne Zusage gibt der Reiseveranstalter den entsprechenden Wunsch weiter an die Fluggesellschaft, denn für die im Reiseprogramm enthaltenen Flüge, besonders die Langstreckenflüge, ist diese Information gedacht. Dass es schon eine ganze Reihe von Reiseabsagen gegeben hat, weil keine verbindliche Zusage zu erhalten war, hat dazu geführt, dass der Veranstalter den Reiseteilnehmern versichert: »Das wird schon klappen. … In unserer langjährigen Erfahrung ist uns noch kein Fall untergekommen. … Wir legen den gemeinsamen Treffpunkt immer so früh fest, damit nichts schiefgehen kann …« Und so fährt diese Personengruppe ohne jeglichen Zweifel und frohen Mutes zum Flughafen.

Der zweite Wunsch bezieht sich auch auf das Flugzeug, greift aber zuweilen schon auf andere Verkehrsmittel über wie beispielsweise den Bus. Es geht um den obligaten Fensterplatz. Ich spreche nicht von Fotografen, sondern von »Fensterbänklern« im Allgemeinen. Fotografen und Fotografieren ist ein Thema für sich, auf das ich später noch des Öfteren zu sprechen komme.

»Wissen Sie, mein Mann besteht darauf, und ich muss sagen, ich auch. Bisher wurde uns das immer ermöglicht, wir sind gute Kunden von Ihnen. Nicht, dass Sie glauben, wir wollten eine Ausnahme machen«, vermerkte Frau Brandes aus Lübeck anlässlich einer vorgesehenen Galapagosreise zu Ostern 1978.

Herr Werner aus Frankfurt hatte sich bei der Anmeldung zur Westkanadareise im Mai 1982 etwas Besonderes gewünscht: »Einen Fensterplatz in der Einerreihe, weil ich immer mein linkes Bein ausstrecken muss in den Gang.« Es war seine erste Flugreise, wie sich später herausstellte.

Allerdings beim Tag der offenen Tür in Wiesbaden-Erbenheim, als der Flugplatz noch bestand, da sei er in jedem Falle schon mal gewesen, gestand er später freimütig am Flughafen.

Also auch der Gangplatz ist bei langen Flügen inzwischen sehr beliebt, besonders wenn sich Nachtflüge nicht vermeiden lassen. »Am besten organisieren Sie für mich und meine Frau einen Fenster- und einen Gangplatz nebeneinander in der Dreierreihe, möglichst weit vorne in der Raucherabteilung, und Sie haben keine Sorgen mehr, denn die wollen wir Ihnen ja nicht machen«, schrieb das Berliner Ehepaar Ostern 1975. »Und es wird Ihnen ja sicherlich keine Schwierigkeiten bereiten, den mittleren Platz freizulassen, wie wir das immer auf langen Flügen handhaben.«

Gar mannigfaltig sind die vorgegebenen oder berechtigten und oft bedauernswerten Gründe, um zum Ziel zu gelangen: Gehbehinderung, Bandscheiben- oder Hüftleiden, Gleichgewichtsstörungen, Hörfehler, Sitzbeschwerden, Sonnenempfindlichkeit, Zug-, Lärm- oder Geruchsempfindlichkeit und vieles mehr. So wollte Herr Raffel aus Berlin bei seiner Südamerikareise im Oktober 1972 sichergestellt wissen, dass unter keinen Umständen jemand neben ihm sitzt, der nach Knoblauch riecht. »Auch nicht neben der Toilette, wie bei meinem letzten langen Flug von Johannesburg nach Frankfurt, bitte sehr«, bemerkte er.

Und Frau Nagler aus Bad Cannstatt, die sich für eine große Südsee-Neuguinea-Reise im Sommer 1974 angemeldet hatte, brachte klar zum Ausdruck, dass sie Rauch- und Maiglöckchenduft umbringen würden.

Zahlreich auch die Anfragen bei der Anmeldung bereits, wie denn jener Bus gepolstert oder gefedert sei am 12. Tag der Südseereise bei der Samoa-Inselrundfahrt und wie der Straßenzustand in Port Moresby, Neuguinea, sei, weil man selbstverständlich nur vorne sitzen könne. Das ließe sich doch einrichten mit Hilfe des Reiseleiters.

Überhaupt, der Reiseleiter: Wie ist der denn dieses Mal? Hat er die gleiche oder ähnliche Reise schon einmal gemacht? Kennt der sich aus? Spricht er die Landessprachen? »Ich brauche unbedingt jemanden, der mir alle zwei bis drei Tage auf Tonband spricht, was wir gesehen haben«, bittet Frau Krüger aus Offenbach bei ihrer Osterreise in die Südsee 1971. Herr Lömpel aus Arnstein im Fränkischen hatte die Japan-Korea-Taiwan-Reise zu Ostern 1982 gebucht und aufgeführt: »Da ich täglich nach Hause anrufen muss und aber außer meiner Muttersprache keine andere Sprache beherrsche, erwarte ich, dass mir der Reiseleiter hilft, dazu ist er ja wohl da, oder?«

Auch gibt es Reiseteilnehmer, die gern neben oder vor dem Reiseleiter sitzen möchten oder unbedingt bereits vor Reiseantritt mit ihm zusammentreffen wollen zwecks ersten Kennenlernens und davon zuweilen auch die Aufrechterhaltung ihrer Reiseanmeldung abhängig machen. Dies sind aber, bis auf wenige, Mitmenschen, die noch weit mehr Wünsche loswerden wollen, als ohnehin schon schriftlich mitgeteilt. Und wenn dies noch bei einem teuren Essen geschieht, das nicht der Reiseleiter bezahlt, hat man's auf der Reise umso schwerer. Auch erfolgt dann die Begrüßung am Flughafen im Beisein aller Teilnehmer so herzlich, als ob man sich ein Leben lang kenne. Am besten, man lässt die Finger davon.

Schwierig können vielfach auch die Reiseinteressenten sein, die bei der Anmeldung zu einer Indienreise angeben, bei Weitem nicht alles essen und trinken und vor allem Armut nicht sehen zu können. Oder jene, die eine Himalayareise unternehmen wollen und darauf aufmerksam machen, wie empfindlich sie bei zu überwindenden Höhenunterschieden seien. Oder Reisende, die ihre gebuchte Neuguineareise davon abhängig machen, ob stets und überall klimatisierte Busse und Hotelzimmer zur Verfügung stehen. Die nur unter der Voraussetzung, dass nicht zu viel Kulturhistorisches geboten wird, nach Mexiko und Guatemala fahren möchten – man habe schließlich Urlaub. Und die nach Alaska fahren möchten und darauf bestehen, dass in Anchorage ein Beethovenkonzert besucht wird.

Können Sie sich vorstellen, dass viele Mitmenschen bei der Anmeldung darauf bestehen, mit Titeln angesprochen zu werden und auch auf der Teilnehmerliste – für alle sichtbar – entsprechend aufgeführt erscheinen wollen? Auch die Ehefrau ist Frau Doktor, obwohl Hausfrau, und der österreichische Berufsschullehrer ist der Herr Professor, bitt' schön. Berufsschullehrer Mayr war ein Teilnehmer meiner Südsee-Weltreise im Sommer 1974, nein, mit »ey« schrieb er sich. Das war sehr wichtig. Er machte einen solchen Wirbel bei der Abfertigung am Flughafen im Beisein aller anderen Gruppenmitglieder, dass ich mich veranlasst fühlte, auf allen Teilnehmerlisten »Prof.« vor seinen Namen zu setzen, mich im Namen des Veranstalters zu entschuldigen und ihn nochmals den Mitfahrenden einzeln als Professor vorzustellen. Ein älterer – und wie sich sehr schnell herausstellte im Verlaufe der Reise – intoleranter, desinteressierter, ungebildeter Reiseteilnehmer.

Wie viel Reisende empfinden es als geradezu anmaßend, wenn auf der Reiseanmeldung nach dem Geburtsdatum gefragt wird. Obwohl dies für den Veranstalter nicht zu umgehen ist, da eventuell Visa, Touristenkarten oder aber Namenslisten mit den einzelnen Passdaten der Reisenden für Flughafensteuern oder zwecks Erleichterung der Einreise bei Pass- oder Zollbehörden ausgestellt werden müssen. Und genau jene Reisenden sind oft völlig verstimmt, wenn ihr Geburtstag – fällt er in die Dauer der Reise – nicht gebührend erwähnt und sie womöglich kein Geschenk vom Reiseleiter bekommen.

Lassen Sie mich das Kapitel »Vor der Reise« schließen mit dem Anmeldebeispiel der Frau Heidelmeyer aus Saarbrücken für die Indien-Nepal-Reise im November 1981, das ich für bemerkenswert deswegen halte, weil es viele der angesprochenen Wünsche auf einmal enthält. Und weil Frau Heidelmeyer später wiederkehren wird in meinen Erzählungen. Nahezu 80 Jahre war sie, hatte viel von der Welt gesehen und – wie mir schien – wenig daraus gelernt. Ihre Anmeldung enthielt immer ein Begleitschreiben, per Einschreiben kam es, mit Leuchtstift waren die Stellen angestrichen, die ihr besonders wichtig erschienen. Ihr Sitzplatzwunsch las sich so: Nichtraucher, Platz mit Beinfreiheit, möglichst ohne weitere Sitzplatzreihe davor, Gang, nicht weit vom, aber auch nicht direkt am Ausgang, da dort immer solch ein Krach sei, besonders nachts zur Schlafenszeit, Ruheabteil – also kein Bordkino. Ihr Wunsch bei den Busfahrten: Immer in der ersten Reihe rechts, in Fahrtrichtung, damit sie auch nach vorn Sicht hätte und nicht hinter dem

Fahrer sitzen müsste, keinesfalls auf der Achse – Bandscheibenschaden. Ihr Wunsch fürs Hotel: Nicht so hoch, da Treppen beschwerlich für sie seien, möglichst nahe am Frühstücksraum und Swimmingpool, falls vorhanden, Aufzugsfahrten kamen nicht infrage, da Platzangst, Kriegserlebnisse – Fliegerangriff auf Düren 1944. Hilfestellung beim Ausfüllen von Formularen wie Landekarten oder Zolldeklarationen und bei ihren Aufzeichnungen während der Reise, die für sie das A und 0 der Reise bedeuteten und Grundlage bildeten für ihr Reisealbum, das anzulegen nach der Rückkehr von der Reise ihre ganze Zeit in Anspruch nehmen würde. Hilfestellung auch beim Erwerb von Souvenirs sowie Postkarten und Briefmarken, da man, so habe sie gelesen, mit Sicherheit in dem Reiseland Indien ansonsten übers Ohr gehauen werden würde. Das Schreiben machte ihr im Übrigen besonders dann zu schaffen, wenn sich die alte Verletzung des Handgelenks – zugezogen auch während der Fliegerangriffe auf Düren – wieder bemerkbar machte. Und das tat diese mehr als genug, wie Sie noch erfahren werden. Der englischen Sprache war Tante Martha, wie sie allgemein genannt wurde, nicht mächtig. Nach 30 Jahren Auslandsreiseerfahrung sagte ihr die Frage »Name« oder »Signature« rein gar nichts. Sie war eine von 87 Teilnehmern einer anstrengenden, schwierigen Reise durch Indien und Nepal. Und sie war die anstrengendste und schwierigste Teilnehmerin von allen.

*Mit der Reiselust ist's*
*wie mit der Malaria –*
*sie kommt wieder, denn gegen die*
*Reiselust gibt es kein Mittel.*

*Erland Nordenskjölld (Streifzüge in Südamerika)*

## Am Flughafen

Meistens schlafe ich die Nacht vor Reisebeginn schlecht. Gedanken beschäftigen mich: Worauf hast du dich dieses Mal wieder eingelassen? Was für Mitmenschen fahren bei dieser Reise mit? Trotz des Einblicks in die Reiseanmeldungen, oder gerade deswegen, stelle ich mir diese Fragen. Eine große innere Spannung befällt mich. Aber nur nichts anmerken lassen. Wie mag wohl der- oder diejenige aussehen?

Laut Mitteilung des Reiseveranstalters treffen sich die Gruppen in der Regel eineinhalb bis zwei Stunden vor Abflug am Schalter der jeweiligen Fluggesellschaft zwecks Abfertigung und natürlich ersten Kennenlernens. Meistens kommt ein Mitarbeiter oder Sachbearbeiter der betreffenden Reise des Reiseveranstalters zum Flughafen, um entweder bei der Abfertigung behilflich zu sein – beispielsweise bei einer größeren Gruppe – oder aber um Flugscheine und Pässe der Reisenden mitzubringen. Manchmal lässt es sich auch der Geschäftsführer nicht nehmen, persönlich am Flughafen die Reisegäste mit einem Glas Sekt zu begrüßen und zu verabschieden.

Auch die Teilnehmer scheint oft eine gewisse Spannung zu befallen. Nicht nur, dass stets ein großer Teil mindestens eine Stunde vor der vereinbarten Zeit zum Flughafen kommt und bereits bei meinem Erscheinen auf den Plätzen vor dem Abfertigungsschalter oder in der Nähe hin- und herrutscht, reichlich oft und nervös zur Uhr schaut oder unvermittelt aufspringt, sowie man als Reiseleiter ausgemacht ist. Auch gibt es Teilnehmer, die tags zuvor angereist oder von anderen deutschen Flughäfen mittels eines Zubringerfluges nach Frankfurt gekommen sind, also schon seit einiger Zeit warten oder später als zur vereinbarten Zeit kommen.

Groß sehen alle den Reiseleiter an, einige atmen erleichtert auf, wohl froh, richtig zu sein. Andere zeigen stolz ihren Koffer, der das orangefarbene Namensschild und die orangefarbene Nummer des Teilnehmers aufweist. Eine Nummer erleichtert die Identifizierung des Gepäckstücks

Für Leute, die alles schon gesehen haben,
haben wir hier etwas Besonderes:
einen Non-Stop-Flug um die Erde!

ganz ungemein, weil sie sich mit der Nummer des Teilnehmers auf der Zimmerliste deckt, aber das nur nebenbei. Einige kommen dann auch ganz ohne Koffer: »Die sind bei der Gepäckausgabe«, höre ich sie dann sagen. Oder: »Die stehen 200 Meter weiter vorne.« So bemerkte Frau Denken aus Reinheim beim Start einer Fernostreise im Oktober 1976: »Im Programm steht: Gepäcktransport ist im Reisepreis eingeschlossen, oder nicht? Oder kennen Sie Ihr eigenes Programm nicht? Wie war doch der Name? Also holen Sie gefälligst mein Gepäck.«

Viele sind in Sorge, ob ihr Gepäckstück nicht schon zu schwer, ob ein zweites mit aufgegeben werden kann oder ihr Handgepäck nicht doch zu groß ist. Zusätzliche Namens- und Nummernschilder werden verlangt, die ersten Rufe nach Bordkarten und Pässen werden laut. Apropos Pässe: Frau Schmitz aus Frankfurt war Teilnehmerin der großen Südsee-Osterinsel-Reise im Sommer 1974 und hatte ihre Tasche stehen gelassen im damals noch verkehrenden Linienbus 41 vom Hauptbahnhof zum Flughafen. Sie herrschte mich schroff und ungehalten an, sofort für die Wiederbeschaffung zu sorgen – und nahm dort wieder Platz, wo sie zuvor gesessen hatte. Ein von mir beauftragter Taxifahrer fuhr dem bereits wieder in Richtung Stadt abgefahrenen Bus hinterher und konnte ihn tatsächlich an der ersten Haltestelle »Unterschweinstiege« einholen. Die Tasche stand Gott sei Dank noch auf dem Sitz, so dass er sie wohlbehalten und rechtzeitig zurückbringen konnte. Die nervös gewordene Frau Schmitz quittierte den Empfang mit: »Na endlich«, und zum Taxifahrer sagte sie noch: »Sie sind ein edler Mensch.« Dann nahm sie wieder Platz und sah nach, ob auch noch alles in der Tasche drin war. Die Auslagen für die Taxifahrt konnten erst Monate nach Reiserückkehr eingetrieben werden. Vor Gericht.

Herr Poth aus Dudweiler hielt sich im Sommer 1981 bereit für eine Thailand-Indonesien-Reise und bat bei Abfertigung am Flughafen um die Herausgabe seines Passes. Er hatte sein Hausreisebüro in Saarbrücken gebeten, für ihn das fällige Indonesien-Visum zu besorgen und vergessen, den Pass dort wieder abzuholen. Auch hier schaffte ein vom Reisebüro unverzüglich in Bewegung gesetztes Taxi noch rechtzeitig zum Abflug die Strecke Saarbrücken-Frankfurt, um den Pass beizubringen. Herr Poth lehnte die Zahlung der Kosten ab mit der Begründung: »Bei jedem seriösen Veranstalter läuft so was unter Kundendienst.«

So viel zur Passfrage … Oder vielleicht noch ganz kurz zu Frau Rade aus Arolsen, einer reizenden älteren Dame, stets froh gelaunt und interessiert, zuweilen etwas wunderlich, wenn ich das sagen darf. Auf sie werde ich auch noch zurückkommen, weil wir des Öfteren gemeinsam unterwegs waren. Pensionierte Lehrerin aus Ostpreußen, während der Kriegs- und Nachkriegswirren hat sie Fürchterliches erlitten, war zwei Mal verschüttet gewesen, hatte auf einem Auge Star und sprach fast nur in Versform. Ihr hatte ich immer den Pass zu tragen, den sie mir als Erstes am Flughafen übergab.

Zurück zur Fluggesellschaft und den bedauernswerten Abfertigungsangestellten am Schalter. Sie müssen jetzt versuchen, die bei der Anmeldung bereits mitgeteilten oder jetzt neu hinzugekommenen Sitzplatzwünsche unter einen Hut zu kriegen. Würde das realisiert, dann müssten es zunächst zwei Maschinen mit ein- und zweireihigen Sitzplätzen geben, ein Raucher- und ein Nichtraucher-Flugzeug, die beide keine Flügel haben, damit niemand beim Hinausschauen behindert wird. Weiter müssten diese beiden Flugzeuge dicht nebeneinander fliegen, so dass man sich zumindest vom Sehen schon mal kennenlernen kann und damit bloß die andere Maschine nicht früher ankommt. Die Kabine muss in sich noch mal unterteilt sein: in Film- und Ruheraum. Die Düsen müssen völlig geräuschlos sein, die Toiletten sollten stets frei sein, ebenso die alkoholischen Getränke, das Kabinenpersonal nur Deutsch und möglichst mehrere deutsche Dialekte sprechen und in jedem Flugabteil sollte ein Reiseleiter zur Verfügung stehen. Die Maschine muss hoch und schnell fliegen, damit man möglichst bald ans erste Reiseziel gelangt, tief und langsam, wenn besondere Sehenswürdigkeiten überquert werden, wegen des Fotografierens. Zwischenlandungen sollte es nur dann geben, wenn man dort besonders günstig einkaufen kann – arabische Golfstaaten, Singapur, Hongkong –, es etwas umsonst gibt – Orchideen in Singapur, Kaffee in Bogota, Steelbandkonzert auf Trinidad – oder es sich um ein besonders exotisches Land oder eine Insel handelt, das oder die man unter normalen Umständen in absehbarer Zeit nicht besuchen wird, wo man aber einen Stempel in den Pass bekommen kann – Insel Niue, Tonga-, Cook- oder Osterinsel im Südpazifik, Galapagos, Aruba, Macao u. a. Ein erfahrener Reiseleiter hat ohnehin vorher herausgefunden, wo gerade ein Staatsbesuch, eine Militärparade, eine Unabhängigkeitsfeierlichkeit oder ursprüngliche Volkstänze an Flughäfen stattfinden. Oder er ist zumindest so geschickt, dass er – wenn schon Zwischenlandungen – dafür sorgt, dass die Gruppe kostenlos mit Essen und Trinken versorgt wird.

Da vieles davon nicht geht und fast alle renommierten Fluggesellschaften auf ihren Langstreckenflügen Großraumflugzeuge einsetzen, die auch sogenannte Mittelplätze haben, also eine Bestuhlung von jeweils mindestens zwei Plätzen an den Fensterseiten und drei bis fünf Plätzen in der Mitte und selbstverständlich im gleichen Flugzeug sehr viel mehr andere – fast hätte ich gesagt »normale« – Passagiere mitfliegen, ist man seitens der Fluggesellschaft dazu übergegangen, eine gebuchte Reisegruppe zu dritteln, das heißt zwei Drittel werden vorgemerkt in der Nichtraucher-, ein Drittel in der Raucherkabine. Inzwischen haben sich viele Fluggesellschaften dazu entschlossen, die Raucherplätze noch weiter zu reduzieren oder nur noch Nichtraucherflüge anzubieten. Erschwerend kommt hinzu, dass fast alle Linienfluggesellschaften den Kabinenraum nochmals in drei unterschiedliche Klassen eingeteilt haben, so dass nur eine bestimmte Klasse für eine Gruppe bestimmt ist. Innerhalb dieser einen Klasse sind die Raucherplätze im vorderen Bereich eingerichtet, seltener sich gegenüberliegend. Um nun eine möglichst gerechte Lösung zu finden, besonders auch im Hinblick auf andere Passagiere, die vielfach mehr bezahlt haben an reinen Flugkosten als Gruppenmitglieder, wird die Gruppe hinsichtlich der Sitzplätze nochmals gedrittelt: Ein Drittel verteilt sich auf der linken Kabinen-, ein Drittel auf der rechten Kabinenseite und das letzte Drittel sitzt in den Mittelreihen. Und dies sowohl in der Raucher- als auch in der Nichtraucherkabine. Dass einige Fluggesellschaften dazu übergegangen sind, nur noch Nichtraucherflüge anzubieten, erleichtert zwar die Aufgabe zuweilen, problematisch kann es dennoch werden.

So trete ich dann also mit meinen Reisegästen, ihren Vorstellungen und den Versprechungen des Veranstalters vor den Schalter. Träume lösen sich in nichts auf. Das Berliner Ehepaar Bernetzky kann nicht vorne sitzen, weil sie Raucher sind, der Mittelplatz kann nicht frei bleiben, weil die Maschine ausgebucht ist. Herr Raffel hat seinen Fensterplatz bekommen, ist überglücklich, so dass andere Teilnehmer bereits vermuten, der Reiseleiter stecke dahinter – man wird sehr oft überschätzt in seinen Möglichkeiten und die Leute denken: »Die kennen sich von früheren Reisen.« An Bord neben ihm sitzt Herr Petrovic aus Melbourne, er ist vor 14 Jahren ausgewandert aus Mazedonien, hatte seine Heimat zum ersten Male wieder besucht und reichlich Knoblauch gegessen und mitgenommen. Und er hatte das Bedürfnis, sich ununterbrochen mit Herrn Raffel zu unterhalten. »Da steckt der Reiseleiter dahinter«, vermutete nun natürlich Herr Raffel.

Die wenigsten erhalten schließlich den Sitzplatz, den sie sich erträumt, mit dem sie fest gerechnet hatten. Es gibt ein kräftiges Tauschen und Austauschen, Möglichkeiten des Umsetzens an Bord werden erörtert. Der Reiseleiter kommt meistens mit einem blauen Auge davon. Einmal, weil es der Anfang der Reise ist, und dann vor allem, wenn er sich neutral verhält und die Reisenden direkt mit den Angestellten der jeweiligen Fluggesellschaft wegen der Sitzplätze verhandeln lässt. Dies schließt keinesfalls aus, dass bei jeder Reise eine nicht unerhebliche Anzahl Reiseteilnehmer auf mich einstürmt und um Aufklärung bittet, ob dies auch ein Gang-, Mittel- oder Fensterplatz sei und warum Raucher, wenn man Nichtraucher verlangt habe, und warum hinten, man wolle doch vorne sitzen. »Dazu sind Sie doch da!« Wie oft habe ich diesen Satz gehört, vermutlich wurde er noch öfter gedacht. Und natürlich sind die Mitreisenden auch erpicht darauf, zu erfahren: Wo sitzt der denn, unser Reiseleiter? Habe ich einen Fensterplatz: »Natürlich, der Herr Reiseleiter hat einen Fensterplatz.« Habe ich einen Gangplatz: »Und wir?« Sitze ich auf einem Mittelplatz und links und rechts je ein Reiseteilnehmer: »Schließlich besteht die Gruppe nicht nur aus zweien.« Sitze ich neben einer jüngeren Teilnehmerin: »Aha, uhu …« Sitze ich neben einer älteren Teilnehmerin: »Die versteht es, sich immer Vorteile zu verschaffen, die kenne ich von der letzten Reise.« Sitze ich neben einem jüngeren, alleinstehenden Teilnehmer: »Hm, vielleicht homosexuell … ?« Sitze ich neben einem älteren Teilnehmer: »Der sollte sich lieber um die alleinstehenden Damen kümmern.« Sitze ich in der ersten Reihe: »Der hat Beinfreiheit, obwohl kerngesund.« Sitze ich weit ab von der Gruppe: »Der will offensichtlich nicht bei der Gruppe sein.« Was bleibt zu tun? Ich lasse mir – wenn's geht – einen folgenden Platz geben: nicht zu weit von und nicht so nah an der Gruppe. Kein Gang-, kein Fensterplatz, nicht in der ersten Reihe, sondern irgendwo dazwischen, links und rechts nur unbekannte und nicht zur Gruppe gehörende Passagiere. Und ich stehe dann oft auf während des Fluges, als ob ich gar keinen Platz hätte.

Meine Spannung verflüchtigt sich in der Regel nach und nach etwas, die meisten Teilnehmer sind da, fast alle haben ihre Bordkarten, es war alles halb so schlimm. Aber das ist nicht immer so: Die Anschlussmaschinen haben Verspätung aus technischen oder wetterbedingten Gründen, die Autobahn ist verstopft, eine traurige Familienangelegenheit zwang zum plötzlichen Hierbleiben. Oder man hat den Schalter einfach nicht gefunden. Und zunehmend hat auch die Bahn da und dort Verspätung, die zu Unannehmlichkeiten führen kann.

Allerdings im Oktober 1971, bei einer Südseereise, fehlte mir ein Passagier: General a. D. Heinz Kokott. Ausgerechnet – so ging es mir durch den Kopf. Die Maschine wurde ein zweites Mal abgerufen, damals wurden sie das noch in Frankfurt. Herr General Kokott erschien nicht. Am Ausgang des Abrufraumes im alten Frankfurter Flughafen für den Pan-Am-Flug PA 002 nach Bangkok stand ein älterer, etwa 1,65 m großer Herr, graue Haare, gepflegte Erscheinung, bebrillt, helle Hose, blauer Blazer, Krawatte – ich führe das auf, weil er diese Sachen immer bei Flügen trug –, die eine Hand recht lässig, aber gekonnt in die Hüfte gestützt, in der anderen eine Zigarette. So kam er auf mich zu: »Sie sind der Reiseleiter? Mein Name ist Kokott, dort steht mein Handgepäck.«

In der Tat, dort stand ein weißer, lederner Handkoffer. Zuerst verstand ich nicht. Da ich obendrein selbst immer relativ bepackt bin mit persönlichen Sachen, aber auch mit Unterlagen von der und für die Gruppe, zögerte ich einen Moment. Aber dann faszinierte mich doch dieses Ansinnen, nein, es war eine Herausforderung. Das war mir bis dahin noch nicht untergekommen, auch nachher nur noch ein einziges Mal. Ich nahm den Handkoffer und trug ihn, ins und im Flugzeug, durch Zoll- und Passkontrollen, in die Busse und aus den Bussen. Und in den Hotels sorgte ich dafür, dass der Handkoffer, da ohne Nummern- und Namensschild, weil Handgepäck, ins richtige Zimmer kam. Vier Tage lang. Etwas unangenehm war, dass Herr Kokott diese Tasche jeden Tag packte, mit zum Frühstücksraum brachte und mir übergab. Auch dann, wenn wir drei Tage zum Beispiel in Bangkok blieben. Sie war zudem für ihre Größe recht schwer und in Thailand und später in Jakarta war es sehr heiß. Vorsichtig darauf angesprochen, dass er sich möglicherweise vertan habe mit dem Abreisetag, könne jedem passieren, gab er mir eine klare Antwort: »Nein, nein, mein Lieber, das Programm kenne ich ganz genau. Wissen Sie, ich war in Russland, habe da ganz andere Sachen gesehen. Ich bin immer allzeit bereit.« Mit anderen Worten: General Kokott hatte die notwendigsten Sachen, die man bei einer Reise braucht, gleich doppelt mitgenommen: einmal im Koffer und einmal im Handgepäck – für alle Fälle.

In Jakarta bei der Stadtrundfahrt, es war unglaublich heiß und schwül und wir mussten oft aus- und einsteigen, eine Klimaanlage gab es nicht, platzte mir schließlich der Kragen: Ich stellte den Handkoffer dem Herrn General direkt vor die Füße und fragte: »Herr General, wie machen Sie das eigentlich, wenn Sie mal so privat reisen?«

Genüsslich zog er an seiner Zigarette: »Dann trägt das natürlich meine Frau«, antwortete er. Wie sich später herausstellte, fuhr seine Frau nur bei »kleinen« Reisen mit, wie er sich ausdrückte.

Ich habe Herrn General Kokott auf der erwähnten und auf späteren Reisen kennen- und schätzen gelernt. Insbesondere seine Aufrichtigkeit und seine Offenheit imponierten mir. Gerade auch deswegen beschäftigte mich das Verhältnis zu seiner Frau, das mir aufgrund seiner

Aussage zu denken gab. Ich unterließ aber jegliche weiteren Fragen. Und schon bald während der ersten Reise erzählte er mir: »Warum ich eigentlich meine Frau nicht mitgenommen habe? Die ist gehbehindert und humorlos!«

Bei einer Reise in die Volksrepublik China im Oktober 1979 fehlte mir ein Ehepaar aus Düsseldorf. Sie sollten mit dem Wagen in Frankfurt ankommen. Die letzten Teilnehmer hatten sich in Richtung Abrufräume begeben und ich war gerade dabei, die Flugscheine des fehlenden Ehepaares an die Fluggesellschaft zu übergeben, falls es noch auftauchen sollte, als ich plötzlich von hinten von einer älteren Dame angesprochen wurde: »Entschuldigen Sie bitte, Sie sind der Reiseleiter. Mein Name ist Wagener, dort ist mein Mann.« In einer Entfernung von etwa 20 Metern saß ein stattlicher Mann in einem Rollstuhl und starrte vor sich hin. Ich begriff nicht, ich konnte mir nicht vorstellen, dass ... Ich war einfach sprachlos. Ich ging hinüber zu Herrn Dr. Wagener und noch ehe ich etwas sagen konnte, eröffnete er mir: »Mein Name ist Dr. Wagener und dieser Rollstuhl muss mit. Starren Sie mich nicht so an, das wird schon gehen. Meine Frau ist mir behilflich und außerdem, so denke ich, fahren wir in ein soziales und sozialistisches Land. Dort wird man mir doch helfen, oder nicht? Nur Treppen kann ich nicht gehen und muss deshalb getragen werden. Wird denn viel gelaufen?«

Ich war nicht imstande zu antworten, sondern vergewisserte mich bei dem Geschäftsführer des Veranstalters, der Gott sei Dank noch da war, dass von diesem Umstand nichts bekannt war. Ehepaar Wagener hatte bei der Buchung einfach nichts davon gesagt, dass Herr Dr. Wagener nur im Rollstuhl reisen konnte. So etwas gibt es also auch. Wenig später sah ich vom Warteraum aus, wie Dr. Wagener von vier Sanitätern der Flughafengesellschaft die Treppe zum Flugzeug hochgetragen wurde. Und als ich anschließend mit den anderen Passagieren und Gruppenteilnehmern an Bord ging, schimpfte er vor der Stewardess über den seiner Meinung nach viel zu engen Sitzplatz.

So weit, so gut. Zu diesem Zeitpunkt hat man sich bereits teilweise untereinander bekannt gemacht, bei einem Gläschen Sekt geht das auch besser, man gibt sich weltoffen, verständnisvoll und ein Phänomen macht sich – bei fast allen Reisen – breit: Nahezu alle erzählen vom Reisen, von ihren Reisen, mit wem sie wo gewesen sind und was sie für wichtig, interessant und erinnerungswürdig ansehen. Und nicht einfach so wird erzählt, nein, mit einem kaum zu überbietenden Eifer. Die meisten hören nicht richtig zu, können gar nicht zuhören, weil sie unbedingt selbst loswerden wollen, was sie schon alles erlebt und wo sie gewesen sind. Und ich stehe mitten unter ihnen, nicht einfach so, nein. Alle meine Schäfchen, die gezwungen sind zuzuhören oder überlegen müssen, was sie nun als Nächstes wirkungsvoll erzählen können, nutzen die »schöpferische Pause«, um mich um Rat zu fragen oder erste Auskünfte einzuholen, ernst gemeint oder um sich interessiert zu geben. Oft kommt zum Beispiel diese Frage, die Sie schon mal gehört haben: »Sagen Sie, wird viel gelaufen?«

Welche Antwort würden Sie geben, liebe Leserin, lieber Leser, bei einer dreiwöchigen Reise durch die Volksrepublik China, bei der täglich nahezu von morgens bis abends »Programm ist«, das heißt Besichtigungen von Tempeln, kulturhistorischen und landschaftlichen Sehenswürdigkeiten, Rundfahrten, Besuche von Museen, Mausoleen, Tanzpalästen, Freundschaftsläden, Krankenhäusern, Bahnhöfen, Ausgrabungsstätten, Kaiserpalästen, Schulen, Kindergärten, Arbeiterwohnungen, Fabriken, von Mauer und Ming-Gräbern, Abendbesuche von Tänzen, Besuche in Theater und Zirkus? Wenn dazwischen und zum Teil nachts längere Strecken mit Bahn, Bus oder Flugzeug zurückgelegt werden? Und wenn es so gut wie keine Aufzüge in den Hotels gibt und Sie Ihren Koffer durch nicht enden wollende Gänge schleppen müssen? Wann wird eigentlich eine Strecke zu Fuß anstrengend? Und was ist überhaupt wann und für wen anstrengend? Gleichgültig, was der Reiseleiter sagt: Es muss verkehrt sein. Bei einer Äthiopien-Jemen-Reise Weihnachten 1976 habe ich erlebt, dass nach einer zirka siebenstündigen Jeepfahrt, acht Personen in einem Wagen, durch ausgetrocknete Flussläufe, über Felsdünen und auf »Wellblechstraßen« durch die Steppe sich die Teilnehmer nicht mehr auf den Beinen halten konnten und nicht in der Lage waren, auch nur 100 Meter zu Fuß zu gehen.

Meine Antwort also: Es kommt darauf an. Am besten, man versucht sich auf dem langen Flug all jener Teilnehmer nochmals anzunehmen, die diese Frage gestellt haben, um herauszufinden, ob Alter, irgendwelche Behinderung und dergleichen vorliegen. Erstens macht das einen guten Eindruck und zweitens kann man danach vielleicht doch eine konkretere Antwort geben.

Und dann diese Fragen: »Ach, sagen Sie, ich weiß nicht, ob Sie wissen, man hat mir gesagt, dass ich immer im Bus vorne sitzen darf. Was heißt darf, ich muss.« Oder: »Können Sie mir vielleicht sagen, mit wem ich die ganze Reise zusammen sein werde. Sie verstehen schon, wenn Sie mal auf Ihre Zimmerliste schauen wollen?« In der Tat eine berechtigte Frage: Viele Reisende möchten den Einzelzimmerzuschlag gerne sparen, der zugegebenermaßen bei einigen Reisen hoch ist, und gehen dann das Risiko ein – ein besseres Wort fällt mir trotz langen Nachdenkens nicht ein –, drei Wochen oder länger mit einer bis dahin völlig unbekannten Person zusammenzuwohnen. Das kann gut gehen, wie im Falle des Generals, der mit Herrn Professor Kuca, einem äußerst ruhigen und gutmütigen Mann, zusammenwohnte und fortan nur noch mit ihm verreisen wollte. Das lag sicherlich nicht nur daran, dass der Herr Professor ab dem vierten Tage der ersten Reise das Handgepäck des Generals trug, sondern auch und vor allem an seiner erwähnten Besonnenheit und Ausgeglichenheit. Die Liebe ging sogar so weit, dass mich General Kokott in gewissen Zeitabständen anrief und fragte, wohin und wann denn Professor Kuca seine nächste Reise plane und möglicherweise schon gebucht habe. Wenn ich dann entsprechend Auskunft geben konnte, kam unverzüglich die Anweisung: »Buchen, Kokott sofort buchen.«

Und mir würden eine ganze Reihe weiterer Personen einfallen, die zukünftig nur noch gemeinsam verreisten, wenn es machbar war. Aber mir fallen auch diejenigen ein, die dies keinesfalls mehr wollten. So beispielsweise die Herren Dassler und Schaffgotsch auf meiner ersten Kanada-Alaska-Reise im Sommer 1974. Herr Dassler, ein gestandener Mann, zirka 1,95 m groß, Münchner, gesunde Gesichtsfarbe, etwas laut, sehr geradeheraus, sportlich und modern gekleidet, stabil gebaut, wusste, was er wollte, und sagte, was ihm nicht passte, Nichtraucher, roch immer nach irgendeinem bekannten, männlichen – sicher auch teuren – Parfum, trug seinen großen Leichtmetallkoffer mit zwei Fingern, etwas o-beinig und der Herr Schaffgotsch, ein kleiner, schmächtiger Mann aus einem Vorort von Wien, blasse Gesichtsfarbe, sehr empfindlich, wirkte immer etwas ängstlich, als wenn ihm jemand etwas getan hätte, ging vornübergebeugt, sprach leise und meist Dialekt, hatte immer den gleichen karierten Anzug an, der an ihm aussah wie ein Erbstück oder aus dem Pfandhaus, Kettenraucher, unsportlich, X-Beine, hatte große Mühe, seinen Koffer zu heben, der lediglich noch von zahlreichen Hotelaufklebern zusammengehalten wurde und offensichtlich über den Krieg hinübergerettet worden war. Es musste einfach für die meisten der Eindruck entstehen, allein vom Äußeren her, dass die beiden unmöglich zusammenpassen konnten.

Schlimm für mich war, dass beide sofort den Verdacht schöpften, man habe sie absichtlich zusammengelegt, um sie zu ärgern oder zumindest, weil der Veranstalter nicht sorgfältig genug andere Möglichkeiten erwogen hätte. Natürlich weit gefehlt. Selbst nach eingehender Prüfung der Zimmerliste blieben immer wieder diese beiden Herren übrig. Nach vorsichtigem Befragen, dann auch unterwegs, ob die Herren vielleicht jetzt und unter diesen Umständen ein Einzelzimmer wünschten, natürlich nur bei entsprechender Zuzahlung und abhängig von der Zimmerverfügbarkeit, wurde von beiden übereinstimmend – die einzige Übereinstimmung – abgelehnt. Selbst eine Zusage hätte mir schon geholfen, dann hätte der andere nämlich ein Zimmer ohne Zuzahlung bekommen, weil er sozusagen »ohne zu wollen« ein Einzelzimmer bekam. Da beide Herren dies wussten, gab keiner nach. Die Situation eskalierte bereits nach der ersten Nacht im Hotel in Anchorage. Herr Dassler kam beim morgendlichen Frühstück zu mir: »Sie, kann ich Sie emal kurz sprecha. Der Schaffgotsch woscht sie net, un rauchen tut er die ganze Nacht wie e Dampflokomotiven. I werd mi nach ein Krebs untersuchen lassen, wenn i zurückkomma du nach Münschen, das geht netto so weiter!«

Wenig später kam Herr Schaffgotsch: »Sie haben mich da mit einem Ungeheuer zusammengelegt. Der schnorcht die ganze Nacht, dass ich nicht schloafe koan und zu raucha anfanga hab' bis in die Früh. Das halt i net durch!«

Meine Bemühungen während der nächsten Tage, etwas an der Situation zu ändern, scheiterten schon daran, dass Hochsaison war und keine Zimmer zu haben waren. Im Gegenteil: Nach etwa 14 Tagen gelang es mir noch nicht einmal, im Banff-Nationalpark die Anzahl der vorbestellten und bestätigten Zimmer zu bekommen. Ich war also gezwungen, die Teilnehmer in sogenannten Units, das sind Wohneinheiten für vier Personen, eine angenehme nordamerikanische Einrichtung für Familien, unterzubringen. Und auch zu meinen »beiden« musste ich zwei andere Teilnehmer aus der Gruppe abkommandieren. Ich suchte die beiden Jüngsten aus, besprach die Sache mit ihnen und sie waren, in Gottes Namen, damit einverstanden. Mein abendlicher Erkundungsgang, ob alle einigermaßen untergebracht und zufrieden seien, führte mich natürlich auch zu diesen Herrschaften. Nach Klopfen und Eintreten in das Zimmer zeigte sich mir folgendes Bild: Herr Schaffgotsch saß in voller Montur, in sich zusammengesunken und offensichtlich todunglücklich und vor sich hin rauchend, auf seinem Bett. Und auf dem Bett ihm gegenüber saßen nebeneinander, jeweils nur mit einer Unterhose bekleidet, Herr Dassler und die beiden jüngeren Herren. Herr Dassler hielt eine fast noch volle Flasche schottischen Whisky in der Hand, Johnnie Walker. »Die gebens mir überhaupt nix ab von dem Whisky, Herr Reiseleiter«, eröffnete mir Herr Schaffgotsch mit geradezu weinerlicher Stimme.

Herr Dassler, der gerade beabsichtigte, einen Schluck aus der Flasche zu nehmen, hielt unwillkürlich inne und sagte sehr ungehalten: »Wegen Ihna saufen mer ja das Zeig, Sie Ziegenbock!«

Da sich Herr Schaffgotsch, wie mir Herr Dassler glaubhaft versichern konnte, tatsächlich nur immer den relativ kleinen Schnurrbart wusch, und zwar nur diesen, hatte er ihm schon vor einer Woche ein absolutes Ausziehverbot erteilt. Trotz dieser einschneidenden Maßnahme ging ein nicht unerheblicher Geruch von Herrn Schaffgotsch aus, und so hatten sich die drei Herren im Hinblick auf die kommende Nacht einfach nur »betäuben wollen«, wie sie es nannten

Es gäbe noch viele solche Hotelgeschichten zu erzählen, einige »Klassiker« später. Kehren wir zurück zur Gruppe beim Abflug. Diese ist gerade erst dabei, den richtigen Abrufraum zu suchen, noch zollfrei einzukaufen und dann an Bord des Flugzeuges zu gehen. Zeit also für zwei weitere Flughafengeschichten.

Anlässlich der Japan-Taiwan-Korea-Reise im November 1974 war Herr Professor Dr. Haase einer der allein reisenden Teilnehmer. Ein Einzelzimmer war bei der Buchung der Reise als Grundvoraussetzung genannt. Seine Frau brachte ihn zum Flughafen und stellte ihn mir vor. Sie machte einen besorgten Eindruck, er schien nervös, gereizt. Nicht er, sie gab sein Gepäck auf, und auch sie bat um einen Fensterplatz für ihn mit Beinfreiheit und in der Nähe des Ausgangs im Flugzeug. »Ich mache mir Sorgen um meinen Mann«, sagte sie, vielleicht hatte sie meine Gedanken erraten. »Haben Sie Verständnis, er ist überarbeitet und relativ kontaktarm. Ich bitte Sie«, fuhr sie fort und mich beiseitenehmend, »er braucht Ihre Hilfe und auch Kontakt. Obwohl eine Gruppe, … ich weiß, ich weiß. Aber … und hier …« Sie drückte mir 200,– DM in die Hand. Ich muss sagen, das war mir peinlich und äußerst unangenehm. Und dann: Sehr schnell, bereits im Flugzeug, erwies sich Professor Haase als eher kontaktfreudig. Er unterhielt sich angeregt mit seinen Nachbarn und später mit anderen Reiseteilnehmern und er schien eine gesunde Portion Humor zu besitzen. Einer jungen attraktiven Dame aus der Gruppe war er ganz offensichtlich besonders zugetan. Diese Zuneigung drückte sich dadurch aus, dass er bereits ab dem zweiten Abend auf die Benutzung des Einzelzimmers verzichtete. »Aber«, so gab er mir klar zu verstehen, »dieses Zimmer ist bezahlt und wird deshalb auch von mir benutzt, wie soll ich sagen, offiziell, wenn auch nur theoretisch. Es muss ja schließlich alles seine Ordnung haben. Sie verstehen mich doch?«

Ich verstand. Was Herr Professor Haase nicht wusste, war, dass zwei Reiseteilnehmer nur zähneknirschend gemeinsam in einem Doppelzimmer wohnten. Und was er nie erfuhr, war, dass einer der beiden für den Rest der Reise sein Zimmer nutzte, auf meine Veranlassung hin. So hatte ich im weiteren Verlauf der Reise neben Professor Haase zwei weitere äußerst zufriedene Reiseteilnehmer. Sie dankten es mir bei der Ankunft in Frankfurt: 100,– DM pro Nase erhielt ich, macht zusammen 200,– DM.

Noch während des Aufenthaltes in Taipeh, beim letzten gemeinsamen Essen, lud mich Professor Haase zu einem Glas Wein ein. »Wissen Sie«, sagte er, »ich möchte Ihnen hiermit meinen Dank aussprechen. Es hat alles wie vorgesehen und von mir gebucht geklappt. Die Hotels entsprachen meinen Erwartungen und ich bin sicherlich nicht zum letzten Male mit Ihnen gereist.« Sprach's und drückte mir einen Umschlag in die Hand: 200,– DM waren darin enthalten und ein kleiner handgeschriebener Zettel: Vielen Dank für die fürsorgliche Betreuung.

Nach der Rückkehr, bei der Gepäckausgabe in Frankfurt, wartete Frau Haase. Sie eilte auf ihren Mann zu, umarmte ihn schluchzend und war sichtlich froh, ihn wieder gesund und wohlbehalten zurückzuhaben. Und er hatte die gleichen Falten auf der Stirn wie zu Beginn der Reise. Er schien gereizt und nervös, als sie mir nochmals die Hand schüttelte und sich für die Mühe und Betreuung im Namen ihres Mannes bedankte.

Im Sommer 1982 zählte Frau Kramer aus Aschaffenburg zu den Reisegästen einer Indonesienreise. Der Verlauf dieser Reise bringt es mit sich, dass besonders oft in verschiedenen Hotels und Unterkünften übernachtet wird. Neben den Hauptsehenswürdigkeiten waren auch eine Reihe abgelegener Landesteile ein fester Bestandteil des dreiwöchigen Reiseprogramms. Und nicht immer gehörten Unterbringungsmöglichkeiten dazu, die einen Vergleich mit den häuslichen Schlafgewohnheiten zuließen. Und gerade auf diese Schlafgewohnheiten aber wollte oder konnte Frau Kramer nicht verzichten. Man hatte ihr in ihrem Reisebüro die möglichen und tatsächlichen Unterschiede indonesischer nächtlicher Ruhegewohnheiten im Vergleich zu denen in Aschaffenburg überaus plastisch vor Augen geführt. Und Frau Kramer hatte sich deshalb entschieden, auf Nummer sicher zu reisen: Sie erschien am Schalter der

KLM am Frankfurter Flughafen zu erwähnter Reise mit einem überaus großen Handgepäckstück. Ein wunderschönes, blau und weiß gestreiftes Daunenkopfkissen war darin enthalten. »Drei ganz neue Kopfkissenbezüge sind noch in meinem Koffer«, versicherte sie.

*Es genügt nicht, um sich zu*
*informieren, die Länder zu*
*durcheilen, man muss reisen können.*

*Um zu beobachten, braucht man Augen,*
*und man muss sie auf das Objekt wenden,*
*welches man erkennen will.*
*(Jean-Jacques Rousseau)*

# An Bord und Ankunft

Die Stimmung in der Reisegruppe hat sich mittlerweile meistens vollends entkrampft, bei den Reiseteilnehmern und auch bei mir. Einige lassen jetzt ihrem Unmut freien Lauf, schimpfen über die schlechten Plätze und darüber, dass die Maschine voll besetzt ist. Andere beklagen sich über den Bordservice, obwohl kaum begonnen. Und schließlich gibt es auch viele, die sind sehr zufrieden, haben ihre Sessellehne zurückgestellt und sich bereits in ihre Lektüre vertieft, meist Länderkundliches oder einen Polyglott oder DuMont über die Zielländer, haben ihr Programm zur Hand genommen oder sich Kopfhörer zugelegt und den ersten Gin Tonic bestellt.

Da fällt mir nun folgende Geschichte ein: Herr Dr. Helmer und Gattin aus Uerdingen bei Krefeld waren Teilnehmer einer Reisegruppe aus Kempen nach Hawaii, Neuseeland, Fiji und Los Angeles im September 1995. Während des Fluges von Frankfurt am Main mit der neuseeländischen Fluggesellschaft AIR NEW ZEALAND über Los Angeles nach Honolulu rief Herr Helmer mich ziemlich aufgeregt zu sich und bat um unverzügliches Abstellen der »fürchterlichen Klima-Anlage«, wie er sich ausdrückte, durch das Bordpersonal, da seine Frau Kopfschmerzen habe und ihm zu kalt sei. Dass das Großraumflugzeug ausgebucht war und möglicherweise andere Fluggäste es eher als zu warm ansahen, interessierte ihn offensichtlich nicht im Geringsten.

Zurück zur Gruppe: Fast alle sind in Gedanken bei der Reise, die sie gerade begonnen haben, dies ist nun die Zeit, den Reiseleiter näher unter die Lupe zu nehmen. Vor allem eignet sich solch ein langer Flug bestens dazu, die ganz speziellen Fragen und Vorstellungen loszuwerden, ohne dass die ganze Gruppe gleich mithört. Und natürlich auch, um dem Reiseleiter mal zu sagen, was man alles gesehen hat, wo und mit wem man gewesen ist und was einen besonders an dieser Reise interessiert. Auch will man natürlich von ihm wissen, wo er denn wann und wie oft gewesen ist.

## Touristen-Gebet

*Lieber Vater, blick gnädig herab auf deine demütigen Fernreisenden, deren schweres Los es ist, in der Welt umherzuziehen, Aufnahmen zu machen, Ansichtskarten zu schreiben, Andenken zu erstehen und in bügelfreier Kunstfaserwäsche herumzulaufen. Wir flehen dich an, o Herr, sieh zu, dass unser Flugzeug nicht gekapert wird, dass unser Gepäck nicht verlorengeht und niemand merkt, dass es zu schwer ist.*

*Erleuchte uns bei der Hotelwahl, lass uns funktionierende Telefone vorfinden und Telefonistinnen, die unsere Sprache verstehen. Verschone uns mit der Post von unserer Verwandtschaft, die uns zwingt, die Reise abzubrechen.*

*Geleite uns zu guten, preiswerten Restaurants, wo das Bier im Menüpreis inbegriffen ist, und hilf uns, das richtige Trinkgeld zu geben. Mach, dass die Einheimischen um unsertwillen freundlich sind, statt uns danach einzuschätzen, was wir zur Vermehrung ihrer irdischen Güter beitragen.*

*Schenk uns die Kraft zum Besuch der Museen, Kirchen und Tempel auf unserem Wege, und wenn wir uns stattdessen nach dem Essen ein Stündchen aufs Ohr legen, so hab Erbarmen, denn das Fleisch ist schwach.*

*Herr im Himmel, schütze unsere Frauen vor Sonderangeboten, die sie gar nicht brauchen oder sich nicht leisten können. Führe sie nicht in Versuchung, denn sie wissen nicht, was sie tun.*

*Allmächtiger Vater, lass unsere Männer nicht nach fremdländischen Frauen schielen und sie mit uns vergleichen.*

*Bewahre sie davor, sich in Nachtlokalen und Diskotheken wie Idioten aufzuführen. Aber vergib ihnen ja nicht ihre Extratouren, denn sie wissen ganz genau, was sie tun.*

*Und wenn wir wieder daheim sind, so lass uns Menschen finden, die sich unsere Filme und unsere Dias ansehen und unsere Berichte anhören, damit wir all die Strapazen nicht vergeblich auf uns genommen haben.*

*Darum bitten wir dich im Namen aller Reisenden von Rang und Namen.*

*Amen.*

*(nach einer Vorlage von: Art Buchwald)*

»Darf ich Sie zu einem Gin Tonic einladen«, begann Herr Martin aus Köln auf der Hongkong-Philippinen-Reise im Februar 1980. »Sagen Sie mal, ich bin in der Wirtschaft tätig, ich bin bei Ford und muss meinen Urlaub nehmen. Ich will natürlich was vom Land sehen, aber ein bisschen was von den Leuten will ich auch haben, verstehen Sie? Nicht in Hongkong, nein, da ist ja auch die Zeit zu kurz, aber auf den Philippinen, ich habe gehört, gerade dort gäbe es Mädchen wie gemeißelt. Also so ein paar Weibertipps von Ihnen, das ist doch drin? Oder wollen Sie behaupten, Sie kennen sich nicht aus? ‚Asche' habe ich genug mitgenommen, woll. Nun wissen Sie Bescheid.«

Nicht ganz ungewöhnlich, diese Art von Fragen. Herr Dr. Josef Auter aus Ehingen an der Donau hatte auf der großen Südseereise im Sommer 1974 zum Zahnärzte-Weltkongress in Sydney auch ab und an sparsame schwäbische Bemerkungen in dieser Richtung gemacht und nach dem Genuss von zwei doppelten Whiskys bei Aggie Grey in Westsamoa ging er zum Angriff über. Ich war insofern daran beteiligt, als dass ich Dolmetscherdienste übernehmen musste. »Fia-Fia« heißt eine polynesische Tanzveranstaltung, die dort in oder auf Kaiserdeutschlands ehemaliger

Kolonie zweimal wöchentlich stattfindet. Ausgesucht hübsche Samoaner – Männer wie Frauen – führen ihre Tänze auf. Polynesier tanzen und singen nun mal leidenschaftlich gern und diese Freude überträgt sich vielfach auf die Zuschauer, meist Touristen. Eine Gruppe kokettierender Samoanerinnen hatte es Dr. Auter sehr angetan und unter ihnen eine recht groß gewachsene Schönheit. Er bedrängte mich derart, die Schönheit nach den Tänzen an unseren Tisch zu bitten, dass ich schließlich tat, was er befahl.

Ohne Umschweife kam die Auserwählte der Bitte nach und nachdem sie drei doch recht teure – für einen Schwaben entsetzlich teure – Whiskys in unglaublich schneller Zeit hinuntergegossen hatte, gab mir Dr. Auter durch ständiges Getuschel hinter ihrem Rücken zu verstehen, dass er nicht länger in dieser Form bereit sei, etc. … Ich verstand, kam aber gar nicht mehr zum Übersetzen, denn sie ließ ihm durch mich ausrichten, dass sie nun zu tanzen wünsche, aber nur mit Dr. Auter allein wolle sie gehen. Sie wisse eine entsprechende Lokalität, zu Fuß etwa zehn Minuten durch verträumte Bananen- und Palmwälder. Dr. Auter strahlte, er tanzte gern und würdigte mich keines Blickes mehr, weil – er schien sich ganz sicher – keine weiteren Worte mehr notwendig waren.

Am nächsten Morgen beim Frühstück ging ich schnurstracks auf Herrn Dr. Auter zu, der etwas blass und allein an einem Tische saß. Er sprang sofort auf. »Sie sind ein Schuft, das hätte ich nicht von Ihnen gedacht. Sie waren doch hier schon öfter«, fuhr er mich an.

Ich wusste wirklich nicht, was er meinte und konnte ihm das Gott sei Dank auch nach längerem Hin und Her glaubhaft machen, so dass er sich schließlich wieder setzte. »Wissen Sie, der ganze Scheißdreck hat mich genau 225,– Dollar gekostet und was hatte ich davon? Nichts, nichts. Ich denke nur noch: Was für ein Luder, was für ein Luder. Haben Sie den Gang von der gesehen? Also, ich marschiere durch den Bananenwald mit der am Arm, immer mal ein Küsschen so auf die Backe, wissen Sie, Vorfeldsondierung haben wir das in Russland im Krieg genannt, und sie hat gegrunzt, eine ungewöhnlich tiefe Stimme hatte sie, nicht unangenehm, keinesfalls. Ja, und wie wir angekommen sind, waren da vielleicht noch 15 Mädchen, die haben sich gefreut, haben sie gedrückt, haben mich gedrückt und haben mit mir gelacht. Also, kurz und gut: Ich lass mich ja nicht lumpen, habe ich mir gedacht, und hab allen einen Drink bestellt. Und ich hab getanzt und getanzt, nur ganz langsame Sachen und ganz eng und die Tropenluft dabei. Und wie ich sie ganz eng an mich drücke, da macht sie sich plötzlich frei, zieht die Bluse aus und will immer noch weitertanzen, immer noch weitertanzen. Können Sie sich diese Katastrophe vorstellen, diese Katastrophe?«

Ich sagte: »Schon, ja, ja, ich meine, das war nicht so ganz, wie soll ich sagen, stubenrein, aber es war doch niemand von der Gruppe da, und außerdem ist es Ihre Sache.«

»Nein, nein«, brüllte er jetzt förmlich, »Sie verstehen nicht: Sie war ein Mann.« Dr. Auter hatte tatsächlich den einzigen Mann der Tanzgruppe erwischt. Wie mir die Hotelleitung erzählte, tanzte er schon seit Jahren in dieser Gruppe, kleidete sich stets als Frau und das sehr gut, tanzte ausgezeichnet und man ließ ihn gewähren.

Aber vielleicht sollte dieses Thema nicht übermäßig strapaziert werden. Nur eine Geschichte noch und falls ich später doch noch mal darauf zurückkomme, dann rein zufällig und unbeabsichtigt. Bruno Burger hieß er, ich musste ihn von Anfang an Bruno nennen. Bruno aus Trier war auch bei der Hongkong-Philippinen-Reise im Februar 1980 dabei. Er war ein ganz ruhiger Mitreisender, immer adrett angezogen, so Anfang, Mitte 40, relativ klein. Er sagte bestimmt nicht, was er dachte. Fast so ein bisschen ein Einzelgänger schien er zu sein, lachte zuweilen verschmitzt und hatte keine besonderen Anliegen, stets ein Lied auf den Lippen. Er trank gern ein Bier, wenn's ging Bitburger, und sprach mit allen, aber auch mit allen Menschen, die man auf solch einer Reise überhaupt nur treffen konnte, sein melodisches Moselanisch – und kam zurecht. Bis auf ein einziges Mal und das brachte ihn auch gleich aus dem Gleichgewicht: Punta Baluarte hieß der Ort, ein herrliches Fleckchen Erde, zirka drei Stunden Busfahrt südlich von Manila gelegen, wo der Gruppe zum Abschluss vier Tage Erholung verordnet waren, ihm und 84 weiteren Reiseteilnehmerinnen und Reiseteilnehmern. Wir wohnten in hübschen kleinen Häuschen und Bruno hatte sich klammheimlich aus Manila per Linienbus – ja, das geht dort – eine junge, überaus hübsche Philippinin bestellt, den Beweis erbrachte eine Fotografie in seiner Hand. Er hatte offensichtlich diskret und vielleicht mit Hilfe philippinischer Pesos, wie auch immer, ich weiß es nicht, dem Rezeptionisten im Hotel entsprechend Anweisung gegeben. Jedenfalls bekam ich plötzlich einen Anruf, doch sofort zu ihm, zu Bruno, zu kommen, ich müsse ihm helfen. Er schien sehr aufgeregt. Ich ging nicht, ich rannte in sein Cottage, öffnete ohne anzuklopfen und war sprachlos: In einem Rohrsessel saß eine äußerst kräftige, für eine Philippinin viel zu groß geratene Dame, hielt Bruno auf ihrem Schoß fest umklammert und sagte nur immer: »Yes, yes, yes, yes …« Während Bruno in der einen Hand noch den Telefonapparat hielt, den er gar nicht absetzen konnte, so hoch hielt sie ihn, und in der anderen Hand eine Fotografie und aus Leibeskräften schrie, in Moselanisch versteht sich: »Dich haan isch net bestellt. Herrgott, die will mir einfach net glaube, dass isch se net bestellt haan, die net.« Wie es ausgegangen ist, weiß ich nicht. Die Dame habe ich danach nicht mehr gesehen und Bruno noch weniger als ohnehin schon. Und gesprochen hat er auch nichts mehr.

Von den vielfältigen Aufgaben eines Reiseleiters und davon, dass er eigentlich in den Augen der Reiseteilnehmer alles können muss, wird noch die Rede sein. Dass Mitreisende auch zuweilen davon ausgehen, dass der Reiseleiter Aufgaben zu übernehmen hat, die beispielsweise der Ehepartner zu Hause erledigt oder die einfach nicht ausgeführt werden, weil ein entsprechender Partner, Verwandter oder Bekannter eben nicht vorhanden ist, soll meiner Meinung nach ebenfalls mal erwähnt werden. Und wenn man den Versuch macht, dies nach Geschlechtern einzuteilen, so endet es meist unentschieden. In der Tat: Die Männer stehen den Frauen in nichts nach und dies beginnt unter Umständen bereits beim Abflug am Frankfurter Flughafen. Herr Welker aus Iserlohn, Ende 60, hatte sich die Reise nach Mexiko, Guatemala und Honduras zu Ostern 1983 ausgesucht. Er trug einen zwar älteren, aber dennoch tadellos sitzenden dunkelblauen Nadelstreifenanzug, dazu ein blütenweißes Hemd und eine rote Krawatte. Das Hemd saß gut, obwohl es nur noch von zwei Knöpfen zusammengehalten wurde. Und zu allem trat der Umstand ein, dass die Hose »offen« war. Ich sah darin durchaus einen Grund, ihn an Bord des KLM-Flugzeuges auf diesen Tatbestand aufmerksam zu machen, zumal bereits andere Reiseteilnehmer dies gleichfalls festgestellt hatten und mich baten – eine weitere Aufgabe des Reiseleiters – gewissermaßen für Abhilfe zu sorgen.

Herr Welker zeigte sich sehr gelassen. »Sehen Sie, ich hätte Sie ohnehin angesprochen und darf in diesem Zusammenhang eine große Bitte aussprechen: Ich bin nicht mehr der Jüngste und habe nie gelernt, Knöpfe anzunähen. Da ich annehme, dass wir auch bei dieser Reise in Hotels wohnen, in denen in den Zimmern für solche Fälle Nähzeug bereitliegt, wäre es doch sicherlich für Sie kein Problem, mir an Hemd und Hose zumindest die notwendigsten Knöpfe anzunähen. Selbstverständlich nur dann, wenn Sie Zeit haben. Und ich weiß auch, dass Sie das nicht müssen, eine Gefälligkeit gewissermaßen. Und ich werde Sie natürlich bezahlen, weil es möglicherweise etwas abseits Ihrer sonstigen Aufgaben und Pflichten liegt.«

Herr Foijzik aus Bad Homburg war Reisegast der gleichen Reise nach Mittelamerika. Er liebte offensichtlich Kognak über alle Maßen, denn er führte stets eine Flasche mit sich. Nicht am Körper oder in seinem Handgepäck, nein, an seinem Gehstock hatte er sie befestigt, Herr Foijzik war gehbehindert. Dort, wo auch eine Fahrradklingel angebracht war, die er betätigte, wenn ihm das Zusatzgetränk ausgegangen war. Und dies war Coca-Cola, denn ganz »trocken« mochte er seinen Kognak nicht trinken. Normalerweise war seine Frau dafür zuständig. Aber sie war nach zwei kräftigen Schlucken aus der Flasche so hinüber – sie wiederum verabscheute Cola –, dass sie unvermittelt einschlief und sein penetrantes Klingeln nicht mehr hörte. Und so musste beispielsweise im Flugzeug die Stewardess herhalten oder auch ich, da er nur eines holprigen Deutsch oder des Slowakischen mächtig war.

Herr Foijzik brachte es bei einem Langstreckenflug immerhin auf drei Flachmänner, der Nachschub kam aus zollfrei eingekauften

Flaschen im Handgepäck. Bei Besichtigungsfahrten und Stopps an Sehenswürdigkeiten schlief Herr Foijzik, um für die nächste Nacht gerüstet zu sein. Nur mit ganz wenig Schlaf käme er aus, verriet er mir.

Ich wies schon darauf hin, es entwickeln sich Gespräche an Bord, die teilweise hochinteressant sind, oft auch lange dauern und nicht selten Aufschluss geben über die Mitreisenden. Natürlich wollen sie auch möglichst viel wissen über den Reiseleiter, weil sie glauben, dann gegenüber den anderen Mitreisenden einen Informationsvorsprung zu haben und das scheint irgendwie gutzutun. Oder weil sie sich wirklich dafür interessieren, was der Reiseleiter beruflich tut, wie oft er solche Reiseleitungen macht, wann und wohin die letzte Reise ging, wann und wohin die nächste gehen wird und hauptsächlich und immer wieder: »Haben Sie diese Reise schon geleitet und wie oft? Kennen Sie die zu besuchenden Länder gut?« Und dann gibt es Fragen, die sich auf das Programm und den Programmablauf beziehen. Zuweilen habe ich auch den Eindruck, dass man einfach sehen will, was ich weiß oder nicht weiß. Immer wieder erlebe ich, dass gezielte Fragen an mich gerichtet werden, deren Beantwortung überflüssig ist, weil der Fragesteller die Antwort sehr genau kennt. Man hebt mich gewissermaßen auf den Prüfstand, bewusst, vielleicht auch unbewusst. Oder will sich selbst keine Blöße geben.

Viele Reisende müssen immer wieder erklären, ob danach gefragt oder nicht, warum sie gerade diese Reise unternehmen, was sie gelesen, was sie an Vorbereitungen getroffen und auch was sie an Besitzstand haben, der sie befähigt, eine solche Reise zu unternehmen. Vor allem aber und immer häufiger, was sie im Besonderen interessiert an dieser Reise. Aber auch Mutige gibt es, die ihre eigenen Schwächen aufzählen, die um Verständnis bitten oder Verständnis erwarten und es deshalb sagen. Allem voran das Sprachenproblem. Unglaublich hoch ist die Anzahl derer, überwiegend älterer Mitmenschen, die trotz vielen Reisens keine Sprache erlernt haben. Nein, und die auch überhaupt keine Bereitschaft zeigen, sich auf Anderssprechende einzustellen. Sie erwarten, dass ihr Gegenüber sie versteht, auch wenn er sie einfach nicht verstehen kann.

Dann werden sie ärgerlich, unsachlich, schreien, toben. Sie vermitteln den Andersdenkenden, Fremden, Ausländern, Menschen in den Ländern, die sie besuchen, den Eindruck, dass alles, was wir sprechen, denken, fühlen, wissen, essen, trinken, lieben, wie wir wohnen und uns verhalten, gleichzusetzen ist mit gut, richtig, fortschrittlich, zivilisiert, nachahmenswert. Und diesen Auftritt paaren sie mit Hochmut, Intoleranz und Arroganz. Und daher nehmen sie so wenig, so entsetzlich wenig mit nach Hause, was sich eignen könnte, sich selbst infrage zu stellen, was dazu beiträgt, seine eigenen Ansichten zu überdenken, zu revidieren oder vielleicht auch zu erkennen, dass sie gänzlich falsch waren. Und vor allem: Was sich eignet, seine eigenen Unzulänglichkeiten aufzudecken. Der Grund für diese eher traurige Einstellung: »Die wollen mein Geld, also sollen sie Deutsch sprechen.« Das ist natürlich nur eine Vermutung.

Herr Hopstein aus dem Saarland war Teilnehmer der Indien-Nepal-Reise im November 1981. Er war groß gewachsen und trug immer akkurat Hemd, Krawatte und blaues Jackett, in Ehren ergraut war er, versteht sich, ehemaliger SS-Sturmbannführer, wie er später kundtat. In Katmandu im Hotel Shanker, es war unsere zweite Übernachtung, fing er morgens beim Frühstück furchtbar an zu toben: »Diese Faulenzer, diese Macker.« Während er so schimpfte, standen zwei Nepalesen völlig verstört und hilflos an seinem Tische. »Jetzt habe ich schon zum dritten Male mein Ei bestellt. Meinen Sie vielleicht, die bringen es mir? Lassen mich hier einfach sitzen«, rief er mir zu. Ich kam an seinen Tisch und fragte Herrn Hopstein, was und wie er bestellt habe. »Ei, Ei habe ich gesagt. Jetzt fragen Sie auch noch.« Das Wort »egg« oder das Wort »please« oder die Begrüßung »good morning« hatte er noch nie gehört.

Herr Hopstein war es auch, der es auf unserer Rajasthan-Rundreise fertigbrachte, den Bus auf freier Strecke anhalten zu lassen. Stellen Sie sich bitte vor: Halbwüste, gut 40 °C im Schatten, eine unglaublich anstrengende Fahrt – und er sitzt im rückwärtigen Teil des Busses, winkt mich mit rudernden Armen zu sich heran und sagt: »Hören Sie mal, sorgen Sie schnellstens dafür, dass ich ein paar Tempotaschentücher bekomme. Sehen Sie nicht, dass ich Schnupfen habe?«

Da ich von oder über Herrn Hopstein während dieser Indien-Nepal-Reise den schlimmsten »Kalauer« gehört habe, den ich bis dahin kannte, komme ich später nochmals auf diesen Landsmann zurück. Der Vollständigkeit halber sollen Sie aber inzwischen wissen, denn das hat er mir bereits auf dem Hinflug gesagt und mir dabei seine Visitenkarte überreicht, dass er einen Lederwarenbetrieb hat, der seit nahezu 100 Jahren in Familienbesitz ist, zirka 200 Obstbäume besitzt und seine Frau einen Golf und er einen Mercedes fahren.

Das Busanhalten und das Sprachproblem lassen mich unwillkürlich an Herrn Bruch denken, auch er war bei gleicher Reise dabei. Herr Bruch, Mitte 60 etwa, schütteres Haar, mittelgroß, hatte bedauerlicherweise den linken Arm während des Russlandfeldzuges verloren. Dies hätte ich nicht erwähnt, wenn er nicht mit dem noch vorhandenen rechten Arm einige der zahlreich in der Gruppe vorhandenen Damen an allen möglichen und unmöglichen Stellen betastet hätte. Dies geschah meistens in der Schlange am kalten oder warmen Büfett und nach reichlich Biergenuss. Und dieser Biergenuss machte es auch erforderlich, öfter als sonst üblich mit dem Bus anzuhalten, weil Herr Bruch Wasser zu lassen wünschte. Er drückte sich anders aus. Es gab also einen »Komfort-Stopp«, wie mir ein reizender neuseeländischer Maori einmal beigebracht hatte.

In eben jenem Rajasthan war es auch, dass Herr Bruch wieder einmal wie selbstverständlich im Bus nach vorn kam und anzuhalten wünschte. Und er verschwand, was nicht ungewöhnlich war bei Herrn Bruch, hinter der Lehmmauer eines kleinen nordwestindischen Dorfgehöfts – und kam nicht wieder. Nach einer Weile stieg ich aus und nahm den gleichen Weg, um nach dem Rechten zu sehen. Ich kam gerade zur rechten Zeit, um zu hören, wie Herr Bruch, der unmittelbar hinter der Lehmmauer stand, die Hose und Unterhose heruntergelassen hatte, zu einem kleinen älteren Inder, der verständnislos vor ihm stand und mit dem Kopf wackelte, sagte: »Ich frage Sie also noch mal, han Se jetzt Scheißpapier oder han sie kans?«

Wenn ich vorhin von den Mutigen sprach, dann meinte ich auch diejenigen, die wollen, dass ich ihnen behilflich bin beim Ausfüllen von Formularen, beim Äußern von irgendwelchen Wünschen an Bord des Flugzeugs, im Hotel, beim Frühstück, beim Briefmarken- und Souvenirkauf, bei Sonderausflügen oder beim Bestellen von Getränken, beim Übersetzen der Speisekarten, beim Telefonieren und Reklamieren und dergleichen mehr. Aber es gibt auch Teilnehmer, die eingestehen, hier und da und dort noch nicht gewesen zu sein und dass sie von einer Sache nichts verstehen. Oft sind es nur ein oder zwei Programmpunkte, die bei den bisherigen Reisen noch nicht berührt wurden, die jetzt aber Grund genug sind, diese Reise zu wiederholen. So hatte ich Frau Siefkes aus Westerland auf zwei Reisen bei mir, eine pensionierte Lehrerin, bereits Ende 70, die geradezu vor Gesundheit strotzte und nicht weniger als 14 Südseereisen unternommen hat. Sie hatte die Angewohnheit, oft für alle sichtbar, morgens vor dem Frühstück am Strand oder Swimmingpool in einem älteren hellblauen Badeanzug, der ihr um einiges zu groß war, 20 Minuten lang die sogenannte Kerze zu machen. Und sie nahm auf ihren Reisen nur eine abgegriffene Ziegenledertasche mit, um die ein roter Einmachring geschlungen war. Frau Onnen aus Frankfurt reiste kaum weniger. 25 große Weltreisen hatte sie hinter sich gebracht und freute sich königlich, wenn unterwegs eine Panne eintrat: »So lange bin ich hier noch nie gewesen«, verriet sie dann. Wen störte es, dass sie fast immer das Gleiche trug: einen hellgrünen Bademantel? Drei Wochen lang oder auch länger. Frau Rade aus Arolsen – Ihnen bereits bekannt – reiste unverzüglich in die Volksrepublik China, wenn ein weiteres Gebiet oder neue Städte dem Tourismus geöffnet und von Reiseveranstaltern angeboten wurden. Anders machte es Herr Klein aus Wiesbaden, der mit mir 1974 in Neuguinea war – das war vor der Unabhängigkeit. Er ließ sich eine Reise zusammenstellen, die alle oder fast alle Punkte einschloss, die ihm bis dahin unbekannt waren. Im März 1974 machte er sich auf die Reise mit einem relativ kleinen Rindslederkoffer und einem 17 Meter langen Flugschein, dem längsten, den die Pan American in Deutschland jemals ausgestellt hatte. Im November 1975 konnte ich ihn in Wiesbaden wieder begrüßen. 50 Tage hatte er allein in Neuseeland verbracht. Kanada hatte er zuvor fünf Jahre lang bereist, 40.000 Kilometer mit dem eigenen Wagen. Und um zur Erkenntnis zu gelangen, dass man ein Land wie beispielsweise Indien nie richtig kennen und verstehen kann, braucht man seiner Meinung nach mindestens ein Jahr. Eine 14-monatige Reise kreuz und quer durch den Subkontinent hatte er 1959/60 absolviert.

Ein weiterer beliebter Punkt, der auch immer wieder angeschnitten wird, ist das Essen: »Was isst man denn dort?«, so werde ich oft gefragt. Dahinter steckt meistens die Sorge, möglicherweise das Essen nicht vertragen zu können oder sich nicht eingestehen zu wollen, dass man zwar gern »typisch« essen möchte, aber doch nicht so »arg typisch«. Das hat sicherlich dazu beigetragen, dass es in den meisten großen internationalen Hotels sogenannte typische Restaurants gibt, die einheimische Gerichte anbieten und zwar so, dass der Tourist gar nicht merkt, dass sie nicht mehr typisch sind. Und selbst am untypischen Preis merkt er es nicht. Aber was soll's? Das Hotelmanagement ist zufrieden, dass so viele Hotelgäste dort speisen möchten. Man muss sogar einen Tisch bestellen, da oft schnell ausgebucht ist, und der Tourist ist zufrieden, weil es ihn beruhigt, dass er auch mal typisch gegessen hat. Um ganz sicherzugehen, schreiben auch viele Reiseteilnehmer Postkarten nach Hause: »Gestern waren wir typisch essen!«

Mit den Hotels, den Hoteleinrichtungen, den Zimmern ist es so ähnlich, auch das ist ein weiteres beliebtes Thema an Bord eines Fluges. »Kennen Sie das Hotel?«, so lautet eine der häufigsten Fragen. »Wir schätzen diese Hotelkästen nicht sonderlich, denn die sind ja irgendwie alle gleich oder ähnlich, schrecklich, schrecklich. Aber sagen Sie: Hat das Hotel einen Swimmingpool? Und das Frühstück? Ach, amerikanisches Frühstück gibt es während der gesamten Reise? Gott sei Dank. Und Einkaufsläden im Hotel, sagen Sie bloß, wie angenehm. Drehbares Restaurant im 21. Stock, stimmt das? Einfach großartig. Na ja, bei dem Reisepreis kein Wunder, oder? Und schlechter wohnen als zu Hause, das wollen wir schließlich auch nicht!« Frau Schmitz, die Dame mit der »vergessenen Tasche«, Sie erinnern sich, sprach mich auf dem langen

Flug nach Buenos Aires und weiter nach Santiago an: »Sagen Sie, ich stehe doch auf Ihrer Zimmerliste unter Einzelzimmer? Für mich zwar keine Frage, ich hätte Sie ja gar nicht ansprechen müssen, für mich kommt überhaupt nichts anderes infrage, ohne Zweifel.« Und dann fuhr sie fort: »Übrigens, ich bin überflüssigerweise noch vor acht Tagen von der Leiter gefallen, stellen Sie sich vor. Und seitdem leide ich zuweilen an Gleichgewichtsstörungen. Da meine Bandscheiben ramponiert sind und der vor drei Jahren im Taunus erlittene Schenkelhalsbruch nie ganz verheilt ist, habe ich ständig Schmerzen. Ich mache die Reise trotzdem mit, bewundernswert, nicht wahr? Und ich werde sie sicherlich durchstehen, wenn Sie mir behilflich sind. Voraussetzung ist allerdings, dass ich immer ein ordentliches Zimmer bekomme, im Bus kann ich selbstverständlich nur vorne sitzen. Und wenn Sie – sehen Sie, wie eng mein Sitzplatz ist? Mir ist schon ganz schwindlig und die Schmerzen kommen –, wenn Sie also doch so nett wären und unter diesen Umständen den Chefsteward bitten, mir einen Platz in der ersten Klasse zu geben, ja, das wollte ich Ihnen sagen. Reizend, vielen Dank, vielen Dank. Sie brauchen mir jetzt noch nicht …, nein, Sie können mir nachher noch meine Sachen nach vorne bringen.«

Frau Schmitz hatte in der Tat nicht ohne Grund nach dem Einzelzimmer gefragt. Sie hatte sich nämlich darauf spezialisiert, sich bei dem Veranstalter auf Doppelzimmerbasis anzumelden, möglichst kurzfristig, so dass sich selten noch jemand nach ihr anmelden konnte, damit sie übrig blieb. Ich sprach bei den Herren Dassler und Schaffgotsch schon davon. Mit anderen Worten: Sie musste, in Gottes Namen, ein Einzelzimmer nehmen, zahlte aber nur den Preis auf Doppelzimmerbasis. Weil das nicht zum ersten Male war, hatte mich der Veranstalter entsprechend informiert, was nun wiederum Frau Schmitz nicht wusste. Sie hielt aber diese Verfahrensweise für clever und wollte auch gern für clever gehalten werden. Sie nahm sich aus diesem Grunde reihum all die Personen vor, die ein Einzelzimmer gebucht und bezahlt hatten, streng vertraulich natürlich, und empfahl, doch auf einer nächsten Reise Gleiches zu tun. Und es passierte, was passieren musste: In Cairns, am Großen Barriereriff in Australien, konnten die entsprechenden Zimmer nicht zur Verfügung gestellt werden, weil die Mitglieder einer amerikanischen Gruppe, von einer Expedition aus Neuguinea zurückgekehrt, schwer erkrankt waren. Und meine Einzelzimmerteilnehmer verständigten sich, in Zwei- oder Dreibettzimmern zusammenzuziehen, um überhaupt unterzukommen. Alle erklärten sich bereit, nur Frau Schmitz weigerte sich und tobte. Sie gebärdete sich derart, dass die ihr zugewiesene, sehr ruhige Frau Rade, auch sie kennen Sie schon, nach einer Viertelstunde wieder auszog und mit mir zusammen in einem Abstellraum bei einem katholischen Geistlichen die Nacht verbrachte.

Auch General Kokott hatte mir an Bord zu verstehen gegeben, dass er kein notorischer Meckerer sei, aber das Zimmer, das müsse tadellos sein, gerade darauf lege er Wert. Von der Lage und Qualität des Zimmers in Bangkok im Hotel Siam Intercontinental war er angetan, aber auf Bali, da hatte ich Bedenken, denn das gebuchte Hotel nahm meine Gruppe nicht auf. »Wir sind überbucht, tut uns leid«, war die Antwort der Hotelleitung. In der Hotelhalle des Sanur Beach Intercontinental lagerten etwa 200 Personen, meist Amerikaner und Australier, die Flüge von und nach Yogjakarta und Jakarta waren seit 24 Stunden wegen Schlechtwetter eingestellt. Ich fand schließlich gegen Abend als Ausweichmöglichkeit genügend Zimmer im Hotel Bali in Denpasar, einem alten, ehrwürdigen Hotel aus der holländischen Kolonialzeit, ein einstöckiger Holzbau mit durchgehenden Veranden, riesigen Ventilatoren an der Decke, fließend Kaltwasser in jedem Zimmer und einer Bibel im Nachtschränkchen. Mein Rundgang führte mich auch zu dem Zimmer des Generals, also der Herren Kokott und Kuca. General Kokott trat gerade auf die Veranda, als ich auf Höhe des Zimmers war. »Guten Abend, Herr General, wie ist Ihr Zimmer?«, war meine aufrichtige Frage.

Er zog nochmals an seiner Zigarette: »Ich werde es kurz machen, denn Sie wollen die anderen ja auch noch fragen: dieses Mal – Quartier scheiße!«

Die 64-jährige Frau Harmsen aus Frankfurt, von der Sie noch eine kleine, aber recht sonderbare Geschichte lesen werden, hielt während der großen Südpazifikreise im Sommer 1975 stets einen Flachmann griffbereit. Auf den Schluck aus der Flasche mochte sie auch dann nicht verzichten, wenn sie im Meer oder in irgendeinem Hotelpool zu baden beabsichtigte. Zu diesem Zwecke band sie sich die Flasche an einen Gürtel, den sie ansonsten nur über ihrem alten Mantel trug und den sie aus diesem Grunde über ihrem verblassten blauen Badeanzug anlegte. Der Gürtel aber hatte noch eine weitere Funktion zu erfüllen: Daran befestigt mittels einer zirka ein Meter langen Schnur war ein Thermometer, auf dem beim Verlassen von Meer oder Swimmingpool die entsprechende Temperatur abzulesen war. Und wehe, die dort angezeigte Wassertemperatur wich ab von der von ihr vorher erfragten und von mir genannten. Dann monierte sie dies sofort lautstark und für jedermann hörbar, selbst die geringste Abweichung war für sie Grund genug, die ihrer Meinung nach falsche Information des Reiseleiters zu rügen. Todunglücklich war sie allerdings, als passierte, was in der Tropenluft in ihrem Falle einmal passieren musste: Sie war nach reichlich Kognakgenuss auf das Bettende in ihrem Zimmer gestürzt und hatte sich ein blaues Auge zugezogen, das sich im Laufe der noch verbliebenen acht Tage mehrfach verfärbte. Schwellung und Färbung waren selbst bei Reiseende noch deutlich erkennbar. Aber dies war ihr Kummer nicht und störte sie sogar wenig. Vielmehr war bei diesem Sturz das Thermometer zu Bruch gegangen und anscheinend nichts konnte sie darüber hinwegtrösten. Und sie griff seitdem noch mehr zur Flasche, als sie es ohnehin schon getan hatte.

Tante Martha oder Frau Heidelmeyer – Ihnen bekannt durch den »Wunschlistenanmeldeeinschreibbrief« – hatte auf dem langen Hinflug der erwähnten denkwürdigen Indien-Nepal-Reise einen Platz, der sie zu folgendem Kommentar veranlasste: »Warum ich so weit vorne und nicht bei der Gruppe sitzen darf, verstehe ich nicht. Dabei hatte ich ausdrücklich geschrieben …« Sie können sich erinnern, was sie geschrieben hatte. Für den Rückflug war es mir gelungen, wieder den gleichen Platz für Frau Heidelmeyer zu bekommen. »Ich war der einzige Passagier«, schrieb sie an den Veranstalter, »der ohne Lehne fliegen musste!« Sie hatte vergessen, die Armlehne herunterzuklappen.

Frau Heidelmeyer war es auch, die nach Ankunft in Delhi am allerwenigsten Verständnis dafür aufbrachte, dass die Gruppe nahezu drei Stunden auf das Gepäck warten musste. Die Vorfeldbediensteten am Flughafen waren in einen Streik getreten. Dadurch war es notwendig geworden, unmittelbar nach Ankunft im Hotel schnell das Zimmer aufzusuchen, um sich etwas frisch zu machen und möglichst umgehend zum Mittagessen, warmes und kaltes Büfett, zu kommen, man erwartete uns schon. In einer Stunde war Abfahrt zur planmäßigen Stadtrundfahrt in Alt- und Neu-Delhi. Frau Heidelmeyer dachte gar nicht daran, ihr Zimmer aufzusuchen. Nein, sie blickte, sie stierte förmlich zum Büfett hinüber und war wohl zu der Erkenntnis gekommen, besser gleich dorthin zu gehen, denn dann wäre sie noch allein, dann bräuchte sie nicht anzustehen, denn sich anstellen und einordnen, das wollte, das konnte sie einfach nicht. Es zog sie also unwiderstehlich zu diesem Büfett – es war in der Tat auch nett zurechtgemacht – und sie lenkte ihre Schritte, immer schneller werdend, in besagte Richtung und übersah dabei einen Absatz, eine Art Treppenstufe, die sich in ganzer Breite durch den Raum zog, wie es auch heute zuweilen in modernen größeren Wohnbereichen bei uns beliebt ist, um einen Raum aufzulockern. Die Folgen waren verheerend: Sie ging nicht, nein, sie »schoss« geradezu, jetzt ganz flach über den Boden geduckt, unter die Nachtischabteilung des Büfetts. Dort, wo der rote, schwere Samtvorhang sich etwas bewegte, waren noch die Beine bis zu den Knien etwa und ein Stück Liebestöter, rosa, zu sehen und auf der anderen Seite ragte ihr Kopf heraus, auf den aus einer umgestürzten Silberkanne warme Schokoladensoße floss.

Während zwei Inder fassungslos dastanden und ständig »Is this a member of your group?« – ist das jemand aus Ihrer Gruppe? – stammelten, war gleichzeitig ein markerschütterndes »Hilfe, Hilfe« zu hören. Nachdem wir mehrere Male behutsam an den Beinen gezogen hatten, um sie aus ihrer Lage zu befreien und sie jedes Mal wieder unter den Tisch krabbelte, weil sie offensichtlich auf der anderen Seite herauswollte, gelang es uns endlich, sie von der Kopfseite her zu bergen. »Schauen Sie, mein Handgelenk, gebrochen, ganz sicher gebrochen ist es, ich weiß es ganz genau«, rief sie. »Und diese Schmerzen, diese Schmerzen, die Reise ist zu Ende.«

Wir brachten sie auf ihr Zimmer und nach einigen Telefonaten und mit Hilfe der Hotelleitung konnten wir einen Arzt auftreiben, der alsbald kam. Ein sehr netter Englisch, Hindi und Urdu sprechender Mann, der ihr Handgelenk untersuchte, unterbrochen von fürchterlichen Schmerzensschreien. Dann gab er Frau Heidelmeyer ein Schmerz- und ein Schlafmittel und schiente sicherheitshalber den ganzen Unterarm mit unzähligen Lagen von Wellpappe, etwas anderes gab es nicht. Er erklärte mir, er könne zwar nichts feststellen, aber nach dem Verhalten der Patientin zu schließen, würde es doch ratsam sein, das Gelenk sicherheitshalber röntgen zu lassen. Dazu sei es erforderlich, einen Krankenwagen zu bestellen, am besten gleich morgen früh, der sie dann abholen und zum Röntgen fahren würde. Er werde jetzt noch alles organisieren und käme morgen früh wieder vorbei, um nach dem Rechten zu sehen. Bevor er ging, würde er aber um die Kostenerstattung für seinen Besuch bitten: 180 Rupien. Frau Heidelmeyer fuhr entsetzt hoch: »Was? Ich habe noch keine Rupien und wofür denn und diese Schmerzen und könnten Sie nicht mal vorlegen und überhaupt, wer kann denn jetzt an Geld denken …?«

Ich zahlte und Dr. Dinshaw Singh verschwand. Das Ganze dauerte immerhin nahezu zwei Stunden, weil ich alles übersetzen musste, was sie unbedingt loswerden wollte, einschließlich der Fliegerangriffe auf Düren bei der Tante im Keller, wo das ganz genauso mit dem Handgelenk war …

Dr. Singh kam am nächsten Morgen ganz früh, ich hatte darum gebeten, weil die Gruppe im Laufe des Vormittags weiter nach Nepal reisen musste, und erklärte mir, dass der Krankenwagen schon da sei, ein älterer, weiß angestrichener Lieferwagen, aber Frau Heidelmeyer sei nicht mehr in ihrem Zimmer. Im gleichen Moment kam sie aus dem Frühstücksraum, den Arm senkrecht in die Höhe haltend, er war noch genauso wellpappebeschient, stöhnte vor Schmerzen und ließ uns wissen, dass sie die ganze Nacht nicht geschlafen habe. Tränen liefen ihr über die Wangen. Ich machte ihr klar, dass wir sie in vier Tagen wieder abholen würden, wenn wir aus Nepal zurückkämen, und sie könne dann die Reise trotz des Missgeschicks mit uns fortsetzen. Das Hotel wisse Bescheid und sie könne das Zimmer solange behalten. Nur eben auf Nepal müsse sie halt verzichten. Und die Kosten würden sich auf etwa 450 Rupien belaufen, nur damit sie Bescheid wisse, der Ordnung halber, sozusagen. Dr. Singh hatte mich nach den gestrigen Erfahrungen darum gebeten, ihr das zu sagen.

Frau Heidelmeyer schien fassungslos: »Was, auf Nepal soll ich verzichten? Ja deswegen habe ich die ganze Reise doch gemacht, gerade wegen Nepal. Das kommt gar nicht infrage. Und was heißt hier Kosten? Wozu bin ich denn in der DAK? Und der Lastwagen da ist der Krankenwagen? Nein, niemals! Und sehen Sie mal«, sie streckte den Arm für alle ersichtlich noch etwas höher und bewegte ihn ganz langsam, verzog aber das Gesicht schmerzerfüllt, »es ist schon besser, schon viel besser!«

Ich begab mich in den Frühstücksraum und bestellte mir einen doppelten Whisky mit Eis, morgens um inzwischen 8 Uhr. Wie ich nebenbei erfuhr, bezahlte Frau Heidelmeyer wenigstens die tatsächlichen Kosten, allerdings erst, als man mit der Polizei drohte. Und als ich später die Koffer in der Hotelhalle zählte, bat Tante Martha gerade einen jüngeren Reiseteilnehmer darum, ihr doch die Handtasche zu tragen, weil ihr Gelenk so schmerzte. »Ich war mit Ihnen im vorigen Jahr in Malaysia«, sagte der Mann mit Kölner Dialekt: »Sie können mich mal am Arsche lecken!«

Und als der Bus vorfuhr, um zunächst erst das Gepäck und dann uns einzuladen, saß Frau Heidelmeyer bereits im Bus: in der ersten Reihe, nicht links, nein, rechts in Fahrtrichtung, damit sie auch nach vorne Sicht hatte.

Frau Schnittger und Frau Heyder reisten seit Jahren gemeinsam und es gab nichts, was die beiden nicht auch im Verlaufe einer Reise gemeinsam unternahmen oder sein ließen. So auch im Herbst 1980 auf einer Reise in die Volksrepublik China. Trotz der Jahreszeit ein sehr heißer und besonders anstrengender Tag in Südchina. Zwei Wochen Aufenthalt lagen bereits hinter uns und das Reiseprogramm war, wie fast schon üblich in China, vollgepackt mit Besichtigungs- und Ausflugsfahrten. Und Frau Schnittger streikte, sie streikte zum ersten Mal auf der Reise und bat mich, es war gerade zur Mittagszeit und wir standen auf einer endlos langen Brücke, die über einen See führte, um einen halben Tag »Urlaub« für sich und Frau Heyder. Die Reise sei bisher so anstrengend gewesen, dass sie unbedingt den halben Tag zum Ausruhen bräuchten. Sie hätten die Absicht, so Frau Schnittger, unverzüglich und allein zum Hotel zurückzugehen, um sich hinzulegen. In etwa 1½ Kilometer Entfernung konnte man unser Hotel ausmachen: Hotel Freundschaft, aus zwei großen, etwa 300 Meter voneinander getrennt liegenden Gebäudeteilen bestehend.

Nach längerer Beratung und Diskussion mit der chinesischen Reiseleitung wurde der Bitte entsprochen, ausnahmsweise, und meine beiden Damen machten sich allein auf den Rückmarsch zum Hotel, während ich mit der Gruppe in die entgegengesetzte Richtung zum Brückenende ging, um am Seeufer eine Seidenraupenzucht zu besichtigen. Gegen 18 Uhr kehrten wir zum Hotel zurück, nachdem wir noch eine Textilfabrik, einen Kindergarten, zwei Arbeiterwohnungen, eine Arztpraxis, eine buddhistische Tempelanlage besichtigt und den städtischen Glockenturm bestiegen hatten. Der Schreck fuhr mir in die Glieder, als ich im Hotel feststellte, dass meine beiden Damen nicht in ihrem Zimmer waren und offensichtlich die Betten gar nicht benutzt hatten. Auch zum um 19 Uhr festgelegten gemeinschaftlichen Abendessen erschienen Frau Schnittger und Frau Heyder nicht. Dass es in China nicht gern gesehen wird, wenn man sich nicht an Vereinbarungen und Zeiten hält, wurde zunächst von der Reiseleitung und wenig später auch von der Hotelleitung in Form von missbilligenden Äußerungen unterstrichen. Wenig später hatten die Chinesen bereits eine Suchaktion eingeleitet. Der Gruppe und auch mir wurde strengstens untersagt, die Zimmer zu verlassen. Es dauerte nicht lange und ich konnte von meinem Zimmerfenster aus zusehen, wie etwa 250 bis 300 Soldaten mit Tauch- und Suchgeräten, Hunden und langen Stangen anrückten. Offensichtlich ging man davon aus, dass die beiden Damen möglicherweise in den See gefallen und ertrunken waren. Lastwagen und Jeeps kamen und fuhren wieder weg, Scheinwerfer wurden aufgebaut, Kommandos gegeben und die Menge der Schaulustigen zählte inzwischen Tausende.

Plötzlich erschien ein chinesischer Offizier in meinem Zimmer und bat mich, ihm in die Hotelhalle zu folgen. Dort waren Vertreter der Stadtverwaltung, der Hoteldirektion, chinesische Offiziere, Vertreter des örtlichen Touristenbüros und meine beiden Reisebegleiter versammelt. Einer der beiden, Herr Ling Shu, erläuterte mir ohne Umschweife, dass ich für das Verschwinden der beiden Damen eine gewisse Verantwortung trage und sollten sie bis zum anderen Morgen nicht gefunden werden, ich mich auf einen längeren Aufenthalt in China einzurichten hätte. Die Gruppe werde und müsse am nächsten Morgen um 8 Uhr wie vorgesehen weiterreisen, dann allerdings ohne mich.

Ich war außerstande, meine Gedanken zu ordnen und rechnete eigentlich damit, gleich wieder in mein Zimmer zurückgebracht zu werden, als etwas Ungewöhnliches passierte: In die Hotelhalle traten Frau Schnittger und Frau Heyder, sichtlich wohlauf und erholt und vor Lachen prustend. Ein sie begleitender Chinese begann unvermittelt, den Anwesenden schnell und aufgeregt und offensichtlich mit vielen Einzelheiten zu berichten, was passiert war. Währenddessen nutzte Frau Schnittger die Zeit, um mir kurz und bündig zu erzählen, was sich zugetragen hatte: Sie waren Gott sei Dank, und wie unschwer festzustellen, nicht in den See gefallen, sondern ohne Schwierigkeiten die lange Brücke zurückgegangen bis zum Hotel, hatten dann allerdings das linke statt das rechte Gebäude angesteuert, die sich aufs Haar ähnelten. Und waren in den 4. Stock gegangen, in »ihr Zimmer«, Zimmerschlüssel gibt es nicht. Das Zimmer war das Pendant zu ihrem Zimmer im anderen Gebäude und die wenigen Utensilien, die bei näherem Betrachten darauf hindeuteten, dass das Zimmer möglicherweise belegt war von anderen Hotelgästen, hatten sie einfach übersehen. Nur schlafen wollten sie, einfach schlafen, und legten sich, wie sie waren, auf die Betten. Erst ein fürchterliches Rütteln und Fluchen, so erzählte Frau Schnittger, weckte sie gegen 22.00 Uhr auf. Europäer, nämlich aus unserem westlichen Nachbarland, baten sie unmissverständlich, sofort das Zimmer zu verlassen. Sie hatten sich ausgiebig ausgeschlafen im Zimmer und auf den Betten eines älteren französischen Ehepaares, das zu einer französischen Gruppe gehörte und von einem abendlichen Zirkusbesuch zurückgekehrt war in der festen und berechtigten Überzeugung, das eigene Zimmer gefunden zu haben. Frau Schnittger und Frau Heyder indessen begriffen die Welt nicht mehr, da auch sie glaubten, im eigenen Zimmer zu sein.

Ein Reisender früherer Tage, so kann ich mir gut vorstellen, kam zwar weit weniger schnell und mühelos an sein Ziel, war dafür aber geistig und seelisch durch den langen Weg auf das Neue, Andersartige besser vorbereitet. Der heutige durchschnittliche Besucher fremder Länder, dessen bin ich mir ganz sicher, ist kein andächtiger Betrachter, kein gebildeter Gast, kein toleranter Besucher und verständnisvoller Mitfahrer in einer Gruppe. Er stört vielmehr vielfach den Frieden der Bewohner und fühlt sich selbst gestört durch die ihm ungewohnten Sitten und fremde Sprache. Er fühlt sich ja bereits gestört durch das Vorhandensein anderer Mitreisender. Er ignoriert sie einfach. Ich habe oft den Eindruck gewonnen, dass der heutige Tourismus, mehr noch sicherlich der Erholungs- oder Badetourismus, mehr Überfall als Begegnung ist und meist das Schlechteste im Nationalcharakter von uns Deutschen an die Oberfläche bringt.

Ich sprach vorhin von den Hotels und dem typischen Essen und ließ die Frage offen, warum es so ist, warum wir uns so verhalten. Ist es nicht so, dass wir weder Zeit noch Geduld haben, auf einer solchen Reise die schnell wechselnde Umgebung wirklich kennenzulernen und sich ihr anzupassen? Frau Heidelmeyer – und nicht nur sie – kann sich ja noch nicht einmal in einer Gruppe von Landsleuten anpassen. Sind wir noch vorbereitet auf das Fremde, suchen wir das Ungewohnte, Andersartige, Ursprüngliche, Volkstümliche jenseits der Standard-Flughäfen, Standard-Hotels, Standard-Busse? Ich habe diese Frage schon zu Anfang meiner Erzählung beantwortet: nein, vielleicht mit einer Einschränkung: wenn es aus dem Fenster eines Hilton-, Sheraton-, Intercontinental-, Steigenberger- oder Oberoi-Hotels heraus geschieht. Und weil dies alles so ist, wird das fremde Milieu in fremden Ländern uns Touristen angepasst, das Klima wird mit Hilfe von Klimaanlagen auf uns eingestellt, ebenso die Bauweise und das Essen des Hotels, in den meisten Touristenländern auch die Sprache. Wie sagte doch Frau Weier aus Karlsruhe auf der Japan-Taiwan-Korea-Reise Ostern 1982? »Die meisten Leute hier in Korea sind alle so unfreundlich zu uns, dabei müssen sie doch freundlich sein, sie leben doch schließlich von uns. Sie müssen sich doch uns anpassen und nicht wir ihnen. So ist das keine Werbung für das Land.« Und Herr Ströbel aus Düsseldorf auf einer Kanada-Alaska-Reise im Sommer 1978 im Motel in Jasper: »Sagen Sie, ist es wirklich zu viel verlangt, wenn man dem Manager klarmacht, dass er uns allen Zimmer nach hinten, also nicht an der Straße gelegen, gibt?« Und weiter: »Schließlich kommen wir den langen Weg aus Deutschland und sicherlich nur einmal im Leben hierher. Wir machen doch Reklame für das Land.« Im Motel wohnten Amerikaner und Ostkanadier, die schon das zehnte Mal oder öfter hierher kamen und die zum Teil auch Zimmer zur Straße hatten. Ich beschied Herrn Ströbel, dass leider alle Zimmer nach hinten belegt seien – den Manager hatte ich nicht angesprochen. Frau Ströbel hatte ohnehin den Verdacht, dass ich gerade ihnen ein Zimmer zur Straße deswegen gegeben hatte, weil dort parallel zur Straße auch die Eisenbahnlinie der Canadian Pacific mit den recht oft verkehrenden Weizenzügen verlief, für die ich eine Begeisterung gezeigt hatte, die sie nicht teilten.

Herr Alsfelder, aus einem kleinen Ort in der Nähe von Krefeld, befand sich mit mir auf einer Reise im Herbst 1974 zum Weltkongress für Edelpilze in Japan und Taiwan, unsere erste Station waren Neu-Delhi und Agra mit dem Taj Mahal. Herr Alsfelder war Champignonzüchter, Junggeselle, etwa Mitte 50 und konnte stundenlang über einen Komposthaufen referieren. Nachdem alle Teilnehmer in Delhi im Hotel Ashoka ihre Zimmerschlüssel erhalten hatten und ich im 6. Stock des Hotels meine Balkontür öffnete – der Rest des Tages stand zur freien Verfügung und es dunkelte schon – erkannte ich jemanden winkend und rufend im Swimmingpool unten, offensichtlich trug die Person etwas grell Orangefarbenes und mir war so, als ob ständig etwas blinkt und blitzt. Möglicherweise jemand aus der Gruppe, dachte ich. In jedem Falle interessierte es mich und ich eilte hinunter, um der

Sache auf den Grund zu gehen. Es war jemand aus der Gruppe, es war Herr Alsfelder: Er hatte eine Schwimmweste des Fluges PA 2 angelegt und ein kleines Lämpchen flackerte bei Wasserberührung auf. Er hatte bei der Schwimmwesten-Demonstration an Bord verstanden, dass die Schwimmweste mitzunehmen und beim Baden im Meer oder auch im Pool anzulegen sei, für alle Fälle, und schließlich war man ja weit weg von zu Hause. Wie er die Schwimmweste unter dem Sitz herausgeholt und in seinem Handgepäck verstaut und durch den Zoll gebracht hatte, habe ich nie gefragt.

Steht die Ankunft am Zielflughafen bevor, macht sich die Gruppe fertig, trotz Müdigkeit wächst die Spannung wieder, sicher auch aufgrund fehlenden Schlafes oder der Zeitverschiebung. Auch Herr Böhringer, Sonderschullehrer aus Kaiserslautern, machte sich fertig. Er hatte die Angewohnheit, sich auf allen Flügen während der Südamerikareise im Oktober 1972 bis aufs Unterhemd auszuziehen und barfuß durch die Maschine zu spazieren. »Aus Gründen der Bequemlichkeit«, wie er sagte. Er war ein Zeitgenosse, der Meeresrauschen oder irgendein Wassergeplätscher nicht vertragen konnte. So musste sein Zimmer im Hotel immer dem Meer, Pool, Teich oder Fluss abgewandt liegen.

Es wird nochmals nachgesehen, ob der Pass an der richtigen Stelle, die Landekarten und Zolldeklarationen vorschriftsmäßig ausgefüllt sind. »Wie wird die Temperatur sein?«, »Wie weit ist es vom Hotel bis in die Stadt?«, »Ist noch etwas vorgesehen heute?«, »Wann geht es morgen los?« Das sind die gängigsten Fragen. Einige Teilnehmer fotografieren, da ist bei Landung und Ankunft allemal Vorsicht geboten. Bei Weitem nicht alle Flughäfen oder Flughafeneinrichtungen dürfen fotografiert werden. Die Spannung, Aufregung, Ungeduld und Müdigkeit führen dazu, dass die Ansage im Flugzeug nicht beachtet wird. »Und jetzt auch noch anstellen bei der Passkontrolle, auch noch einer hinter dem anderen. Das fängt ja gut an«, hört man einige sagen. Haben Sie auch schon beobachtet, welche Schwierigkeiten wir dabei haben, uns in einer Reihe anzustellen, bei der Passkontrolle, beim Zoll, beim Bus, beim Büfett? Welche Unruhe und Nervosität uns befällt? Wie schnell es zu

Unmutsäußerungen kommt? Zuweilen bereits beim simplen Ausfüllen einer Landekarte oder Zolldeklaration? Dass Landsleute bereits Schwierigkeiten haben in den USA, Kanada und einigen anderen Ländern vor dem berühmten Strich, der da auf den Boden gemalt ist und inzwischen bei uns auch Einzug gehalten hat in Banken und Postämtern, ruhig und geduldig stehenzubleiben? Ich habe mal das Folgende erlebt bei einer besonders peniblen Zollkontrolle in Auckland, Neuseeland: Wir kamen aus Indonesien und mussten alle die Schuhe ausziehen, damit auch dort hineingesehen werden konnte, nachdem zwei Teilnehmer ihren Unwillen über die genaue Kontrolle zum Ausdruck gebracht hatten. Die neuseeländischen Behörden sind oft peinlich genau darauf bedacht, dass keine verderblichen Waren oder irgendwelche Tierchen, seien sie auch noch so klein, ins Land gelangen und dann möglicherweise ihre hochqualifizierte Landwirtschaft in Mitleidenschaft ziehen.

Nicht ganz so schlimm, aber ähnlich ist es auch bei der Einreise in die USA. Aber kein Land erreicht meiner Meinung nach den Umfang an Bürokratie, an Umständlichkeit, an Anzahl von Stempeln und Personal, das offensichtlich notwendig ist, um die gerade passierte Kontrollinstitution durch eine nächste zu kontrollieren, ja, nicht etwa den Reisenden selbst, wie Indien. Immer wieder aber kann man sich Zeit und eventuell ein oder zwei Kontrollstationen sparen, wenn man »nachhilft« oder auf Wünsche eingeht. Ohnehin wird man inzwischen ganz unverhohlen gefragt: »Are you the tour guide?« – Sind Sie der Reiseleiter? – »Haben Sie Kugelschreiber, Whisky oder Zigaretten für mich und meine Kollegen? Wie viel Personen gehören zu Ihrer Gruppe?« Das, was man übergibt, muss nämlich in gesunder Relation zur Gruppengröße stehen, es soll ja schließlich alles seine Ordnung haben: bei kleinen Gruppen gibt man weniger, bei großen Gruppen entsprechend mehr. »Unerhört«, sagen die einen in der Gruppe, »mit uns nicht!« Und die anderen: »Ach was, da geben Sie halt, was die verlangen. Wir sind müde und wollen schnell ins Hotel.« Das Ergebnis liegt dann meistens in der Mitte: nicht so viel, wie verlangt wurde, aber zumindest noch so viel, dass die Gruppe einigermaßen zügig abgefertigt wird.

In Rangoon habe ich Anfang Januar 1981 Folgendes erlebt: Der Leiter der Einreisebehörde bat mich, die Pässe einzukassieren und mitzukommen in einen hinteren Raum. »Wie viel Personen sind Sie?«, wurde ich gefragt.

»20«, sagte ich.

Und die Antwort: »Nun ja, das macht eine Flasche Whisky und eine Stange Zigaretten. Das ist übrigens nur für die Passkontrolle, der Zoll ist dort drüben.«

Es war schon sehr spätabends und die Teilnehmer der Gruppe waren müde. Ich gab ihm daher, was er verlangte, ohne die Gruppe zu fragen. Er schüttelte mir die Hand, gab mir zu verstehen, wie klug ich sei und dass ich die Pässe in 15 Minuten wiederhaben könnte. Er empfahl mir dann noch – inzwischen allein – zum Zoll zu gehen und mich mit dem »Supervisor« zu unterhalten, was ich auch tat. Gleiches Spiel: Er verlangte sofort eine Flasche Whisky und eine Stange Zigaretten. Da ich beides nicht mehr hatte, sagte er nach einigem Überlegen: »Das ist natürlich nicht so gut für Sie und Ihre Gruppe. Aber ich will Ihnen helfen, Sie sind Deutsche und wir mögen Deutsche. Geben Sie mir zehn US-Dollar in bar und kaufen Sie für zehn US-Dollar Whisky im Laden über uns in der Abflugsebene. Wir Zollbeamte dürfen das nicht, es ist streng verboten. Sie müssen aber dem Mann im Laden zwei US-Dollar geben, dass er den Laden überhaupt aufmacht, denn es ist jetzt kein Abflug, und dem Mann drüben an der Tür auch noch mal zwei US-Dollar, dass er Sie wieder hereinlässt.«

Als ich nach etwa einer Stunde den Bus bestieg, der uns ins Hotel bringen sollte, standen die Herren Pass- und Zollsupervisoren am Bus in tadelloser Uniform, der eine ganz in Weiß mit drei Streifen am Ärmel und der andere in Khaki, gleichfalls mit drei goldenen Streifen. »Noch eine Frage, bitte, wann fliegen Sie wieder ab mit Ihrer Gruppe?«, wollten sie nun noch wissen. »Ach, am Freitag, also in drei Tagen. Mit der burmesischen Fluggesellschaft nach Kalkutta? Wunderbar, danke schön.« Sie standen strahlend am Bus und winkten uns hinterher. Offensichtlich freuten sie sich sehr auf unser Wiedersehen in drei Tagen.

Während des Aufenthaltes in Burma und bei einer passenden Gelegenheit, es war beim Mittagessen im Hotel, erzählte ich der Gruppe, was die Einreise »gekostet« hatte. Und dass Ähnliches uns möglicherweise auch bei der Ausreise widerfahren könnte. Alle waren entsetzt und nahezu alle waren der Meinung, sich keinesfalls erneut solchen Forderungen zu beugen. Eher solle man die deutsche Botschaft oder die Polizei einschalten, Bezeichnungen wie Verbrecher, Banditen, Pack, Räuber waren zu hören. Als es so weit war, fuhren wir sicherheitshalber nahezu vier Stunden vor Abflug zum Flughafen – und schafften die Maschine, die nur zweimal in der Woche verkehrt, gerade noch. Die Pässe waren bis zum Abruf der Maschine spurlos verschwunden samt dem Kontrolleur, der sie eingesammelt hatte, und der letzte Koffer musste von uns eigenhändig in die Maschine getragen werden.

Bei einer Besichtigungsreise der olympischen Sportstätten im Februar 1980 in Moskau hatte ich es erlebt, dass sich der braununiformierte Zollbeamte bei der Durchsicht des Gepäcks einfach zwei Päckchen Zigaretten nahm und uns dann gegenüber zur weiblichen Kollegin schickte, die wortlos die einzige Tafel Schokolade förmlich an sich riss, das Gepäckstück zuklappte und fertig war die Zollkontrolle. Bei der Ausreise haben wir dem Beamten, es war dieses Mal nur einer, einfach gleich ein Päckchen in die Hand gedrückt. Er würdigte das Gepäck keines Blickes, er übersah es ganz einfach. Die angenehmste Pass- und Zollkontrolle habe ich, auch wenn sie etwas länger dauerte, in der Volksrepublik China erlebt. Oder kennen Sie ein Land, wo Ihnen der Passkontrolleur einen Tee anbietet und Sie bittet, im Sessel Platz zu nehmen, während das Gepäck – klammheimlich und ohne Kontrolle – bereits in Richtung Hotel unterwegs ist? Und das bei ganz »gewöhnlichen Studienreise-Gruppen«! Kleine Geschichten, die wiederum nur in der Volksrepublik China passieren können, werde ich Ihnen später noch erzählen.

Endlich haben alle die Pass- und Zollkontrolle passiert, der Vertreter der Reiseagentur ist gefunden und damit, meistens jedenfalls, auch der Bus, der uns zum Hotel bringen soll. Das Gepäck wird verladen, entweder in den gleichen Bus oder in ein anderes Gefährt. Dass nicht immer ein Vertreter einer Agentur oder der Bus bereitstehen, trotz Zusagen und schriftlicher Bestätigung, und welche Konsequenzen das unter Umständen haben kann, soll jetzt nur am Rande vermerkt werden. Auch, dass Teilnehmer zuweilen einen abgelaufenen Pass vorlegen – manche Länder fordern bei Einreise noch mindestens sechs Monate Gültigkeit, einige sogar die gleiche Gültigkeit über das Reiseende hinaus –, ihren Pass unterwegs verloren haben oder er wurde gestohlen oder sie müssen deportiert werden, weil sie nicht die erforderlichen Sichtvermerke vorweisen können. In jedem Falle habe ich immer Name, Adresse, Telefonnummer des Reiseagenten oder andere Ausweichmöglichkeiten griffbereit. Das ist und das war des Öfteren gut so. Die Hauptsache allerdings ist, die Reiseteilnehmer merken es nicht. Schwieriger wird es, wenn durch wetterbedingte Einflüsse beispielsweise das Flugzeug auf einem ganz anderen Flughafen oder in einer anderen Stadt als der vorgesehenen landen muss und es dort keine freien Hotelkapazitäten gibt und keine Reiseagenturen, die Busse oder LKW oder PKW zur Verfügung stellen können, und wo es vielleicht keine Hotels und Reiseagenturen gibt. Aber auch davon später.

Im Bus während der Fahrt wird nochmals das Programm für den nächsten Tag mithilfe des Mikrofons bekanntgegeben, die lokale Zeit, die lokale Währung und der Wechselkurs, wo es Frühstück gibt, wo sich der Pool – soweit vorhanden –, der Wechselschalter, die Bar, das Restaurant im Hotel befinden und wo man die ersten Postkarten und Briefmarken kaufen kann. Aber auch, was noch unternommen werden kann, falls kein Programm mehr für den gleichen Tag vorgesehen ist. Und falls es zeitlich möglich ist und die Teilnehmer nicht zu müde sind, gibt es bereits einige Informationen über Land und Leute. Gute örtliche Reiseagenturen haben oft ein Programm, Stadtpläne, Orientierungshilfen und erste Informationen für die Verteilung vervielfältigt und besonders gute Agenturen haben mit Wissen und Willen ausgestattete, gut und verständlich Deutsch sprechende lokale Führer, die sich oft auch vorstellen und vielleicht schon die Zimmerschlüssel mithaben. Das macht sich besonders gut.

*Die Kunst richtig zu reisen*

Entwirf deinen Reiseplan im Großen- und laß dich im einzelnen von der bunten Stunde treiben.
Die größte Sehenswürdigkeit, die es gibt, ist die Welt - sieh sie dir an.

Niemand hat heute ein so vollkommenes Weltbild, daß er alles verstehen und würdigen kann:

Hab den Mut, zu sagen, daß du von einer Sache nichts verstehst.

Nimm die kleinen Schwierigkeiten der Reise nicht so wichtig; bleibst du einmal auf einer Zwischenstation sitzen, dann freu' dich, daß du am Leben bist, sieh dir die Hühner an und die ernsthaften Ziegen, und mach' einen kleinen Schwatz mit dem Mann im Zigarrenladen.

Entspann dich. Laß das Steuer los. Trudele durch die Welt. Sie ist schön: Gib dich ihr hin, und sie wird sich dir hingeben.

*(lt. Tucholsky, 1929)*

Vorteilhaft wirkt sich auch aus, wenn die Hotelleitung die Gruppe zu einem Willkommenstrunk – möglichst landestypisch – einlädt, während das Gepäck gleichzeitig auf die Zimmer gebracht wird. Ganz wichtig ist natürlich auch die Ankunftszeit im Hotel, weil die Verfügbarkeit der Zimmer davon entscheidend abhängen kann. Wie oft habe ich erlebt, dass die Zimmer noch nicht zur Verfügung standen, wenn ich mit meiner Gruppe morgens oder vormittags angekommen bin, müde, verschwitzt, abgekämpft, zuweilen gerade einem anstrengenden Langstreckenflug entstiegen. Obwohl hinreichend bekannt ist, dass die Zimmer fast überall erst zwischen 11 und 14 Uhr geräumt werden müssen, zu Deutsch: Check-out-Time, und ich im Flugzeug und im Bus nochmals darauf aufmerksam gemacht habe, kommt es dennoch immer wieder zu unerfreulichen Szenen, zuweilen zu Unmutsäußerungen von einzelnen Reisenden. Ungeduld, Egoismus, Neid, Unverständnis greifen um sich, selbst nach dem herrlichsten Willkommenstrunk. Aber das sind die gleichen Menschen, denen jedes Verständnis fehlt, wenn sie selbst die Zimmer räumen müssen, obwohl ihre Abreise erst nachmittags oder abends erfolgt. Wie drückte es Herr Hopstein während der Indien-Nepal-Reise aus: »Wenn der Reiseleiter nicht dafür sorgen kann, dass wir morgens schon in die Zimmer können nach solch einer anstrengenden Nacht und die Zimmer nicht bei der Abreise bis abends behalten können bei diesem Klima und in diesem dreckigen Land, wo man sowieso das Hotel nicht verlassen kann, dann ist er unfähig.«

Frau Heidelmeyer war auf gleicher Reise schon furchtbar aufgeregt, als wir zur letzten Station, vier Tage Bade- und Erholungszeit, nach Goa ins Hotel Fort Aguada aufbrachen. Sie hatte mir einen Brief zugesteckt und darin zum Ausdruck gebracht, dass sie endlich einmal – wie alle anderen – auch ein schönes Zimmer bekommen wolle, was ihr ja bisher leider versagt geblieben sei, nur dieses einzige Mal und zum Abschluss, mehr wolle sie nicht. Das Hotel in Goa lag als einziges Hotel weit und breit an einem schier endlosen Sandstrand, die Wassertemperatur betrug etwa 27 °C, es gab einen Swimmingpool, einen Frühstücksraum, ein Hauptgebäude und eine ganze Reihe von Bungalows, die sich hügelaufwärts verstreut befanden und eine herrliche Aussicht boten, einen großen Garten, in dem es sich unter Kokospalmen wunderschön aushalten ließ, eine große Terrasse, wo meist mittags und abends das Barbecue-Essen oder Büfett aufgebaut waren, und einen luftigen Rundpavillon, wo man die köstlichsten Erfrischungen bekommen konnte. Also ideal, ein Hotel für jeden Geschmack, wie ich meine. Ich war am Ende dieser Reise und, das muss ich offen gestehen, auch nahezu selbst am Ende und hatte keine Lust, mir die Klagen und das Gestöhne von Frau Heidelmeyer auch noch in den letzten vier Tagen anzuhören. Ich gab ihr daher die Möglichkeit, sich aus 54 Zimmern, ich wiederhole: aus allen 54 Zimmern, eins auszusuchen. Entweder zu ebener Erde direkt am Garten oder ein Zimmer im ersten Stock, es gab nur ein Stockwerk, oder vielleicht im Hauptgebäude in der Nähe der Terrasse oder des Frühstückraumes oder in den beiden Seitenflügeln ganz nahe am Strand oder aber vielleicht in einem der Bungalows inmitten von Blumen mit Aussicht auf das Meer, die Hotelanlage und einen bezaubernden Sonnenuntergang.

Sie hatte sich vier Zimmer angesehen und schließlich für ein schönes Zimmer zu ebener Erde direkt am Garten mit Blick auf das Meer, den Pool und die Terrasse entschieden. Ich hatte das Zimmer neben ihr und war begeistert. Begeistert erzählten auch die Bewohner der Bungalows von ihrer Bleibe. Beim abendlichen Büfett am ersten Tag hörte ich dann, wie Frau Heidelmeyer zu ihrer Nachbarin sagte: »Sagen Sie, haben Sie auch so ein schlechtes Zimmer?«

Alle Zimmerschlüssel sind verteilt, die Gepäckleute bringen gerade die Zimmernummern an den Gepäckstücken an, meist mit Kreide oder sie befestigen hoteleigene Anhänger. Ich bleibe noch eine Weile in der Hotelhalle, falls jemand nicht mit seinem Zimmer zufrieden ist und deshalb tauschen möchte oder um noch Ratschläge zu geben für die ganz Unentwegten, die bereits wieder herunterkommen und noch etwas unternehmen wollen.

In China gibt es keine Zimmerschlüssel, sondern allenfalls kleine Zettel aus festem Papier, versehen mit der Zimmernummer. Die Zimmer bleiben stets unverschlossen und man kann dennoch getrost seine Wertsachen zurücklassen, ohne in Sorge sein zu müssen, dass etwas gestohlen wird. Im Gegenteil, ich habe es erlebt, dass uns Sachen zum nächsten Bahnhof nachgetragen wurden, die liegengeblieben oder absichtlich im Papierkorb zurückgelassen worden waren wie Socken, Kugelschreiber und dergleichen.

Interne Sicherheitsangestellte des Hotels in jeder Etage sorgen dafür, dass außer ihnen niemand in die Zimmer gelangen kann – und die Gäste allerdings auch nicht mehr raus. Noch etwas unternehmen auf eigene Kappe – Fehlanzeige. Meine Absicht, bei meinem Nachbarn Dr. Thoma, einem Zahnarzt aus Tübingen, während der Chinareise im Oktober 1979 noch einen Whisky »zur Brust zu nehmen«, wurde zunichte gemacht durch die Zurechtweisung des örtlichen Reiseleiters in Peking,

Herrn Shu. Er wohnte mir gegenüber und hatte anscheinend die Tür nur angelehnt. Als ich zu meinem Nachbarn wollte, kam er heraus und sagte: »Jetzt sollten Sie nichts mehr trinken, jetzt sollten Sie schlafen, denn morgen haben wir einen anstrengenden Tag vor uns, gute Nacht.« Inzwischen hat sich dies, vor allem in Großstädten, geändert und es werden Schlüssel, zum Teil auch Sicherheitsschlüssel, ausgehändigt wie in vielen anderen Ländern auch.

Selbstverständlich ist der Reiseveranstalter, so steht es in der Reiseausschreibung, immer und stets bemüht, die bestmöglichen Hotels am Orte zu bekommen. Aber das gelingt nicht immer. Oder: Was ist das Beste, wenn es nur eines gibt oder gar keines im erwähnten Ort, im betreffenden Land, auf der fraglichen Insel? Sondern nur eine Pension, ein Gästehaus, eine Übernachtungsmöglichkeit, ein Studentenwohnheim, eine Schule, eine Karawanserei, eine Hängematte. In jedem Falle wird der Vertragspartner im Zielland es dem Veranstalter gegenüber positiver darstellen, als es in Wirklichkeit ist, der Veranstalter wird es seinen Kunden als noch schöner erklären, sprich »verkaufen«, und diese Kunden, meine Reiseteilnehmer, die sehen es – sozusagen im Sog der Vorfreude und der Reisevorbereitung – in einem noch schöneren Lichte, als es ihnen vom Veranstalter geschildert wurde. Nur auszubaden hat es der Reiseleiter, der dann an Ort und Stelle mit der harten Realität konfrontiert wird. Aber auch dazu ist er ja da, der Reiseleiter. Und gute Hotels schlecht zu finden, das kann wohl jeder, aber schlechte Hotels gut zu finden, zeugt von Reiseerfahrung, Verständnis, Toleranz, das macht eigentlich erst den wirklichen Weltenbummler aus.

*Leider verhält es sich beim Tourismus ähnlich wie bei der Religion, bei der Politik und der Werbung. Jeder hält sich für einen Experten, jeder will mitreden.*

## Endlich im fremden Land

Hier beginnt eigentlich der Teil, dem ich kleine Geschichten und Erlebnisse von meinen Reisen durch und in fremde Länder gewidmet habe. Ich bleibe noch etwas beim Wohnen, bei den Hotels, den Unterbringungsmöglichkeiten und den Reaktionen der Reiseteilnehmer und Reiseteilnehmerinnen. Der Morgen des nächsten Tages lässt viele Teilnehmer die Strapazen des vorangegangenen Tages vergessen und auch mögliche Ereignisse in einem ganz anderen Lichte sehen. Ein Großteil der Gruppe hat gut geschlafen und sieht – wieder mit einer Art Spannung, vielleicht auch einer gewissen Unternehmungslust oder Tatendrang – den kommenden Dingen entgegen. Einige sind regelrecht aufgekratzt und tun so, als ob man schon wochenlang gemeinsam unterwegs sei – Händeschütteln oder Schulterklopfen –, andere sind eher zurückhaltend und wiederum andere kommen mit den ersten »Wehwehchen« oder Beanstandungen: »Mein Zimmer ist zu laut«, weil an der Straßenseite, am Meer wegen dem Meeresrauschen, über der Bar, am Aufzug oder in der Nähe der zentralen Klimaanlage. »In meinem Zimmer stinkt's, in meinem Zimmer geht die Dusche nicht, die Toilettenspülung nicht, es kommt gar kein Wasser, es läuft kein warmes Wasser, es läuft kein Wasser ab, in meinem Zimmer sind Tiere, mir fehlt ein Handtuch, ich brauche eine zusätzliche Decke« und Ähnliches mehr.

Frau Kitanowsky aus Berlin lernte ich anlässlich einer Südseereise Ostern 1971 kennen. Wir wohnten im Hotel Hampton Court in Sydney und sie rief mich in meinem Zimmer zirka alle 30 Minuten nachts an mit der Drohung, die Deutsche Botschaft in Canberra oder das Deutsche Generalkonsulat in Sydney einzuschalten, wenn nicht unverzüglich Abhilfe geschaffen würde. Sie war nicht die Einzige, die verärgert war: Eine Unterhaltungskapelle oder Band spielte im Hotel stets zum Wochenende und es war ein beliebter Treffpunkt der australischen Jugend. Der Lärm war bis in das entlegenste Zimmer zu hören und gespielt wurde bis 1 Uhr nachts. Dazu der Hotelmanager: »Ich weiß gar nicht, was Sie wollen. Das ist völlig im Einklang mit den Gesetzen des Staates

New South Wales. Sagen Sie doch Ihren Leuten, dass sie runterkommen und ein bisschen mitmachen sollen.« Dies taten dann auch einige, nicht aber Frau Kitanowsky.

Mit der gleichen Gruppe erlebte ich in Rotorua, dem Zentrum der Thermalregion auf der Nordinsel Neuseelands, dass das gesamte vorgesehene Hotel nicht so viele Zimmer hatte, wie allein die Gruppe benötigte, und deshalb die vorhandenen Zimmer auch noch weiterverkauft hatte – zur Osterzeit kein großes Problem. Aber es hatte auch etwas Gutes: Ich kam mit meinen 53 Mitreisenden schließlich in einem viel schöneren und auch viel teureren Hotel (DB-Hotel) unter und der Veranstalter nahm dann nur noch dieses Hotel auf in sein Programm für die folgenden Reiseausschreibungen und Gruppen, sicherlich zur Freude der Reisenden und der Reiseleiter. In Erinnerung geblieben sind mir am besten die Schimpfkanonaden, Angriffe und persönlichen Attacken einiger Reisegäste bei Bekanntwerden dieser Situation. Eine spätere Überprüfung der Angelegenheit ergab, dass den Veranstalter keinerlei Schuld traf an dieser Unregelmäßigkeit, er dennoch die erheblichen Mehrkosten übernahm. Zahlreiche Briefe habe ich damals bekommen – zu Hause – nur nicht von Betroffenen, aber offensichtlich doch von den Richtigen.

Der Abschluss und der Höhepunkt der Kanada-Alaska-Reise im Sommer 1974 sollte die »Stampede« in Calgary, Alberta sein, das größte Rodeo-Spektakel des ganzen nordamerikanischen Kontinentes. Daher waren die Zimmer sehr rar, und zwar so rar, dass Kanadier, vor allem aber die Amerikaner, ohne Weiteres bereit waren, das Doppelte oder Dreifache des Zimmerpreises zu bezahlen. Verhängnisvoll wirkt sich das dann aus, wenn man mit seiner Gruppe der Leidtragende ist. So geschehen mit meiner Gruppe Ende Juli 1974, als ich aus Banff kommend im Crossvenor-Hotel in Calgary nichts ahnend an einem wunderschönen Nachmittag eintraf. Der Hotelmanager stand schon auf der Treppe des Hoteleingangs und gab mir ein Zeichen, die Leute im Bus zu belassen. »Wo Sie und Ihre Gruppe wohnen werden, kann ich Ihnen nicht sagen. Nur hier nicht, denn wir haben kein einziges Zimmer frei.

Bitte überzeugen Sie sich selbst davon.« Und er hielt mir ein langes Faltblatt mit Namen, Zahlen, Haken und Kreuzen hin. »Ich werde in einer Stunde wieder hier sein, so lange haben Sie Zeit, sich das zu überlegen«, erwiderte ich und fuhr direkt weiter zur Stampede. Unterwegs erklärte ich der Gruppe, dass ich noch etwas regeln müsste mit unserem Hotel, aber es sowieso besser sei, bei diesem strahlenden Wetter zuerst zur Stampede zu fahren, wer weiß, ob es morgen nicht regnet, »und dann ärgern Sie sich, dass Sie nicht heute schon … usw.«

Ich war in 45 Minuten zurück, hatte aber nicht den geringsten Erfolg gehabt. Auch meine Drohung, in den nächsten Jahren nicht mehr zu kommen, ließ ihn kühl. »Ich bin Geschäftsmann und wenn Sie fünf Jahre lang nicht kommen, dann ist das gerade die Einnahme, die ich jetzt schon habe«, sagte er nur dazu.

Nach langem Suchen bis in die späten Abendstunden fand ich schließlich Zimmer: sehr kleine, ganz einfach eingerichtete Zimmer mit Gemeinschaftsdusche, aber sauber, allerdings mit Klappbetten und ohne Bettwäsche, Handtücher und dergleichen. Wir wohnten drei Tage lang im Studentenwohnheim der Universität Calgary, in der Zeit, in der die Studenten Ferien machten.

Oft erfährt man auch schon am Flughafen nach Ankunft durch den Reiseagenten, wenn irgendetwas nicht in Ordnung ist mit dem Hotel, denn der muss die Gruppe ja zum »richtigen Hotel« und wenn nicht zum richtigen, dann zu dem Hotel bringen, wo die Gruppe letztendlich übernachten wird. So war es an den Iguassu-Wasserfällen, dort wo Brasilien, Paraguay und Argentinien zusammentreffen, im Oktober 1972. Will man in unmittelbarer Nähe der Fälle wohnen, hat man es auch hier mit einem Ort zu tun, an dem es wenige Hotels gibt, die schon lange vorher ausgebucht sind. Das Hotel mit der schönsten Lage, das Cateratas, ist oft ausgebucht, oft schon bevor die deutschen Veranstalter ihre Programme auflegen. Das uns zugewiesene Hotel befand sich in Paraguay, lag an einer Straßenkreuzung, nein, es war mehr eine Wegkreuzung, umgeben von tropischem Urwald, und bestand aus einem langgestreckten, weißgetünchten, einstöckigen Holzbau. Es hatte zwar

Motel-Charakter, war aber wohl eher für Fernfahrer oder Fahrer von Linienbussen gedacht, die bei einer Panne hier übernachten konnten. Es gab keinen Strom und nur eine Waschgelegenheit in der sogenannten Küche, wo es jedem freistand, sich etwas Essbares herzurichten – sofern er etwas mitgebracht hatte. Die Temperatur lag auch abends kaum unter 30 °C und die Luftfeuchtigkeit betrug nahezu 100 %. An Schlafen war schon deswegen nicht zu denken, weil es in den Zimmern von Kakerlaken und vor allem Ameisen nur so wimmelte. Hinzu kam eine entsetzliche Moskitoplage.

Da man sich also weder ins Bett legen noch draußen hinsetzen konnte, verbrachte die Gruppe die Nacht überwiegend stehend im Freien, die meisten in einer Art Schlafgewand oder in Unterzeug gekleidet, weil es so heiß war. Selbst der General hatte nur das Unterhemd an, aber auch hier trug er den Hut. Diejenigen, die es irgendwie vertragen konnten, rauchten, um die Moskitos zu vertreiben. Und wir sprachen einer Art Zuckerrohrschnaps zu, ähnlich dem brasilianischen Cachaca, den die »Hotelleitung« uns gestiftet hatte, der aber verheerend wirkte. Wenn bei Weitem nicht immer alle Teilnehmer draußen standen, dann lag das nicht daran, dass sie schlafen gegangen waren, sondern dass sie anstanden an der einzigen Toilette oder in der angrenzenden Vegetation verschwanden.

Gegen 5 Uhr morgens ließ der General alle antreten: »Menschenskind, Kuca, kommen Sie doch endlich aus den Büschen da und hören Sie auf mit der Scheißerei. Referieren Sie mal lieber über das Kreuz des Südens.« Und Prof. Kuca referierte über die Sterne und Sternbilder, über Planeten und Milchstraßen im Allgemeinen und über das Kreuz des Südens im Besonderen – bis es hell wurde.

Auch schlimm erwischt hat es mich mit einer Gruppe zu Weihnachten und Neujahr 1976/77 auf der Äthiopien-Jemen-Reise, nicht nur, aber auch hinsichtlich der Unterbringung und des Essens. Obwohl die Reiseteilnehmer zum Teil – laut Veranstalter hinreichend – darauf aufmerksam gemacht worden waren, was sie im Jemen erwartet, waren die meisten denkbar schlecht oder gar nicht vorbereitet und das in jeder Hinsicht.

Der Jemen ist kein Touristenland und alles, aber wirklich alles ist dort anders. Die Unterbringungsmöglichkeiten und Essensgewohnheiten weichen völlig von unseren Vorstellungen ab, man trifft so gut wie niemanden mehr, der Englisch oder Französisch spricht, von Deutsch ganz zu schweigen. Als eines der strenggläubigsten Länder des Islams, und als eines der ärmsten noch dazu, hat sich der Tagesablauf, das Verhalten, Denken und Empfinden seiner Bewohner den Gegebenheiten unterzuordnen, auch das Verhalten von Besuchern. Dass es außer in der Hauptstadt Sanaa, und auch da nur ganz vereinzelt, im ganzen nördlichen Teil des Landes weder ein Restaurant noch ein Hotel gibt, das unseren Vorstellungen entspräche, dass es weder Bestecke noch Toilettenpapier, weder Wasserleitungen noch Straßen, noch Telefone in diesem Gebiet gab, und dass alles Ess- und Trinkbare für einen durchschnittlichen europäischen Magen einfach ungenießbar ist, das alles kam in der Reiseausschreibung entschieden zu kurz.

Erschwerend kam hinzu, dass der dortige Partner ein Halunke war, der zwar alles schriftlich garantiert hatte, aber nichts von alle dem einhielt – gar nicht einhalten konnte, wie sich später herausstellte. Insofern muss der Veranstalter in Schutz genommen werden. Und bis zu einem bestimmten Teil kann ich ihm auch nicht verdenken, dass er ein Pionierland des Tourismus so anbietet, dass es auch »verkauft« werden kann. Nur, im Rückblick, die Farbe war ganz einfach zu dick aufgetragen. Zu allem kam der Umstand, dass der Großteil der Gruppe, der mit dem gleichen Veranstalter schon des Öfteren Reisen unternommen hatte, ohnehin recht schwierig und vielfach gar nicht gewillt oder in der Lage war, sich auf dieses völlig »unberührte« und andersartige Land einzustellen. Außerdem hatten sie noch das Hilton Hotel in Addis Abeba in ganz frischer Erinnerung, mit seinen unzähligen Bediensteten, den Zimmerjungen, den Kofferträgern, dem abendlichen Büfett unter freiem Himmel, dem kühlenden erfrischenden Bier. Und die meisten Teilnehmer waren den folgenden körperlichen Anstrengungen nicht im Geringsten gewachsen. So nahm das Verhängnis seinen Lauf.

Die Reiseagentur war nicht am Flughafen in Sanaa zu sehen und ich musste mir ein paar Privatwagen organisieren. Die Fahrer waren Gott sei Dank bereit, uns für viel Geld in die Stadt zu bringen. Das vorgesehene Hotel hatte keine Ahnung von der Ankunft unserer Gruppe. Das war aber auch von sekundärer Bedeutung, denn es hatte ohnehin keine Zimmer frei. Wir wurden an ein Hotel etwa 300 Meter weiter auf der anderen Straßenseite verwiesen. Das hatte noch Zimmer frei für alle. Das merkte ich aber erst, als der letzte der Gruppe hinter irgendeiner Tür verschwand, da der »Hotelmanager« nur Jemenitisch sprach und des Lesens und Schreibens unkundig war. In diesem Hotel gab es in jedem Stockwerk nur eine Toilette und eine Wasserquelle, beides in einem Raum. Die Wasserquelle kam aus der Decke und funktionierte nur, wenn man an einem an der Wand befestigten Draht zog. Dies bedeutete praktisch, dass jeder, der zur Toilette musste und sich anschließend die Hände waschen wollte, dies zweckmäßigerweise splitternackt tat, da er jedes Mal geduscht wurde. Eine andere Möglichkeit des Händewaschens gab es nicht. Da die Toilette auch nur aus einem kleinen Loch in der Erde bestand, das zu treffen nicht immer gelang und es Toilettenpapier nicht gab – eine kleine wassergefüllte Konservendose stand bereit – empfahl es sich ohnehin zu duschen, da das Wasser und »Reste« den gleichen Weg nahmen, sofern, ja, sofern diese einzige Öffnung des ganzen Raumes nicht verstopft war.

Mein Rundgang durch dieses Hotel ergab ein relativ einheitliches Bild: Ein Teil der Gruppe lag in voller Bekleidung auf den Betten, der andere Teil untersuchte das Bett oder suchte etwas, was schon längst von ihm Besitz ergriffen hatte: Wanzen. Erstaunlich wenig Geschrei und Gebrüll waren zu vernehmen, nur hin und wieder ein recht zaghaftes »Um Himmelswillen« oder »Ach du lieber Gott.« Nur aus dem Zimmer, das dem Wasch-Toilettenraum am nächsten lag, war plötzlich ein fürchterliches Schreien zu hören: Die beiden Lehrerinnen Beckmann und Pieschke aus Oberhausen und Lübeck standen in ihren Betten, völlig angekleidet, selbst die Schuhe hatten sie noch an. Aus erwähntem Nebenraum quoll eine bräunliche Flüssigkeit, die inzwischen den ganzen Boden des Zimmers bedeckte.

Laut Reiseprogramm waren alle Mahlzeiten eingeschlossen und so trafen wir uns alle in einem Raum zu ebener Erde, direkt an der Straße gelegen, zum Mittagessen. Zum ersten Male aßen wir jemenitisch und zum letzten Mal mit einer Gabel. Die hatte sich das Restaurant von dem ursprünglich gebuchten Hotel geliehen – extra für uns Touristen. Das Essen bestand aus unglaublich scharfem Hammelfleisch, das in Blechnäpfen serviert wurde, dazu gab es grünen Tee. Alkohol ist streng verboten und auch die Einfuhr ist sehr beschränkt. Deshalb kann Alkohol auch nur »im ganz kleinen Kämmerlein« getrunken werden. Ich hatte vorher einen kurzen Blick in die Küche geworfen und blieb nun an der Tür stehen, damit niemand auf die Idee kommen konnte, Gleiches zu tun, denn dann hätte niemand mehr etwas gegessen.

Wir blieben in diesem »Hotel« nur eine Nacht, für die folgenden Tage war eine Fahrt in den unberührten Norden und Nordwesten vorgesehen. Da wir nur ein Stück auf der einzigen, von den Rotchinesen gebauten Straße fahren würden, ansonsten querfeldein über Sanddünen, Geröll, durch Wadis und auf Steppenpisten, konnte ich von großem Glück sagen, dass wir Toyota-Jeeps hatten. Aber einige Teilnehmer dachten noch immer in der Kategorie »Hilton-Hotel«. Das Gepäckaufladen und Verzurren auf dem Dach mussten ausschließlich die Fahrer und ich besorgen, und zwei jüngere Teilnehmer, zwei Damen, halfen. Der Rest der Gruppe stand herum, gab höchstens noch Ratschläge und sorgte sich bereits um einen der acht Plätze im Jeep. Und das blieb so innerhalb der nächsten sechs Tag, einmal morgens und einmal abends.

Familie Dr. Kolb aus Langen bei Frankfurt tat sich besonders schwer, bei dieser Reise umzudenken und andere Maßstäbe anzulegen. Er war Arzt und sie Ostpreußin, Hausfrau durch und durch, beide gute Deutsche, wie sie von sich sagten, und das Prachtstück, ihr Sohn, angehender katholischer Pfarrer, 24 Jahre alt. Dieser Sohn hatte stets das Reiseprogramm griffbereit und las mit sanfter Stimme und in Demutshaltung daraus vor, wenn er es für angebracht hielt. Auch als ich ihn bat, doch schon mal auf dem Dach des zweiten Jeeps das Gepäck zu verzurren: »In den Leistungen ist der Gepäcktransport eingeschlossen und auch alle lästigen Trinkgelder. Das scheint mir in diesem Lande besonders wichtig«, sagte er nach einem Blick ins Programm.

Die nächste Nacht verbrachten wir in Al Gabei im Nordwesten des Landes. Dorthin begleitete uns ein alter jemenitischer Museumskonservator, der zwar etwas Französisch sprach, aber ansonsten sehr ruhig war, meistens während der Fahrt schlief und sich aber freute, auf diese Art und Weise einmal nach Al Gabei zu kommen, denn dort war er noch nie gewesen. Von Land und Leuten hatte er nicht die geringste Ahnung und fand das auch nicht weiter wichtig. Dieser Teil des Landes ist faszinierend und großartig, aber meine Teilnehmer hatten wenig Zeit und Möglichkeiten, sich die Landschaft während der Fahrt anzusehen, da sie sich zu jeweils vieren an den Seiten gegenübersaßen und ständig aufpassen mussten, nicht mit dem Kopf an die Decke zu stoßen oder auf andere draufzufallen oder vom Sitz und von den Beinen gerissen zu werden. Fahrweise und Straßenzustand waren dafür verantwortlich.

»Einfache Übernachtung und Abendessen« war im Programm angekündigt … Und nach sehr anstrengender, ganztägiger Jeepfahrt tat die Übernachtung auch bitter not. AI Gabei bestand im Wesentlichen aus drei Häusern und einer Wasserstelle zirka 400 Meter weiter. Das eine Haus war das Wohnhaus einer jemenitischen Familie, das zweite war der Stall und das dritte war unser »Hotel«. Ein einstöckiger Lehmbau, bestehend aus zwei relativ großen Räumen, deren Wände mit Kalk weiß abgeschlämmt und deren Lehmfußböden nach mit Ziegen riechendem Stroh bedeckt waren. Herren links, wir sind in einem arabischen Land, daher nenne ich sie zuerst, Damen rechts. Dazu gab es noch feste Strohmatten als Schlafunterlage und je eine Decke zum Zudecken. Eine brennende Öllampe hing jeweils am Eingang der beiden »Gemächer«.

Fast alle Teilnehmer standen unschlüssig vor ihrem Domizil, besonders die Damen, bis sie endlich Herr Kolb jun., das Programm in der Hand, erlöste: »Sagen Sie mal«, sprach er an mich gewandt, »wo ist denn hier das Restaurant oder, nun ja, die Räumlichkeit, wo wir gemeinsam Abendessen haben werden? Vielleicht können wir dort schon hingehen, während das Gepäck abgeladen wird.«

Richtig, etwas Essbares jetzt aufzutreiben wäre gut und würde die Stimmung heben. Die Dame des Hauses brachte uns einen großen Topf grünen Tees, jeweils zwei oder drei mussten sich eine Tasse oder irgendein anderes Gefäß teilen. Unseren Museumskonservator fand ich schlafend in der Wohnung unseres Gastgebers, ich brauchte ihn dringend für Übersetzerdienste. Und es dauerte nicht lange und unser Wirt brachte eine mittelgroße, schwarz-weiß getupfte Ziege. Das war es, unser Abendessen. Für eine unglaublich hohe Summe Geldes. Kurzum: Sie wurde geschlachtet und in einem großen, rußgeschwärzten Topf gekocht und serviert. Ziegenragout oder Ziegenklein, wie immer man es nennen wollte. Das Restaurant, um mit Herrn Kolb jun. zu sprechen, war also direkt vor unseren Gemächern. Dort stand der Topf, frei zur Selbstbedienung, und es herrschte auch freie Platzwahl. Brotfladen brachte Frau Wirtin dann noch in ausreichender Menge.

So fasste nun also jeder im Halbdunkel in diesen großen schwarzen Topf, um sich irgendetwas Ziegenähnliches herauszuholen, bemüht, sich dabei nicht zu verbrennen. Das Fluchen und Schimpfen wollte kein Ende nehmen. Es war aber auch beim besten Willen nicht zu erkennen, was man sich da herausgezogen hatte. »Aua, au, pfui Deibel, ääh, Sch...«, das waren die gängigsten Ausdrücke. Aber ab und zu war auch Gelächter zu hören. Natürlich wusste niemand, was der Gastgeber nun alles von der Ziege dort hineingegeben hatte und das war sicherlich auch gut so. Viel später wusste Frau Kolb noch davon zu berichten: »Und unser Reiseleiter hat meinem Mann ganz absichtlich nur den Hals von dem Zicklein gegeben.«

Wir hatten auf dieser Reise auch Shahare zu besuchen, eine Stadt, die auf einem hohen Bergrücken liegt und nur zu Fuß zu erreichen ist. Etwa sieben Stunden Fußmarsch auf schmalen, steinigen Pfaden mit immer wiederkehrenden Ausblicken auf tiefe Schluchten und die einzigartige Bergwelt ringsherum. So stand's im Programm zu lesen. Und meine Teilnehmer? Sie hatten zum Teil hochhackige Schuhe an, besonders die älteren, die vor allen anderen Sportschuhe oder bequeme Schuhe hätten tragen müssen. Und von Kondition keine Spur. Nur mit Mühe erreichten die Letzten die Bergstadt, gut zwei Stunden später als die Ersten und völlig erschöpft. Erwähnte Frau Pieske hatte unterwegs schlappgemacht und kampierte im Frauengemach eines jemenitischen Wohnhauses. Sie wollte dort unsere Rückkehr am nächsten Tag abwarten. Das Gepäck war bergerfahrenen Jemeniten anvertraut worden, die es mithilfe ihrer Esel nach oben transportierten. Fast in jeder Tasche fehlte etwas.

Auch an diesem Abend wurde das vorgesehene Abendessen zu einem ernsten Problem: Der Herr des Hauses hatte nichts zu essen und schlug mir vor, Hühner zu fangen und mitzubringen, er wolle sie schon zubereiten. Unser Museumskonservator war unauffindbar bis zum nächsten Morgen: »Ich habe ein bisschen geschlafen«, war seine Antwort. Während sich meine Teilnehmer noch um die Schlafmatratzen stritten, ging ich durch die Stadt und warf mich auf jedes Huhn, dessen ich ansichtig wurde. Beim fünften und letzten wäre es fast zu einer Schlägerei gekommen, weil ich die geforderte Summe des Besitzers nicht bezahlen wollte. Aber schließlich kehrte ich doch einigermaßen unversehrt zurück mit meinen recht mageren jemenitischen Hühnern, und meine Gruppe aß dieses »Hühnerallerlei«, auch die Füße waren dabei, bereits mit viel größerem Appetit als am Abend zuvor unser Ziegenmahl. Auch hatten die meisten, im Gegensatz zur vergangenen Nacht, recht gut geschlafen.

Der Abstieg am nächsten Tag war eine Notwendigkeit und fast alle erreichten unseren Ausgangspunkt, bis auf die zurückgelassene Frau Pieske, sie war nicht mehr an der verabredeten Stelle und auch nicht später unten am Ausgangspunkt. Und Frau Grieshamer aus Düsseldorf blieb irgendwann unterwegs völlig bleich und mit Schaum vor dem Mund auf einem Felsen sitzen. Sie war nicht mehr in der Lage weiterzugehen und ich trug sie die letzten drei Kilometer Huckepack nach unten. Längst wieder zu sich gekommen und bei Kräften gestand sie mir: »Ich habe schon seit einiger Zeit einen Herzschrittmacher.« Frau Pieske gabelten wir schließlich nach einigem Suchen inmitten der Felswüste auf: Sie habe sich verlaufen, war ihre knappe Antwort.

Auch mit den Führern des Jeeps hatte ich meine liebe Not: Wie auf Kommando hielten sie unterwegs auf freier Strecke an, legten sich auf den Boden vor die Autos und weigerten sich, weiterzufahren. Erst durch langes Zureden und ein erhebliches Trinkgeld stiegen sie wieder in die Wagen. Oder sie drohten, allein und ohne uns weiterzufahren, wenn die Gruppe einen Stopp machte oder, wie bei unserer dritten Station in Saada, eine Besichtigung vornahm. So musste ich vorsichtshalber immer bei den Fahrern bleiben und ich fuhr auch hin und wieder eine Strecke, damit wenigstens dieser betreffende Fahrer bei Laune blieb.

Lassen Sie mich mit einer kleinen, recht komischen Geschichte endlich loskommen von dieser Jemenreise, von der es noch einiges zu berichten gäbe. Nach Rückkehr aus dem nördlichen Landesteil kam uns Sanaa vor wie der Mittelpunkt der Zivilisation und unser Hotel wie ein Erste-Klasse-Hotel. Neben dem malerischen und wirklich sehenswerten Suk, dem jemenitischen Bazar, müsse man, so unser Begleiter, das Museum sehen – er musste es ja schließlich wissen. Und ich muss offen gestehen, ein solches Museum habe ich bis dahin noch nicht gesehen: Im Erdgeschoss und im ersten Stock standen und lagen persönliche Gegenstände der letzten Imam-Herrscher völlig wahllos und durcheinander und ohne irgendwelche Angaben herum. Das Ganze war mit einer derartigen Staubschicht bedeckt, dass es ohnehin kaum möglich gewesen wäre, zu erkennen, was vor einem lag. Der Museumskonservator sagte kein Wort und saß – man sah ihn vom ersten Stock aus – auf einem Stuhl im Erdgeschoss und schlief.

Wäre nicht Frau Kolb gewesen, hätte er wahrscheinlich noch nicht einmal unser Weggehen bemerkt. Frau Kolb lehnte sich nämlich im ersten Stock gegen ein Holzgeländer oder wurde von anderen versehentlich dagegengedrückt. Da gab das Geländer plötzlich nach und sie stürzte mit einem markerschütternden Schrei und einem Teil des Geländers nach unten ins Erdgeschoss und mitten in das große Bett des vorletzten Imam. Der Sturz verlief so glimpflich für sie, dass sie völlig unverletzt blieb und mit dem Schrecken davonkam. Aber der Aufprall verursachte solch eine Staubwolke, dass man die Hand nicht mehr vor Augen sah. Wir sahen Frau Kolb also erst nach einigen Momenten in diesem Bette völlig ausgestreckt liegen. Alle Teilnehmer waren mit einer dicken Staubschicht bedeckt, über und über. Der Museumskonservator muss einen gehörigen Schreck bekommen haben: Er ließ sich auf einer Bahre hinaustragen. Ob er wirklich das Bewusstsein verloren hatte, habe ich nie erfahren.

Die Reise in den fortschrittlichen Südteil des Landes verlief unseren Vorstellungen entsprechend zivilisierter und erträglicher, nachdem sich in einer Krisensitzung die Teilnehmer der Gruppe für die Fortsetzung der Reise ausgesprochen hatten. Der Verantwortliche der Reiseagentur hatte sich sehr bald in den sozialistischen Jemen, das frühere Protektorat Aden, abgesetzt und konnte daher nicht zur Rechenschaft gezogen werden.

Es kommt immer wieder vor, dass Tiere, seien sie noch so nützlich und auch notwendig, Anlass zu großer Besorgnis und Panik geben. So rief mich Frau Lohmeyer aus Gelsenkirchen auf der Indonesienreise im Sommer 1977 in Medan auf der Insel Sumatra zu sich mit: »Schlangen, Schlangen!« In Wirklichkeit hatte sie die »Putzfrauen« entdeckt, eine an der Zimmerecke und eine an der rechten Wand oberhalb des Bettes. Recht scheue, kleine, hellgraue Echsentiere, nützliche Geckos, die in nahezu allen Tropenländern anzutreffen und völlig harmlos sind. Sie jagen Moskitos und allerlei Ungeziefer. Frau Lohmeyer war dennoch nicht mehr bereit, das Zimmer zu betreten und bestand auf den Umzug in eine andere Bleibe, direkt neben der meinigen, für alle Fälle.

Etwas unangenehmer war es dagegen während einer Südseereise im Sommer 1975 in Zentralaustralien am Ayers Rock. Um das faszinierende Naturschauspiel des Sonnenunter- und Sonnenaufganges am größten Monolithen der Welt miterleben zu können, muss man in der einzigen Herberge dort übernachten. Selten habe ich eine Nacht verbracht, die mit so vielen Schreien, Hilferufen und einer unbeschreiblichen Unruhe überall und Geräuschen aller Art in den Räumen verbunden war. Und selten habe ich so viele unausgeschlafene Reiseteilnehmer beim Frühstück getroffen, überwiegend weiblichen Geschlechts, denen zum Teil noch eine gewisse Panik anzusehen war. Die Ursache, nun ja, die wurde am besten demonstriert von jener Amerikanerin, die schreiend in den Frühstücksraum stürzte und mit weit aufgerissenen Augen auf die Manteltasche deutete. Ein hilfsbereiter Landsmann von ihr erlöste sie: Er griff in die Tasche und hielt eine kleine, hellgraue, zentralaustralische Maus in der Hand. Inzwischen muss man auf gewohnten Komfort auch an dieser Stelle nicht verzichten, drei oder vier Hotels der Kategorie first class sind hier in den letzten Jahren entstanden.

Auf einer Südamerikareise im Frühjahr 1972 kam Frau oder Fräulein Kolb aus Kassel – auf der Teilnehmerliste stand Frl. Kolb, aber sie verbat sich das energisch, da sie seit dem 25. Lebensjahr mit Frau angesprochen zu werden wünschte –, Mitte 30, Lehrerin, von Moskitostichen geplagt zu mir: »Bitte besorgen Sie mir einen Arzt, die Stiche haben sich entzündet, ich glaube, ich habe schon Fieber«, sagte sie.

Binnen kurzer Zeit hatte ich von meinem Zimmer im Hotel Raffael in Sao Paulo aus einen Arzt beschafft. Und so begab sich Dr. Kaltz, seine Eltern stammten aus Frankfurt und er sprach ausgezeichnet Deutsch, zu Frau Kolb in den 9. Stock – einige Teilnehmer und ich wohnten in der gleichen Etage. Nach wenigen Minuten waren plötzlich ein Aufschrei und heftiges Türenschlagen zu hören und Dr. Kaltz stand konsterniert auf dem Etagenflur, die eine Gesichtshälfte war rot angelaufen. »Ein seltsamer Mensch, dieses scheene Fräulein. Hat se mer gegeben e Ohrfeige. Werd ich nicht untersuchen de Hals, wenn de Moskito haben gestochen in de scheene Oberschenkel.«

Leicht konsterniert zeigten sich auch zwei jüngere nette Reiseteilnehmer, als ihnen Frau Kolb auseinandersetzte, dass ein beabsichtigter Besuch bei ihr oder ein Annähern an ihr Zimmer zwecklos sei, auch wenn sie auf der gleichen Etage wohnten. Sie bräuchten nichts zu sagen, sie habe sie schon beobachtet. Die beiden wussten in der Tat nicht, wovon Frau Kolb sprach und was sie damit meinte.

In Indien oder beispielsweise auf Bali werden Tiere geachtet, verehrt und einige sogar als heilig angesehen. Einen gläubigen Hindu, der im Hotel angestellt ist, damit zu beauftragen, bestimmte Tiere zu vertreiben oder gar zu töten, ist aus diesem Grunde oft ein hoffnungsloses Unterfangen, gleichgültig, ob es sich um Moskitos, Geckos, Ratten, Mäuse oder Ameisen handelt. Die Jainisten in Bombay legen sich eine »Mullbinde« an, damit nicht etwa ein Moskito in den Mund gelangen kann und, beabsichtigt oder unbeabsichtigt, getötet wird. Auf Bali gibt es den Wald von Sangeh. Dort leben zwei rivalisierende Affenherden und diese Affen werden als heilig angesehen und entsprechend verehrt. Der Affe spielt in der Hindu-Mythologie eine große Rolle. Ein Besuch dieses Heiligtums gehörte zum Besuchsprogramm meiner Indonesienreise im Sommer 1977. Besonders dreiste Affen hatten inzwischen eine große Geschicklichkeit entwickelt, den immer häufiger erscheinenden Touristengruppen Handtaschen und Kameras abzunehmen, Brillen abzusetzen, Hüte und Schirme blitzartig vom Kopf oder aus der Hand zu reißen. So geschehen mit Frau Paul aus Berlin. Ehe sie sich versah, hatte ein recht stämmiger Affenvater ihre Handtasche an sich genommen und war damit in der Krone eines Baumes verschwunden. Pass, Flugschein, Impfzeugnis, Versicherungspass, Kosmetikartikel, Haarbürste, Lippenstift und was so alles in einer Damentasche untergebracht ist, fielen nach freundlichem Zureden, eines nach dem anderen nach unten aus einer Stelle des Baumes, die nicht einzusehen war. Und schließlich und endlich regnete es auch Reiseschecks und amerikanische Dollars – die Tasche selbst haben wir nie mehr zu Gesicht bekommen. Und so konnten wir die Fahrt nach 90-minütiger Verspätung fortsetzen.

Als wir auf der gleichen Reise auf Borneo bei den Dajaks zu Gast waren, spielten auch Tiere eine für die meisten Gruppenteilnehmer bisher nicht erlebte große Rolle. Wir übernachteten in einem Langhaus der überaus gastfreundlichen Dajaks, wo alle Haustiere das gleiche Haus- und Wohnrecht wie Menschen genossen. Der Haushahn indes konnte sich an die europäischen Besucher wohl schwerlich gewöhnen, denn er krähte in der Nacht so oft, dass er morgens bei Sonnenaufgang völlig erschöpft und schweigend seine erwartete Pflicht vergaß. Möglich wäre allerdings auch, dass ihn die dauernden Schuhwürfe einzelner Reisegäste in der Nacht aus dem Konzept gebracht hatten. Auf den Magen geschlagen war dies wohl Herrn Kruse, der recht früh nach dem Weg zur »Örtlichkeit« fragte und in den angrenzenden Palmenwald verwiesen wurde. Dort warteten ganze Familien von Hängebauchschweinen auf »Nahrung« und ehe sich Herr Kruse versah, es erging später anderen Teilnehmern auch so, war von seiner Notdurft nichts mehr zu sehen. Die Tiere fingen es gewissermaßen schon auf, bevor es die Erde berührte. Hilfe wurde ihm erst zuteil, als er fluchend und halb angezogen ins Langhaus zurückflüchtete, während ihn eine große Schar von Hängebauchschweinen verfolgte.

Zuweilen auch macht die oft fremde und unbekannte Flora und Fauna den Reiseteilnehmern hinsichtlich der Klassifizierung zu schaffen. Australiens endemische Fauna beispielsweise hat uns bekannterweise Tierarten geliefert, die nur dort vorkommen und die unsere Bewunderung hervorrufen. Allen voran der knopfäugige Koala-Bär, der in Aussehen und Verhalten so recht nach dem Geschmack abendländischer Tierfreunde ist. Ehepaar Weiß aus Bensheim an der Bergstraße war anlässlich der Australienreise im Sommer 1982 besonders angetan von diesem possierlichen Tier. Fotografiert werden wollte Frau Weiß, gemeinsam mit »ihm«, dem Koala. »Heinz, ei guck doch e mal«, flötete sie, »guck doch e mal, is der Aff schöö.« Und Heinz widersprach nicht.

Von den Petry-Schwestern aus Trier muss und möchte ich Ihnen erzählen. Ich nannte sie die »Flying-Petry-Sisters«, weil sie mit ihren Verhaltensmustern beim Essen, im Bus, in der Eisenbahn, im Hotel und gegenüber Einheimischen stellvertretend waren für einige andere oder ähnlich gesinnte Mitreisende, die sich im Laufe der Jahre zu Reisen entschlossen hatten und die zu erleben und kennenzulernen ich das Vergnügen hatte. Es waren zwei ältere Damen, die reich an Reiseerfahrung waren, ganz offensichtlich aber immer mehr davon auszugehen schienen, dass andere Menschen oder Mitreisende nur etwas Lästiges, Überflüssiges darstellten. Marianne, die ältere der beiden, trug immer eine rosafarbene, rundliche Halskrause, ähnlich einer frisch vom Metzger gelieferten Bratwurst, und war weit von allen praktischen, vernünftigen und den Mitfahrern verständlichen sowie vom Leben geprägten Denkweisen entfernt. Ihre Schwester Annemarie war resolut. Allein vom Äußeren machte sie nicht den gleichen etwas »wunderlichen Eindruck« ihrer Schwester, aber sie hörte nicht gut und machte dafür wohl, das war nicht zu übersehen, ihre Schwester verantwortlich. So befand sich Marianne in einer Art Dauerstress, weil sie immer alles wiederholen musste, was ich gerade gesagt hatte. Und nicht selten vermittelte sie das Gegenteil von dem weiter, was ich gesagt hatte. Sie musste ähnlich einem Kettenhund, dem Programm immer ein Stück voraus sein, musste also Straßenzustandsbericht, Qualität des Restaurants, des Museums, Anstrengungsgrad einer Wanderung, Höhenunterschiede, Hotels, Postämter und Bahnhöfe erkundet und der stets gemütlich am Ende der Gruppe gehenden Schwester berichtet haben, bevor die Gruppe ankam. Sie musste blind Entfernungen und Wetterberichte für die nächsten drei Tage liefern, Dauer von Aufzugsfahrten und Qualität eines Steaks nennen können, das zu essen sie am gleichen Abend erst vorhatten. Sie war nicht zu beneiden. Und sie musste zu mir kommen, wenn Schwester Annemarie etwas auf dem Herzen hatte.

Die Kanada-Alaska-Reise im Sommer 1974, es war die letzte vom Arzt genehmigte große Reise der beiden, hatte also in ihrem Teilnehmerfeld auch Marianne und Annemarie Petry. Und so kam beim Abendessen im Goldrush-Hotel in Anchorage Marianne zu mir: »Meine Schwester lässt fragen, was man hier zu trinken bekommen kann?« Ich empfahl ein kühles Bier zum Essen, ansonsten Coca-Cola als klassisches amerikanisches Getränk oder vielleicht eine Limonade, der Automat war zu sehen und bot drei verschiedene Sorten, natürlich konnte man auch einen Tee oder einen dünnen nordamerikanischen Kaffee bekommen. Dies waren nun alles Getränke, die man auch zu Hause bei Petrys nicht trank und deswegen fragte sich Marianne, warum man sie ausgerechnet hier trinken sollte. Als auch mein empfohlener Whisky zum Aufwärmen abgelehnt wurde, landeten die beiden Damen schließlich bei je einem Sprudelwasser – aber bitte nicht so viel Kohlensäure, wegen des Sodbrennens versteht sich, und nicht so kalt, wegen des empfindlichen Magens natürlich, aber es durfte auch nicht warm sein, denn es sollte ja schließlich den Durst löschen. Marianne war wenigstens vier Mal unterwegs zu meinem Platze, um mir jeweils die Antwort der Schwester mitzuteilen und zwar leise, damit es die anderen nicht hörten, musste dann aber meine Antwort Annemarie so laut ins Ohr brüllen, dass es ohnehin alle verstanden. Als nun fast alle ihr Bier hatten, wenige hatten sich einen Whisky und zwei Teilnehmer eine Limonade bestellt und bekommen, kam Marianne wieder und sagte dieses Mal verärgert und laut: »Sagen Sie mal, warum müssen wir als Einzige Sprudelwasser trinken?«

Der Ober drückte jedem die Speisekarte in die Hand, so auch den Petrys: »Was kann man denn hier essen?«, wird gefragt. Nicht aus sprachlichen Gründen, nein, man will zunächst damit kundtun, an typischen Gerichten oder Spezialitäten interessiert zu sein, aber nur, wenn sie nicht zu typisch sind … Ich sprach schon mal davon. Oder im Klartext: Was ich kenne und zu Hause auch esse und nichts anderes, bitte. Lachs empfahl ich allen, weil er hier und zu dieser Jahreszeit besonders gut und frisch war. Und weil ich den Petrys zuvorkommen wollte, sagte ich noch: »Heilbutt ist jetzt auch eine schöne Sache hier im Nordwesten. Ansonsten alle Arten von Steaks, teurer natürlich als weiter im Süden des Kontinentes, aber genauso wie dort mit Kartoffeln in Folie und den drei Bratmöglichkeiten rare, medium, welldone zu haben.« Wer möchte, könne sich noch dazu einen Salat bestellen, wahlweise mit einem von zwei Dressings. Alle bestellten sich Lachs oder Heilbutt. Nur Marianne und Annemarie nicht. Sie aßen keinen Fisch, daher auch keinen frischen Lachs, sondern bestellten sich schließlich gemeinsam ein sogenanntes T-Bone-Steak mit zwei Tellern, nachdem ihnen der freundliche Ober gezeigt hatte, wie es aussah und wie groß es war. Begeisterung bei den Lachs- und Heilbuttessern, Niedergeschlagenheit bei den Petrys: »Und wir haben hier so ein hartes Stück Fleisch. Wenn man uns das gesagt hätte, hätten wir auch Fisch oder gar nichts gegessen.«

Ich bleibe noch etwas bei den Petrys. Ihnen war es ein Gräuel, wenn jemand unpünktlich war, auch wenn es unverschuldet war, weil zum Beispiel der Aufzug so lange brauchte. Dafür hatten sie kein Verständnis, wie viele andere auch, und so waren sie spätestens 20 Minuten vor Abfahrt eines Busses, Schiffes oder Zuges so aufgeregt, dass sie alle anderen mit ihrer Nervosität und Hektik ansteckten. Der Grund war hauptsächlich, dass für Annemarie ein Platz sichergestellt werden musste, der sie nicht der Sonne aussetzte, denn die vertrug sie nicht. Und für Marianne musste ein Platz her, wo sie die Beine entweder seitlich hochlegen oder dem Vordermann auf die Kopfstütze legen konnte, am besten war es also, wenn diese fraglichen beiden Plätze frei blieben.

Laut Reiseprogramm stand eine Eisenbahnfahrt von Anchorage nach Fairbanks bevor, der Gruppe mit 36 Personen war der Eisenbahnwagen No. 4, Reihe 4 bis 9 zugewiesen. Ohne Platzkarten war ein Fahren nicht möglich, der Zug war ausgebucht und hatte darüber hinaus noch einen Aussichtswagen, ähnlich dem unserer heutigen Intercity-Züge. Dort war ein höflicher Hinweis angebracht, der darauf aufmerksam machte, dass auch andere Fahrgäste hier rausschauen wollten und man bitte daran denken möge, dass man nicht der einzige Fahrgast sei usw. Marianne wollte nun unbedingt wissen, wo denn ihre Schwester und sie sitzen würden. Mein Hinweis, sie solle sich beruhigen, wir alle hätten Plätze und kämen auch alle mit, nutzte überhaupt nichts, sie brüllte ihrer Schwester zu: »Ich kann doch auch nichts dazu, der Reiseleiter sagt uns einfach nicht, wo wir sitzen.«

Auf dem Bahnhofsgelände in Anchorage befanden sich an diesem Morgen ungefähr 500 Menschen, zum großen Teil Amerikaner und Kanadier, viele aus der jüngeren Generation, die sich noch etwas unterhielten oder in einem Buch lasen und gelassen darauf warteten, den Zug besteigen zu dürfen, der dort schon bereitgestellt war. Nur bei einer kleinen Ansammlung von Menschen – bei 36, um genau zu sein – war eine unbeschreibliche Aufregung zu verzeichnen. Nicht nur bei dieser Reise und dieser Gruppe, auch bei anderen Reisegruppen auf dem gleichen Bahnhofsgelände habe ich später das gleiche Verhalten festgestellt: War in der großen Menge der Wartenden ein Unruheherd, dann war es meine Gruppe oder eine andere deutsche, zuweilen auch eine französische Gruppe. Eine einleuchtende Erklärung für dieses Verhalten ist mir nie gelungen, auch unzählige Gespräche mit Reiseteilnehmern, die sich, wie ich, dafür schämten, haben mich nicht weitergebracht. Kriegs- und Nachkriegserlebnisse, Überlebensängste, Erfahrungen aus schlechten Zeiten waren die dürftigen Antworten für dieses Verhalten: Wer zuerst kommt, mahlt zuerst. Ich spreche nicht von jungen Menschen, nein, ältere, gebildete, gesittete, lebenserfahrene Landsleute, Vorbilder, als die sie sich ausgeben und ansehen und die übrigens das nordamerikanische Verhalten als Desinteresse, Gleichgültigkeit, Ungebildetsein auslegen. Zum Groll der restlichen Gruppe, letztendlich aber im Interesse der

Gruppe, überließ ich den beiden Schwestern Petry die Auswahl unter den uns zugewiesenen Plätzen, indem ich sie mithilfe des Kontrollbeamten in den Zug bugsierte. Als alle anderen zehn Minuten später einstiegen, hatten sich die beiden immer noch nicht geeinigt, saßen aber schließlich auf zwei Plätzen, für die sie sich entschieden hatten.

Der Zug verließ das Stadtgebiet von Anchorage in einer langgezogenen Kurve und Annemarie saß bereits nach wenigen Minuten in der Sonne. Sie setzte sich oft um auf dieser Fahrt, tauschte wieder zurück, wechselte die Plätze mit ihr völlig fremden Menschen und blieb schließlich auf einem Platz im Aussichtswagen sitzen und weinte unaufhörlich. Marianne bat mich, dem Zugkontrolleur, der besorgt zu mir kam, zu übersetzen: »Meine Schwester muss immer in der Sonne sitzen und deshalb weint sie.«

Marianne hatte auch die unverständliche Angewohnheit, nach links zu gehen, wenn man »bitte nach rechts« gesagt hatte. Dies führte beispielsweise bei den unvermeidlichen Fragen nach der Toilette oder den Aufzügen immer wieder zu Unstimmigkeiten. »Der Reiseleiter hat mich schon wieder verkehrt geschickt«, hörte ich sie dann sagen. Im Hotel Chena View in Fairbanks schickte ich sie dann nach rechts zu den »Gentlemen« in der Gewissheit, sie würde auch jetzt nach links gehen – aber dieses Mal hatte ich mich geirrt. Sie stand vor einem hünenhaften Texaner, der die Tür offengelassen hatte, seinen breitkrempigen Hut im Nacken, und selbstverständlich in Englisch sagte: »Hey, schöne Frau, einen Moment Geduld noch und dann sind Sie dran, ausnahmsweise. Sie wollen wohl in Ihrem Leben noch mal einen nackten Mann sehen.«

In der Stadt Jasper im gleichnamigen Nationalpark morgens nach dem Frühstück und mitten auf der Straße verdrehte Marianne plötzlich die Augen und schlug lang hin. Sie hatte die Besinnung verloren und musste in besorgniserregendem Zustand in die dortige Klinik eingeliefert werden. Die Betreuung der Schwester war über ihre Kräfte gegangen. Und Annemarie fühlte sich nun auch so krank, dass sie gleich mit ihrer Schwester in der Klinik blieb. In der Tat war sie ohne Marianne völlig hilflos – und sicherlich auch krank. Wir mussten die Reise also ohne die Petry-Schwestern fortsetzen. Wochen später, sie mussten etwa vier Wochen in der kanadischen Klinik bleiben, erhielt ich eine Postkarte aus Trier von Marianne: »Der unflätige Bayer hat immer zu Annemarie im Bus gesagt, sie solle ihre ›Keesquanten‹ vom Sitz nehmen. Und das ist meiner Schwester aufs Herz geschlagen.«

Herr Dr. Josef Auter wurde auf der gleichen Reise im Sommer 1974 an seine heimatliche Zahnarztpraxis in Ehingen an der Donau erinnert. Da auf dem amerikanischen Fährschiff bei der Fahrt durch die Inlandpassage keine Kabinen zur Verfügung standen, musste ich mit meiner Gruppe die Nacht an Deck verbringen. Liegestühle und Decken standen zur Verfügung. Es waren außer uns noch etwa 100 Mitreisende, überwiegend Kanadier und Amerikaner, die das gleiche Schicksal mit uns teilten. Unter anderem ein älterer Amerikaner jüdischer Abstammung aus Kalifornien, Herr Levi, der zwischen Prince Rupert und Vancouver Island arg geplagt von quälenden Zahnschmerzen vor sich hin wimmerte. Dr. Auter war gleich zur Stelle, sah sich das Problem an und war bereit zu helfen. »Der muss raus«, war seine eindeutige Diagnose. Und so begann er mit der Prozedur und zwar mithilfe meiner Kombizange, die im Laufe der letzten Jahre ein fester Bestandteil meines Handgepäcks und bereits in vielfältiger Weise eingesetzt geworden war. Nun also auch zum Zähneziehen, nämlich des letzten noch vorhandenen Weisheitszahnes eines arg gebeutelten Nordamerikaners.

Vier männliche Teilnehmer aus der Gruppe hielten den Gepeinigten fest, Frau Levi tupfte ihrem Mann unablässig den Schweiß von der Stirn. Und Dr. Auter setzte die whiskygetränkte Zange an. Ein kurzer Ruck, ein markerschütternder Schrei, der sicherlich noch an der etwa vier Kilometer entfernten Küste zu hören gewesen war, und der Zahn war draußen. Dr. Auter hielt ihn hoch und die Umstehenden sahen im Zwielicht einer nordischen Sommernacht einen großen entwurzelten Weisheitszahn. Herr Levi verzichtete auf ein Wundschmerzmittel und spendierte stattdessen für Dr. Auter und sich eine Flasche Bourbon-Whisky aus Kentucky. Beim Gang am nächsten Morgen zum Frühstück fehlten die beiden: Sie lagen einträchtig nebeneinander ausgestreckt auf den nassen Holzplanken eines amerikanischen Fährschiffes und schliefen dort bis in den frühen Nachmittag hinein.

Ehepaar Dr. Zipp aus Krefeld gehörte zu meiner Gruppe bei der Fernostreise Weihnachten, Neujahr 1980/81 und hatte zur Bedingung gemacht, in jedem Falle und überall stets in zwei Einzelzimmern schlafen zu müssen, da ein Zusammenwohnen unzumutbar und unerträglich sei für die Dame. Ihr Mann schnarche angeblich derart, dass auch zu Hause schon seit frühester Zeit, beide steuerten auf eine 45-jährige Gemeinsamkeit zu, getrennte Schlafzimmer längst üblich geworden seien. Nun sollten diese Einzelzimmer auch möglichst nebeneinanderliegen. Da das nicht immer klappte und Frau Zipp unter keinen Umständen allein zum Frühstück zu gehen bereit war, hatte sie sich eine Trillerpfeife zugelegt. Diese Pfeife ertönte dann mit eindringlichen, schrillen Tönen im ganzen Hotel und Herr Zipp wusste, dass seine Frau bereit war, abgeholt zu werden. Frau Zipp setzte die Pfeife später auch dann ein, wenn ihr Mann, der auch die leidige Aufgabe des Fotografierens übernehmen musste, für ihre Begriffe zurückmusste zum wartenden Bus. Und es dauerte nie sehr lange und Herr Dr. Zipp eilte im Laufschritt herbei.

Frau Zipp hatte im fernen Asien enorme Schwierigkeiten, wie andere Reisegäste auch, den landesüblichen Gepflogenheiten entsprechend nicht mit barbarischen Eisenwerkzeugen, sondern mit kultivierten Stäbchen aus Holz oder Elfenbein – heute auch vielfach Kunststoff – zu essen. Sie nahm jeweils ein Essstäbchen mit dem dickeren Ende nach unten in jede Hand in der Hoffnung, auf diese Art und Weise mehr Essbares »bewegen« zu können. Beide Stäbchen in einer Hand zu halten und dann gar etwas von ihrem Teller oder aus ihrem Schälchen herauszubefördern in Richtung Mundöffnung, ist ihr nicht ein einziges Mal gelungen. So trug sie bei ihrer nächsten Fernostreise Japan-Taiwan-Korea Ostern 1982 stets neben ihrer Trillerpfeife auch einen Solinger Suppenlöffel bei sich und sah gelassen der nächsten fernöstlichen Mahlzeit entgegen.

Ganz anders Frau Tagel, eine Sonderschullehrerin aus Rüdesheim am Rhein auf der Sommerreise durch Indonesien 1977. Sie war geradezu versessen darauf, asiatisch zu essen, mit Stäbchen, und alle südostasiatischen Spezialitäten und unbekannten Leckereien waren ihr gerade gut genug, um sie zu probieren. Selbst ein luftgetrocknetes, scharf gewürztes Stück Hundefleisch schreckte sie nicht bei einem Stopp während eines Tropengewitters auf Celebes. Als wir aber in Westmalaysia in eine Lokalität gerieten, die unter anderem drei verschiedene Menüs mit Rattenfleisch anbot, da passte auch sie und blieb dann doch lieber bei gegrillten Raupen in Chilisoße.

Herr Grueschow aus Berlin war während der Alaska-Kanada-Reise im Sommer 1978 auf eine Idee gekommen, die er als außerordentlich clever ansah und mir und auch der Gruppe zur Nachahmung wärmstens empfahl: »Wissen Sie«, sagte er, »wenn Sie hier in Anchorage in ein Lokal gehen, da bekommen Sie schon mal einen Kaffee, bevor Sie was bestellt haben. Sie müssen nur die Speisekarte in die Hand nehmen. Und dann gehen Sie einfach wieder, weil Sie nichts Passendes gefunden haben und der Kaffee kostet dann nichts. In Wirklichkeit hatten Sie ja nur vor, einen Kaffee zu trinken. Und meine Frau, die ist noch cleverer: Die nimmt sich dann beim Rausgehen noch Zahnstocher, Streichhölzer und ein paar dieser buntfarbenen Aromabonbons mit, die an der Kasse stehen. Die mag sie nämlich so gern. Helle, wa?«

Als ich Herrn Grueschow bedeutete, dass dies nicht nur in Anchorage, sondern in anderen Städten unserer Reise auch so sein würde, entfuhr ihm ein aufrichtiges: »Donnerwetter, das ist ja wunderbar!«

Warum er tagsüber nur Kaffee trank, war mir sehr bald klar. Beim Frühstücksbüfett hatte er die Angewohnheit, nicht nur zweimal zu gehen, sondern das Tablett jeweils so voll zu laden, dass ich seine Frage, ob er etwas ausgelassen habe, nicht ohne Weiteres beantworten konnte. Ich gewöhnte mir später an, ohne hinzusehen mit Nein zu antworten, da er ansonsten sehr ungehalten wurde und seine Frau deswegen laut rügte. »Die Nieren müssen arbeiten bei älteren Menschen« war sein Kommentar, wenn er mit Tee, heißer Milch, kalter Milch, Kakao und drei oder vier verschiedenen Säften an mir vorüberzog. Nur Kaffee hatte er ausgelassen, aber den trank er ja erst im Laufe des Tages, bei passender Gelegenheit.

Panische Angst hatte Herr Grueschow um die Sitzplätze im Bus für sich und seine Frau. Und seine wirkliche oder vorgespielte Sorge um seinen Koffer veranlasste ihn jedes Mal, »unserem« Bus oder den, den er dafür hielt, entgegenzueilen, um als Erster einsteigen zu können.

Seine Begründung war stets die Gleiche: »Ich will nur den Busfahrer fragen, wo er das Gepäck einlädt.« Obwohl längst aufgefallen war, dass er stets eine Jacke, einen Mantel oder eine Fotokamera »aus Versehen« als »Sitzbeleger« im Bus zurückließ. Er stand dann anschließend beim Gepäckeinladen dabei, gab dem Fahrer freundliche Ratschläge und achtete darauf, dass sein Koffer möglichst zuletzt eingeladen wurde, damit er beim Ausladen der Erste war. Wenig störte Herrn Grueschow, wenn er neben einem Bus herlaufen und beispielsweise beim Einparken das Vor- und Zurücksetzen des Busses mitmachen musste, ohne dass sich die Tür öffnete, oder er bei Parkschwierigkeiten eine ganze Runde mitdrehte, indem er neben dem Bus herlief. Ärgerlich wurde er nur, wenn er schweißgebadet zurückkehren musste, weil er den verkehrten Bus erwischt hatte. Gegen Ende der Reise hatte er den begründeten Verdacht, einige Reiseteilnehmer oder auch der Reiseleiter würden ihn immer öfter und absichtlich zu verkehrten Bussen schicken.

Ich bleibe noch etwas bei Alaska und Westkanada, bei meiner Sommerreise 1974. Eine Schiffsreise war Teil des Reiseprogramms, sie führte durch die sogenannte Insidepassage von Skagway/Alaska nach Prince Rupert/Kanada mit Übernachtung auf dem Schiff, einem älteren amerikanischen Fährschiff. Die zugesagten Kabinen waren allerdings nicht vorhanden, wie bei der Schiffsfahrt am nächsten Tag von Prince Rupert nach Vancouver Island auch, und so musste ich mit meiner Gruppe in Liegestühlen bei reichlich frischen Temperaturen die Nacht an Deck verbringen. Eine Situation übrigens, die sich bei späteren Reisen in ähnlicher Form wiederholte und anscheinend nicht zu vermeiden war, da die relativ wenigen Kabinen auf den Schiffen stets überbucht waren. Einige Teilnehmer wärmten sich mit Whisky auf, andere begutachteten die gesamten Einrichtungen des Schiffes und wieder andere spielten Karten oder unterhielten sich. Schließlich und letztendlich versuchten alle, etwas zu schlafen. Dann erschienen nahezu alle morgens unausgeschlafen und daher schlecht gelaunt zum Frühstück und waren nur widerwillig bereit, sich anzustellen und selbst zu bedienen. Dies war wohl auch der Grund, weswegen Herr Lindner aus Schorndorf den

Hebel der nach unten zu betätigenden Kaffeemaschine so lange nach oben drückte, bis er abbrach. Up und down waren in den Augen des Herrn Lindner ohnehin neumodische, unpraktische Hinweise, die zu beachten er anderen überließ. So stand er an der Kasse, laut schimpfend und protestierend – er hielt den Kaffeemaschinenhebel in der einen und das Tablett in der anderen Hand – und verlangte, unverdrossen auf Schwäbisch, seinen Kaffee, den Kapitän und den Reiseleiter, während die vielen anderen Schiffspassagiere derweil geduldig in der Schlange verharrten.

Der Inhalt der Kaffeemaschine hatte sich binnen kürzester Zeit auf den Boden entleert. »Würden die einen anständige Filterkaffee koche und serviere, hätte se jetzt die Sauerei net«, war sein Kommentar. Herr Lindner hatte wohl in erster Linie die Reise unternommen, um seine vor langer Zeit ausgewanderte Schwester auf der Queen-Charlotte-Insel im Anschluss für ein paar Wochen zu besuchen. Ganz offensichtlich hatten drei Wochen Reiseablauf nicht ausgereicht, um zu der Erkenntnis zu gelangen, dass in Alaska und Kanada Englisch gesprochen wurde. Denn er ging bereits in den Frühstücksraum des Hotel Landmark Sheraton in Vancouver, als ich die Gruppe zum Flughafen brachte, und er saß noch dort, als ich vom etwa 30 Kilometer entfernten Flughafen zurückkam, immer noch ohne Frühstück und in heller Aufregung. Zwei Spiegeleier habe er immer und immer wieder bestellt und nichts bekommen. Alle seien unfreundlich zu ihm gewesen und hätten ihn nicht bedient. Ein zweites Mal würde er niemals mehr in dieses Land fahren und gäbe es seine Schwester nicht, so wäre er sowieso mit der Gruppe zurückgeflogen.

Wenig später verließ auch ich Vancouver in Richtung Toronto, wo ich zu tun hatte, und ließ verärgerte und verständnislos dreinblickende Hotelangestellte zurück. Ein wütender Herr Lindner hatte ihnen zum Abschied die geballte Faust gezeigt.

Auch bei der Sommerreise im Jahr 1978 hatte ich hinsichtlich der Kabinen auf der Schiffsreise von Haines nach Prince Rupert einige Probleme. Zwar konnte ich fast alle Teilnehmer unterbringen, aber

Vier-Bett-Kabinen mussten herhalten. So waren in der Kabine 37 die beiden älteren, recht korpulenten Frankfurter Damen Vogel und Kohl untergebracht gemeinsam mit Frau Hennig aus Kirchhofen, einer reizenden, schmächtigen 72-jährigen Dame, und Fräulein Hagen, einer 30-jährigen Diplomsportlehrerin aus Frankfurt. Frau Vogel und Frau Kohl bestanden trotz des auch äußerlich erkennbaren erheblichen Gewichtsunterschiedes zu Frau Henning und Fräulein Hagen auf der Belegung der oberen Betten, die sie ohne fremde Hilfe nie erreicht hätten, wie sich sehr bald herausstellte. Endlich dort oben angekommen, ließen sie sich von Fräulein Hagen bedienen. »Sie sind ja noch jung und können springen wie ein Reh«, war Frau Vogels Rechtfertigung. »Und wir können ja so schwer allein hier herunter.« Fräulein Hagen zog es schließlich nach nicht enden wollenden Handreichungen, Hilfestellungen und Aufträgen vor, die Nacht an Deck zu verbringen.

Ein Aufschrei aus Kabine 37 mitten in der Nacht ließ aufhorchen: Frau Kohl hatte bei dem Versuch, ihr Bett zu verlassen, die dafür vorgesehene Leiter durchgetreten und lag nun, um Hilfe rufend, auf dem Boden der Kabine: »Des werd en Versicherungsfall«, sagte sie in breitem Hessisch. »Und hätt isch net da owe schlafe misse, wär des all net passiert.« Frau Vogel pflichtete ihr bei. Frau Kohl war nichts Schlimmeres widerfahren, aber sie humpelte seitdem und klagte über Rücken- und Kopfschmerzen und führte all ihr Verhalten und Fehlverhalten auf diesen Umstand zurück. Dass sie beispielsweise ihren Koffer vor die Kabinentür stellte und das Schiff in Prince Rupert verließ, ohne sich darum zu kümmern, wie sie das von Hotelzimmern gewohnt war.

Bei der kanadischen Passkontrolle in Prince Rupert hatte ich alle Teilnehmer eindringlichst gebeten, den Reisepass lediglich geschlossen und hochzuhalten, weil dann ein schnelleres Passieren von Teilnehmern und Gepäck gewährleistet war. Nur Frau Kohl hielt ihren Pass aufgeschlagen und so hin, dass das amerikanische Visum sichtbar wurde: Als alle nach gut einer Stunde peinlich genauer Kontrolle der Pässe und Öffnen des Gepäcks im Bus saßen, wandte sich Frau Kohl an ihre Nachbarin: »Gell, Frau Vogel, des muss aam schließlich aach gesacht weren.« Aber auch das war wohl zurückzuführen auf …

## So denken Tahitianer

*Zwei Explosionen erschütterten letzthin den Südpazifik, die eine war die französische Atombombe, die andere die Toursteninvasion in Polynesien. Und voraussichtlich verflüchtigt sich die Explosionswelle der Bombe, während sich die der Touristenexplosion für Jahrhunderte festsetzen wird.*

*Tahiti und die anderen Inseln im Südpazifik müssen sich zwischen zwei Kulturen entscheiden. Das Flugzeug machte es möglich, Tahiti in wenigen Stunden zu erreichen. Die Einzigen, denen das nicht imponiert, sind die Tahitianer. Seit Jahrhunderten haben sie ihren eigenen Trott, sind um einiges gemächlicher als der Amerikaner und Europäer. Im Augenblick beispielsweise, während dies geschrieben wird, feiert Tahiti noch den Sturm auf die Bastille, der normalerweise am 14. Juli begangen wird. Niemand weiß, wann der 14. Juli dort unten vorbei sein wird, obwohl einige Hotelbesitzer zuversichtlich darauf hoffen, dass ein jeder zu Weihnachten wieder bei seiner Arbeit sein wird.*

*Um die Inselwelt zu genießen, müssen Sie die Denkweise der Tahitianer verstehen. Der Amerikaner sagt: »Bitte, ich brauche mein Frühstück sofort, denn ich muss die Maschine nach Pago-Pago noch erwischen.«*

*»Ja, Herr«, sagt der Tahitianer, aber er denkt bei sich: Ich habe schon gefrühstückt, und ich muss auch keine Maschine erwischen. Warum also belämmert er mich mit seinen Sorgen?*

*Zehn Minuten später tobt der Amerikaner: »Sieh mal, 25 Minuten habe ich auf mein Frühstück gewartet. Noch nicht mal Kaffee habe ich bekommen und muss noch fünf Länder in sechs Tagen bereisen. Wenn ich mal in den Staaten bin, werde ich all meine Freunde vor Tahiti warnen.«*

*»Ja, Herr«, sagt der Tahitianer und wischt die Theke. Aber er denkt: Wenn er doch nur sein Versprechen hielte, dann würde das Hotel geschlossen und ich könnte gehen und den ganzen Tag schlafen.*

*Der Tourist sagt streng: »Eure Wirtschaft basiert auf dem Tourismus und ihr werdet niemals reich, wenn ihr nicht lernt, dass Touristen schnell bedient werden wollen.«*

*»Ich weiß«, der Tahitianer nickt traurig. Aber er denkt bei sich: Wer will schon reich werden, wenn es einen so hitzig macht?*

*»Mach mich nicht schwach«, sagt der Tourist, »ich bewundere euren Lebensstil, aber ihr müsst doch mit der Zeit gehen. Wie könnt ihr bloß so trödeln den lieben, langen Tag? Ihr müsst laufen, dalli, dalli, dalli!«*

*»Danke«, sagt der Tahitianer. Aber er denkt für sich: Ich müsste mir nicht all diesen Mist anhören, wenn ich heute Morgen mit Teiva Kanu fahren gegangen wäre.*

*Eine halbe Stunde später ist der Amerikaner auf 180 und beschimpft den französischen Manager, der ebenfalls auf 180 ist und ebenfalls schimpft. Der Tahitianer indessen lächelt beide an und denkt traurig bei sich: Ich möchte nie als Tourist nach Tahiti kommen, denn es ist einfach unmöglich, hier etwas zu essen zu kriegen!*

*(In Anlehnung an den englischen Originaltext von Art Buchwald)*

Beliebig ließen sich die Themen Essen und Trinken, Sprache und Wohnen fortsetzen, oft werden sie auch weiterhin Anlass zur Sorge geben, Grund zum Nachdenken und Schmunzeln sein. Anlass zur Sorge gab auch Frau Riechel aus Bielefeld auf erwähnter Sommerreise 1978 in den Nordwesten Amerikas. Sie war recht klein geraten, hatte eine westfälische Klosterschule absolviert und sich für den Beruf der Realschullehrerin entschlossen. Bei der Einreise, im Hotel, wo auch immer, weigerte sie sich beharrlich, Alter, Beruf und Wohnort anzugeben und verursachte Verwirrung, Ärger und Wartezeiten für andere. Besonders in den Hotels war sie bei der Registrierung unter keinen Umständen bereit nachzugeben, da sie ohnehin vermutete, immer das lauteste Zimmer zu bekommen. Zudem war ihr Englisch so holprig – davon wusste sie aber nichts –, dass sie bei der sich entwickelnden Kommunikation nicht zu verstehen war trotz der Lautstärke, die sie dann entwickelte.

Die mit ihr reisende Frau Glocke aus Münster war des Englischen gar nicht mächtig und auf Frau Riechel als gemeinsames Sprachrohr angewiesen. Irgendwelche Gemeinsamkeiten allerdings waren wenig erkennbar. Jedes Mal, wenn Frau Riechel sich über das ihrer Meinung nach zu laute Zimmer äußerte, war Frau Glocke gegenteiliger Meinung und konnte sich an Lärmbelästigung nicht erinnern. Sie gerieten sehr schnell aneinander, aber zu verstehen war wenig von dem, was sie sagten, weil Frau Riechel zu laut und Frau Glocke zu leise sprach.

In Banff/Alberta im Hotel Pinewood konnte es eigentlich keine lauten Zimmer geben, da der Hotelkomplex ein erhebliches Stück von der Straße entfernt direkt am Waldrand lag. Gleichwohl achtete ich darauf, dass Frau Riechel und Frau Glocke im dem Wald zugewandten Teil des Hotels untergebracht waren. Aber es half nicht viel, denn Frau Riechel ließ sich beim Abendessen vernehmen: »Das ist doch klare Absicht, dass ausgerechnet vor unserem Zimmer der Cola-Automat aufgestellt ist. An Schlafen ist wieder nicht zu denken.« Frau Glocke antwortete dieses Mal nicht, sondern fing an zu weinen.

Zuweilen sollte das Verhalten der Nordamerikaner und ihr ausgeprägtes Selbstverständnis, andere Menschen, auch Fremde, gleichrangig zu behandeln, unsere Bewunderung hervorrufen. Wie erklärt sich sonst, dass der Pächter der Carlo Creek Lodge am Mount-McKinley-Nationalpark seine Küche, Küchengeräte und Töpfe und seinen Kühlschrank kostenlos zur Verfügung stellt, damit wir uns die in großen Mengen gefundenen Steinpilze und Rotkäppchen zubereiten konnten, in Butter gebacken mit Käse und Schinken aus dem Kühlschrank? Ist uns nicht vielfach, auch auf Reisen, die Freude abhandengekommen, anderen einen Gefallen zu tun, eine Freude zu bereiten? Was empfinden wir, wenn an einer Fußgängerampel in Anchorage ausnahmslos alle Fahrzeuge anhalten, damit wir Fußgänger die Straße überqueren können, trotz Rot für Fußgänger und Grün für die Autofahrer? Frau Riechel hatte die Antwort: »Die scheinen die Ampeln nicht zu kennen, kein Wunder, hier oben in Alaska.«

Lassen Sie mich das Thema Essen und Trinken beschließen mit einer Bemerkung von Frau Lange aus dem Schwabenlande auf der Südseereise zu Ostern 1979. Auf Westsamoa bestand die Gelegenheit, australische Weine aus dem Barossa-Tal zu kosten: Sie tat dies, beschied mir aber sehr bald: »E Kaiserstühler wär mer jetzt lieba.«

Aber ich habe auch, Gott sei Dank, Menschen getroffen, Landsleute, die das Reisen geformt hat. Die begriffen, dass in anderen Ländern auch andere Sprachen gesprochen werden. Die sich hervorragend vorbereitet hatten auf das, was sie erwartete. Die ein beispielhaftes soziales Gruppenverhalten zeigten, tolerant und gebildet waren. Mitreisende, die sich nicht so wichtig nahmen, von denen man viel lernen konnte. In einigen Fällen hatte ich sogar den Wunsch, auch mal so werden zu wollen. Die eine große Bereitschaft und Fähigkeit entwickelten, Andersartiges, Fremdartiges in ihr Gedankengut einzubeziehen, sich damit auseinanderzusetzen und möglicherweise auch davon zu profitieren. Ich erwähne dies und tue es ausgesprochen gern, nicht, weil ich ein »Na endlich, jawohl, richtig« hören möchte, sondern weil es so ist. Herr Dr. Hans Schlötzer aus München war anlässlich der Südseereise im Oktober 1971 so beeindruckt von Bali, dass er nur noch Reisen dorthin unternahm und Wochen, ja, sogar Monate auf dieser Insel verbrachte. Er hatte sich schon vor der ersten Reise dorthin eingehend vorbereitet, sich mit Hinduismus und der Kulturgeschichte der Java-Balinesen befasst und vermied es fortan, auch nur in die Nähe der

Touristen-Domizile in Sanur oder Kuta zu geraten. Herr Dr. Thieme aus Hannover-Kleefeld, ein älterer, hochgebildeter Oberstudienrat und Teilnehmer der gleichen Reise, rief in Auckland, Neuseeland, spontan die gesamte Gruppe zusammen und referierte in großartiger Weise zwei Stunden lang über den tropischen Regenwald. Die 72-jährige Frau Dr. Odernheimer aus Flein bei Heilbronn bereitete sich bei allen Reisen gründlich vor. Sie war von einem Buch über Australien so begeistert, dass sie den Autor anschrieb und ihm ihr Verlangen mitteilte, ihn unbedingt persönlich kennenzulernen. Am Ostersonntag 1971 saßen 54 Reiseteilnehmer in der Privatwohnung des Autors in Canberra bei Gebäck und Tee und lauschten einen Nachmittag lang den hochinteressanten Ausführungen eines Australiers, der sein Land über alles liebte. Und Frau Dr. Odernheimer berichtete mehr zufällig als absichtlich von ihrer letzten Reise: Als 71-Jährige hatte sie sich mit ihrer 70-jährigen Freundin – Frau Heyder aus Aschaffenburg, die auch bei der Gruppe war – einen VW-Bus gemietet und war durch Süd- und Südwestafrika gefahren, als Selbstfahrerin.

Die Reihe ließe sich fortsetzen, eine ganze Weile sogar. Aber zunächst möchte ich mich dem bedeutenden Thema »Einkaufen« zuwenden. Auf Reisen eine wichtige Sache, der Souvenirkauf scheint immer mehr Stellenwert zu gewinnen, zumindest solange der Teilnehmer entscheiden darf, was alles ein Souvenir ist oder als solches angesehen werden kann und was geeignet ist als Nachweis einer absolvierten Reise, entweder für einen selbst oder als Geschenk für Bekannte und Verwandte, wenn beispielsweise zum Film- oder Dia-Abend eingeladen wird. Der Ihnen bereits bekannte Dr. Josef Auter sammelte Nummernschilder von Autos und wenn er in den Staaten und in Kanada unterwegs war, brachte er es bei einer Reise immerhin auf 25 bis 30 Stück. Für das Wartezimmer seiner Zahnarztpraxis, wie er sagte.

Frau Rade sammelte Postkarten und damit sie auch beschrieben waren und ordentlich frankiert, schickte sie diese an sich selbst. Nicht zehn, nein, bis zu 80 waren es pro Reise, die sie säuberlich adressierte und frankierte. Sie hatte zu diesem Zwecke eine endlose Kette von Adressaufklebern zu Hause vorbereitet, alle an sich selbst gerichtet. Ich musste diese Karten mit »Your Sunshine« unterschreiben. So nannte sie mich seit unserer gemeinsamen großen Südseereise und der denkwürdigen Übernachtung in der katholischen Mission in Australien. Und wenn sie wieder zu Hause war, ging sie als Erstes zu ihrem riesigen, hölzernen Briefkasten in der Rauchstraße 10 in Arolsen, um nachzusehen, ob Post angekommen sei. Und siehe da, sehr viel Post hatte sie bekommen, und sie freute sich darüber und erzählte mir bei der nächsten Reise davon oder rief mich zuweilen deswegen an.

Herr Lehmann ließ sich auf der Reise »Polynesische Inselwelt« im Sommer 1982 noch etwas Rationelleres einfallen. Um eine angemessene Menge Postkarten täglich abschicken zu können, ohne die allzu lästige Schreiberei zu haben, »wo man sich gerade befindet oder wo man morgen sein würde«, hatte er nicht nur Adressaufkleber vorbereitet, sondern auch Aufkleber, die den ganzen pazifischen Raum zeigten und den gesamten Platz der Postkarte einnahmen, wo er mit einem Leuchtstift lediglich die Stelle markierte, wo wir uns gerade befanden, und »Tschüss Franz« dazuschrieb. Auch die Schwiegermutter bildete da keine Ausnahme, wie er mir glaubhaft versicherte.

Herr Oberstudienrat Rotter aus Berlin gehörte zur Gruppe einer Nepal-Sikkim-Bhutan-Reise im Sommer 1976. Er sammelte Souvenirs, die ihn vor allem an die besuchten Länder erinnern sollten. Dabei nahm er in Kauf, dass sie zuweilen recht groß und schwer waren. Und es störte ihn auch wenig, wenn eben diese Souvenirs zur festen Einrichtung des Zimmers im Hotel Gashi Telek in Gangtok im Sikkim gehörten, nur gefallen mussten sie ihm. Mit eigens mitgeführter Zange, mit Hammer, Schraubenzieher und kleinem Stemmeisen gelang es ihm, den holzgeschnitzten, etwa acht bis zehn Kilogramm schweren Ganesha in mühsamer nächtlicher Arbeit abzumontieren und in seinem Koffer zu verstauen. Teile des sonstigen Kofferinhaltes brachte er an jenem Morgen in Plastiktüten eingepackt zum Frühstück mit. Die Abfahrt des Busses allerdings konnte nicht erfolgen, da ein Hotelbediensteter beim morgendlichen Schlüsselrundgang das Fehlen des Wandschmuckes feststellte. Da Herr Rotter sich nach Befragung durch den Hoteldirektor unwissend stellte, wurde die

Polizei verständigt und sämtliches Gepäck der Reiseteilnehmer, vor allem die Koffer, durchsucht. »Ach so, das Mitbringsel in meinem Koffer meinen die. Dat hätten se doch gleich sagen können. Lächerlich, deswegen solch einen Aufstand zu machen«, sagte es Rotter, nachdem er aufgeflogen war, und gab mürrisch den Ganesha an den Hoteldirektor zurück. »So etwas nennt sich nun internationales Hotel, und so kleinkariert. Mich sehen die hier nie wieder.« Es war dem Großmut und der Nachsicht der Polizeibehörden zu verdanken, dass Herr Rotter die Reise mit der Gruppe fortsetzen konnte. Bewusst geworden ist ihm das allerdings zu keiner Zeit.

Völlig unauffällig bewegte sich Frau Dr. Tischbierk aus Mettmann bei Düsseldorf während der Südseereise zu Ostern 1971 innerhalb der Gruppe. Sie kroch zwar relativ oft unter Pflanzen und in Sträuchern herum, aber es hatte sich herumgesprochen, dass sie ein großer Freund der Flora und Fauna tropischer Regionen war. Auf der letzten Station vor dem Nachhauseweg in Jakarta musste ausgerechnet sie ihren Koffer öffnen. Äußerst ungewöhnliche Souvenirs zeigten sich den Zollbeamten: Frau Dr. Tischbierk hatte den ganzen Koffer voller Käfer und Kriechtiere, alle säuberlich in Zellophanbeuteln verpackt, mit Schildchen versehen, die mit Namen, lateinischer Bezeichnung, Datum und Ort des Fundes beschriftet waren.

Ähnlich unangenehm wird Frau Prumbs aus Berlin die Gepäckkontrolle in Rio de Janeiro bei der Einreise aus Bolivien in Erinnerung bleiben auf der Südamerikareise im Herbst 1972. Sie hatte bei der Fahrt durch die Andenstaaten sämtliche Kirchen und Kathedralen aufgesucht, um das »ewige Licht«, wie sie sagte, zu suchen. Die anderen Teilnehmer murrten des Öfteren, weil sie immer die Letzte war. Der Zollbeamte wunderte sich nicht schlecht bei der Entdeckung der Prumb'schen Mitbringsel: Der große stabile Koffer war zu zwei Dritteln gefüllt mit Kerzen aller Größen aus den von uns besuchten Gotteshäusern.

Frau Meier aus einem kleinen Ort in der Nähe von Ludwigsburg erstand auf der Reise in die Volksrepublik China im Herbst 1979 nur ein einziges Souvenir zur persönlichen Benutzung: Sie kaufte in Loyang,

Zentralchina, bei der Besichtigung einer Schreinerei und Lackiererei einen Mahagonischrank, der von zwei Chinesen in den Bus getragen werden musste. Und erstaunlicherweise überstand er sogar unbeschadet den weiteren Teil der Reise durch China per Bus, mit der Eisenbahn und dem Flugzeug. Neben hilfsbereiten Chinesen halfen auch Teilnehmer aus der Gruppe des Öfteren beim Ein- und Ausladen des Monstrums. Da sie ihn bei Übernachtungen immer in ihrem Zimmer fachgerecht aufgestellt haben wollte, mussten außerdem zahlreiche Hotelbedienstete Hand anlegen, um ihn die Treppenhäuser hoch und die Flure entlang zu tragen. Aufzüge gab es bekanntermaßen damals nicht. Die zierliche Frau Meier stand dann glücklich strahlend in ihrem Zimmer: »Was bin i froh, den kauft zu habe. Und Trinkgelder brau i a net gäbe, weil hier, Gott sei's gedankt, net üblich. Desch is a etwas furchtbar Lästiges bei uns.«

Ostern 1982 traf ich Frau Meier zufällig in Südkorea wieder. »Ei, mein Schrank, wisse se noch, isch gut nach Stuttgart-Echterdingen kommen, nur e Dell' hat er gehabt, oben links. I hab schon vier Mol nach China geschribbe, Antwort hab i koi bisch jetzt. Also ade, bisch zum nächste Mol.«

Herr Vetten aus Seligenstadt war während der Westkanadareise im Mai 1982 in der Freizeit oder bei Zwischenaufenthalten immer sofort verschwunden. Er suchte dann Behörden, Polizeiwachen, Polizeipräfekturen, Polizeipräsidien auf, er stand an Straßenrändern und wartete auf Polizeiautos, war elektrisiert von Sirene und Martinshorn, er sprach sogar Polizisten an, die zufällig vorbeikamen. Bei seiner Jagd nach Souvenirs kannte er nur ein Ziel: Das Sammeln von Polizeimützen, ersatzweise, aber nur in Ausnahmefällen und wenn älter: Feuerwehrhelme.

Herr Bäcker aus Darmstadt-Eberstadt hatte am Ende der Kanada-Alaska-Reise im Sommer 1974 statt des einen gleich drei schwere Koffer: Stets mit einem kleinen Pickel und mit Rucksack bewaffnet, folgte er einsamen Pfaden und Flussläufen. Ein entferntes Klopfen signalisierte seinen Standort: Der Oberstudiendirektor war fündig geworden. Er sammelte aus jedem Land, das er besuchte, bis zu 50 Kilogramm Steine. Schöne Steine, wie er sagte, runde, eckige, bunte, helle, dunkle, große, kleine …

*Ein Mensch, der oft mit FRANKTOUR reist*
*und dadurch sein Niveau beweist,*
*reist dieses Mal nach Mexiko – er war,*
*schon öfters anderswo.*

*Es sammelt sich am 12. März aus Kiel,*
*Berlin und anderwärts – fast hätt' ich*
*Hanau hier vergessen,*
*jedoch es gibt auch andere Hessen –,*
*die bunte Schar in Frankfurt-Main und*
*steigt in ihre Boeing ein.*

*Nach 13 Stunden Ozean*
*kommt man in Venezuela an*
*und lobt die Organisation*
*dort im Macuto Sheraton.*

*Es ziemt sich nicht, jetzt vorzulesen, wo*
*überall wir sind gewesen;*
*es hat ja ohnehin fast jeder,*
*vermittels der gefüllten Feder,*
*fein säuberlich sich aufnotiert,*
*wohin man ihn hat einquartiert.*

*Erlaubt auch, dass ich nicht berichte,*
*das schon bekannt als Kunstgeschichte.*
*Jedoch hat sie vor der letzten Nacht*
*des »Unplanmäßigen« gedacht:*

*Zum Beispiel, wie in Panama*
*wir Stunden schwitzend standen da,*
*weil amtlich man sich stellt die Frage:*
*wer wen wohl in die Luft hier jage,*
*beziehungsweise den Kanal.*

*Recht kritisch war's auch vor Tikal,*
*wo erst beim dritten Mal die Kiste,*
*drang durch zur Urwaldpiste.*
*Bei archäolog'schen Studien*
*hör zu und lass dich nicht entmutigen,*
*sengt heiß dein Haupt der Sonne Schein:*
*man brennt dir's ins Gedächtnis ein!*
*Dies ist in Mexiko so Mode,*
*dieweil dass unsere Methode,*
*wonach man sich's zu Herzen nimmt,*
*sich hier erwies als unbestimmt.*

*Gar mancher wurde hier sein Herz los,*
*und zwar trotz Obsidian nicht schmerzlos.*
*Die Mayas waren klein und niedlich,*
*doch höchstwahrscheinlich doch nicht*
*friedlich.*

*Der Sinn für Größe wird erweitert,*
*sofern man die Details erläutert.*
*Hört man im Bus das Mikro gar nicht,*
*nimm's leicht, denn meist kommt man dir Spanisch.*
*Oft schon ein Führer ward verkannt,*
*weil man ihn hinten nicht verstand.*

*Folklore wirkt besonders schön,*
*wenn man sie kann von vorn ansehen,*
*doch von ganz oben – welch ein Trick –*
*hat man den bess'ren Überblick.*

*Olmekenköpfe zu besichtigen heißt,*
*dass man zu der Zeit, der richt'gen,*
*an dem »La Venta«-Parkzaun wär,*
*denn dann erlaubt's der Gouverneur.*

*Wird transportiert die FRANKTOUR-Gruppe*
*per Bus, so ist es ziemlich schnuppe,*
*wie schnell du dich begibst dorthin,*
*schon immer sind »First Ladies« drin.*

*Ein Philosoph nimmt's nicht genau:*
*Er weiß, dies ist das Jahr der Frau.*
*Obgleich Herr Wiegels uns gelehrt,*
*in Mexiko wär's umgekehrt:*
*ob in Oaxaca, Yucatan,*
*wer hier gebaut hat, war ein Mann.*

*Womit wir zur Geschichte kommen:*
*Ich hatte vorher angenommen,*
*dass durch Herrn Wiegels weise Reden,*
*Az- und Mixteken jetzt für jeden*
*Begriffe sind und Weltgeschichte,*
*so dass ich nicht mehr weiterdichte,*
*vielmehr im Namen aller hier,*
*ihm dankend dies' hier dedizier,*
*auf dass er seine Bibliotheken*
*der Tol- und Ol- und Zapotheken*
*erweitern und ergänzen kann,*
*zum Vorteil für den Wandersmann.*

*Und damit stets neu zu beweisen:*
*Wer immer sich begibt auf Reisen,*
*bedarf nur eines Gütesiegels:*
*»Reist mit FRANKTOUR*
*und Lorenz Wiegels!«*

*(Simon, München)*

Zuweilen aber werden auch kuriose Souvenirs angeboten, sie heißen deswegen wohl auch Kuriositäten. Im Matanuska-Tal in Alaska wurde Elchlosung, das ist Elchkot, zu einem Dollar das Stück verkauft, farblos lackiert und als Anhänger zu tragen an einer Halskette oder als Talisman am Handgelenk. Es kommt aber auch vor, dass Souvenirs bereits fester Bestandteil des Gepäcks sind, gewissermaßen Reisebegleiter. So erzählte die Ihnen bekannte 64-jährige Frau Harmsen beim Abendessen auf einer Südseereise im Sommer 1975, sie habe immer »Verhüter« dabei, die ihr Mann nie vergaß einzupacken, für alle Fälle, pflegte er zu sagen. Und sie hielt stolz vier Päckchen mit je zwölf Stück hoch, jedes Dutzend in einer anderen leuchtend grellen Farbe.

Baron Franz von Dumreicher hatte sich während der Südseereise im Oktober 1971 auch auf die Zahl Zwölf festgelegt: Zu seinem Handgepäck gehörten zwölf verschiedenfarbige, durchsichtige Damenhalstücher, die er täglich zweckentfremdete, nämlich zum Fotografieren. Ich hatte ihm zu assistieren, frühmorgens oder abends, und musste diese Tücher straff gespannt vor die Linse halten. Der Baron knipste leidenschaftlich gern und fast nur Sonnenaufgänge und Sonnenuntergänge. Für meine Mühe und die geleistete Arbeit erhielt ich einige Wochen nach der Reise per Post den gerechten Lohn: 350 Dias, 350 Sonnenaufgänge und Sonnenuntergänge, rote, grüne, blaue, gelbe, braune …

Herr Langemann aus Bremen mochte auf gleicher Reise auch nicht auf seinen Begleiter verzichten. Von großem Wuchs, und weil so überaus korrekt gekleidet, fiel an dem Äußeren dieses stattlichen Mannes sofort die ausgebeulte rechte Hosentasche auf. Allerlei Vermutungen wurden seitens der Reiseteilnehmer angestellt, es könnte sich möglicherweise um eine Krankheit oder Folgeschäden einer Krankheit handeln oder vielleicht um einen Erregungszustand von gewisser Hartnäckigkeit, nein, bei aller Phantasie, das musste wegfallen, das konnte nicht sein. Schließlich wurde Frau Langemann befragt, zunächst sehr vorsichtig, dann immer deutlicher. Das Ergebnis war gleich null: Sie ignorierte die Fragen, sie schwieg ganz einfach dazu. Der Reiseleiter musste schlussendlich herhalten. Offengestanden, es interessierte mich auch. Ich konzentrierte mich auf die Eigenschaften, nein, auf die Eigenheiten des Herrn Langemann: Er war nämlich sorgsam darauf bedacht, immer der Letzte zu sein, besonders bei Fotostopps unterwegs kam er gemächlich zum Bus zurück, als der Vorletzte schon längst wieder im Bus war. Und er hielt die eine Hand auch immer in der Nähe der Tasche, so wie es für uns Kinder in Wildwestfilmen zu sehen war, wenn es hieß, die Hand befände sich in gefährlicher Nähe des Halfters. Als wenn er in ständiger Sorge war, es könnte etwas aus der Hosentasche herausfallen.

In Waitomo auf der Nordinsel Neuseelands wollten wir die dortige Glühwürmchengrotte besichtigen. Zwölf bis vierzehn Teilnehmer besteigen jeweils ein Boot und fahren einen unterirdischen Fluss entlang, um diesem einmaligen Schauspiel beizuwohnen. Millionen von Pilzmückenlarven haben sich diese Grotten schon vor sehr langer Zeit zu ihrem Lebensraum gemacht und leben von Insekten und Kleintieren, die sie mittels »Anzünden ihrer Lämpchen« anlocken und mithilfe von »Fangschnüren«, die mit kleinen klebrigen Näpfchen versehen sind, festhalten. Herr Langemann und ich blieben gewissermaßen übrig und unternahmen als Letzte diese Fahrt. Und des Rätsels Lösung offenbarte sich mir schneller, als erwartet: In einem unbeobachteten Augenblick zog er etwas aus der Hosentasche, hielt es hoch in etwa Gesichtshöhe, drehte es langsam nach rechts und dann links und sprach leise zu dem »Etwas«, seine Worte waren für mich nicht verständlich. Aber ich sah: Es war ein kleiner, abgegriffener Teddybär, den er hochhielt, dem er das achte Weltwunder zeigte.

Später auf Tahiti bei der Inselrundfahrt erfuhr ich auch seinen Namen: Mobby. Herr Langemann hatte sich am sogenannten »Blow Hole« bei einem Fotostopp mit seiner Frau und einigen anderen Reiseteilnehmern zu weit vorgewagt und wurde von einer Welle überrascht. Sie kehrten durchnässt zurück zum Bus. Frau Langemann hatte es am schlimmsten erwischt, sie zog ihr nasses Kleid aus. Ihn kümmerte das wenig, er war vielmehr damit beschäftigt, den Teddy in Handtüchern, gedacht für den mittäglichen Badestopp, trockenzulegen.

Der letzte Höhepunkt auf dieser Reise war für Mobby sicherlich die Aussichtsplattform des Bonaventura Hotels in Los Angeles. Bei strahlend schönem Wetter genoss er den Blick ringsherum besonders lange und auch abends besuchte Herr Langemann nochmals den Aussichtsturm, um dem Teddy Los Angeles bei Nacht zu zeigen. Entweder weil es die letzte Station war auf der Reise oder weil er wegen Tahiti noch etwas gutzumachen hatte.

Frau Malchen Krebs aus Obersalbach im Saarland nahm an der Indonesienreise im Oktober 1981 teil. Sie kaufte an Souvenirs, was es überhaupt zu kaufen gab. Aber besonderes Gewicht legte sie auf große Stofftiere, je größer, desto besser. Kaufen musste sie indes »ihr Albert«. Albert Kaisen war nicht offiziell mit ihr verheiratet, aber sie hatten vor zwei Jahren silberne Hochzeit gefeiert und ganz Obersalbach hatte an den Feierlichkeiten teilgenommen. Malchen gehörte dort eine dorfbekannte Kneipe und ich hatte anlässlich eines Besuches im Dezember 1981 Gelegenheit, mir ihre Souvenirs anzusehen. Sie waren in überaus großer Zahl in allen Zimmern des Hauses und auf jeder Stufe der zum ersten Stock führenden Treppe der Wohnung aufgestellt. Malchen wusste genau zu berichten, wann, wo, bei welcher Gelegenheit und welcher Reise sie erstanden worden waren, diese Souvenirs. Albert hingegen war an Souvenirs nicht sonderlich interessiert. Er hatte sein Hobby »in der Scheuer«. Acht Autos, Citroens aller Jahrgänge, die meisten betriebsfertig, zählte ich in den gegenüberliegenden Stallungen. Sie waren aus Platzgründen zum Teil übereinandergestapelt und wurden von Zeit zu Zeit von einem eigens zu diesem Zweck gerufenen Autokran vorsichtig heruntergeholt, um sie auf ihre Fahrtüchtigkeit zu überprüfen.

Frau Siefkes aus Westerland war zwar oft auf Reisen, aber an Souvenirs, Fotografien, Edelsteinen, Halbedelsteinen, Hüten, Teppichen, Flechtarbeiten, kunstgewerblichen Gegenständen, Bildern, Steinen, Uhren, Koffern oder Korallenstöcken nicht interessiert. Sie interessierte sich auch nicht für Flugzeuge, Busse oder Eisenbahnen, nicht für Pflanzen oder Tiere, nicht für Menschen, Museen, Friedhöfe, Schlösser, Tempel, Kirchen oder Märkte. Nicht für Berge, Täler, Hotels. Schon gar nicht für Autoschilder, Käfer, Schränke oder Stofftiere. Sie sah es auch als reichlich überflüssig an, beispielsweise auf der Kanada-Alaska-Reise im Sommer 1974 ständig anzuhalten, um Souvenirs zu kaufen, vor allem aber, um zu fotografieren. »Mir schreibt auch niemand, mir hat auch niemand je etwas mitgebracht von Reisen. Dias oder Filme interessieren mich nicht, dazu mache ich ja die Reisen«, pflegte sie zu sagen. Und so fragte sie bei jedem Halt – auch Essens- oder Kaffeepausen und Toiletten-Stopps zur allgemeinen Erleichterung waren ihr lästig – nach der Richtung, die der Bus zu nehmen beabsichtigte, und ging voraus, zu Fuß. Da sie es gewohnt war, flott zu gehen, holten wir sie oft nach Kilometern erst wieder ein. »Da sind Sie ja endlich«, war die vorwurfsvolle Reaktion der »Nurmi von Westerland«.

Die fast 70-jährige und gehbehinderte Frau Ilse Sallentien aus Braunschweig hatte zwar auf der großen Südseereise im Sommer 1974 trotz zum Teil großer Hitze wie in Neuguinea immer den gleichen Mantel an, dafür trug sie aber – für alle sichtbar, da sie sich oft sehr »unvorteilhaft«, sprich breitbeinig, hinsetzte – keinen Schlüpfer. »So etwas habe ich noch nie getragen und ich sehe auch nicht ein, warum ich das nun in meinen reiferen Jahren tun soll«, erklärte sie. Aber unterwegs Unterhosen einzukaufen für ihre Kinder und Enkelkinder, das tat sie liebend gern.

Frau Ildiko Simdorn aus Hanau war auf Reisen stets außerordentlich darauf bedacht, häusliche Sauberkeit anzutreffen oder notfalls zu schaffen. So auch auf der Chinareise im April 1984, und zwar trotz der sprichwörtlichen Sauberkeit der Chinesen. Ein kleiner Koffer mit Putzmitteln aller Art war ein fester Bestandteil ihres Reisegepäcks. Kaum standen die Zimmer in Peking, Shanghai, Suchow, Kanton, Loyang, Sian und Wuxi zur Verfügung, machte sie sich ans Putzen, Scheuern und Schrubben von Fußböden, Fenstern, Stühlen und Tischen, von Badewanne, Waschbecken und Toilette. Auch die Bettwäsche wurde, sollte es die Zeit irgendwie erlauben, einer gründlichen Reinigung unterzogen. Als sie dann aber ab Mitte der Reise dazu überging, auch Tischtücher in den Restaurants der Hotels reinigen zu wollen, wurde ihr Ansinnen im Hotel Rote Fahne in Sian ohne Angabe von Gründen schroff abgelehnt. Von da an war Frau Simdorn nicht mehr zu genießen. Sie reklamierte alles, was sich reinigen ließ, nicht nur in Hotels, nein, auch in Flugzeugen, Bussen, Eisenbahnen und auf Flussdampfern. Ihr detaillierter 18-seitiger Reisebericht nach Rückkehr endete mit der Frage: »Sollte man nicht die an uns gut verdienenden Gastgeber an saubere Tischdecken gewöhnen?«

Frau Lieselotte Müller aus Offenbach gab bei der Buchung zur Alaska-Kanada-Reise am 31. Mai 1984 unter der Rubrik »Bemerkungen« an: »Schwierigkeiten mit der Blase.« Sie hatte in der Tat, wie sie meinte, schlechte Erfahrungen gemacht bei ihren Reisen bisher: Weder Flugpersonal noch Busfahrer und Reiseleiter hatten ausreichend Verständnis für ihr häufiges »Bedürfnis« aufgebracht. Auf Nummer sicher wollte sie nun dieses Mal reisen. Den Sicherheitsbeamten des Frankfurter Flughafens konnte es nicht verborgen bleiben: In der mitgeführten IKEA-Plastiktüte befand sich ein funkelnagelneuer, durchsichtiger Pinkelpott. Wie sie dies beispielsweise bei Busfahrten realisieren wollte, habe ich nie erfahren. Wie sie es schließlich und wirklich praktiziert hat, habe ich nie feststellen können.

Herr Wundes aus Altenstadt in Hessen, Anfang 70, reiste auf der Neuseelandreise zu Ostern 1983 gleich mit mehreren Plastiktüten bewaffnet. Sie waren nur so groß, dass sie in Jacken- und Hosentaschen unterzubringen waren. Auch hier machte der penetrante Summton den Sicherheitsbeamten darauf aufmerksam: Jede dieser Plastiktüten enthielt eine bestimmte Art deutscher Geldmünzen: Fünf-, Zehn- und Fünfzigpfennigstücke, die kleinste Tüte enthielt Markstücke. »Für die armen Leute dort unten«, erklärte er dem Kontrolleur.

*Nur wenige sind sich bewußt,*
*daß sie nicht nur reisen, um*
*fremde Länder kennenzulernen,*
*sondern auch um fremden Ländern*
*die Kenntnis des eigenen zu vermitteln.*

(William Somerset Maugham)

Wenig vorbereitet sind die meisten Mitreisenden oft auch auf die landesüblichen Praktiken des Kaufens und Verkaufens in den Reiseländern, besonders im asiatischen Raum. Immer wieder kommt es zu Missverständnissen, zu Vorwürfen, zu Vorhaltungen, zu peinlichen Wortgefechten zwischen den asiatischen Verkäufern und dem europäischen Käufer. Dass Handeln um den und um jeden Preis beispielsweise in vielen Ländern das Selbstverständlichste von der Welt ist, kann nicht oft genug betont werden, wird aber dennoch an Ort und Stelle vielfach als versuchter Betrug oder Schlitzohrigkeit von uns ausgelegt. Beeindruckt sind wir Westeuropäer auch immer wieder von der Schlagfertigkeit, Tüchtigkeit und dem offensichtlich angeborenen Instinkt der Chinesen, unsere Schwächen zu erkennen und uns Dinge anzudrehen, die wir zu keiner Zeit zu kaufen beabsichtigten. Ich habe es erlebt, dass Mitreisende in einen Uhrenladen in Hongkong gingen mit der Absicht, vielleicht eine japanische Quarz-Uhr zu erhandeln, und den gleichen Laden wieder verließen und eine wesentlich teurere Chronometer-Uhr gekauft hatten, eine Kamera neuesten Modells, die sie in Wirklichkeit gar nicht brauchten, einen modernen Samsonite-Koffer mit Sicherheitsschloss, versenkbarem Griff und versenkbaren Rädern und abends erwartet wurden – im Uhrenladen wohlgemerkt – zwecks Anprobe eines bestellten Anzuges. Etwas verlegen, dennoch aber mit einem gewissen Stolz, wurde auf dem Weg zum Hotel dann noch der Jadeschmuck für die zu Hause gebliebene Frau vorgezeigt, den man so überaus günstig erstanden habe.

Herr Robert Mehler aus Elmshorn hatte sich während der Singapur-Indonesien-Reise im Februar 1982 erst am Vormittag des Abreisetages in Singapur zu einem Anzug entschlossen. Die erste Anprobe erfolgte im Hotel nach dem Mittagessen und die zweite Anprobe im Bus auf dem Weg zum Flughafen am späten Nachmittag. Der chinesische Schneider hatte geringfügige Änderungen mit Nadel und Garn in der Hand schnell ausgeführt, stieg an einer Bushaltestelle vor Erreichen des Flughafens aus, winkte uns freundlich zu und fuhr mit dem nächsten Linienbus zurück zur Stadt. Herr Mehler stieg am Flughafen aus in einem tadellos sitzenden, leichten Sommeranzug und seine Frau trug eine für Singapur viel zu dicke, schlecht sitzende – so hatte der Chinese behauptet –, holsteinische Cordhose überm Arm.

Ein gut sitzendes Kostüm hatte sich auch Frau Zipp kurzfristig auf erwähnter Fernostreise 1980/81 in Hongkong anfertigen lassen. Die relativ lange Anprobezeit führte sie auf ihre »nicht ganz einfache Figur« zurück, die hohen Kosten – für Hongkong-Verhältnisse – auf den gewünschten exquisiten Alcantara-Stoff. Voll des Lobes war Frau Zipp auf dem Wege zum Flughafen über den Erwerb des guten Stückes, das alle anderen zu besichtigen und zu betasten hatten und das eines der kostbarsten ihrer zahlreichen Kleidungsstücke zu werden versprach. Auf der nächsten Japan-Korea-Taiwan-Reise zu Ostern 1982 darauf angesprochen, antwortete Frau Zipp: »Hören Sie mir ja auf. Das ganze Ding ist total verschnitten. Ich kann es nur im Wald anziehen und habe es bisher auch erst einmal getragen bei einem Spaziergang mit meinem Mann auf einsamen Waldwegen, wo kein Mensch hinkommt.«

Und der Ihnen bereits bekannte Herr Hopstein hatte sich vor Jahren, als es noch sehr billig und wesentlicher Bestandteil eines Bangkok-Aufenthaltes war, ein Dinner-Jackett anfertigen lassen, das er auf jeder zukünftigen Reise mitzunehmen pflegte. So auch auf erwähnter Nepalreise im November 1981, besonders wohl im Hinblick auf den bevorstehenden festlichen Abschlussabend in Goa, denn bis dahin kannte man erwähntes Stück nur vom Hörensagen, Herr Hopstein trug stets sein mit Abzeichen besetztes blaues Jackett. Zur Überraschung aller erschien Herr Hopstein dann an jenem Abend, es war besonders heiß und schwül, wieder in seinem blauen Jackett und nicht im Dinner-Jackett. Darauf angesprochen von Frau Wild, einer jüngeren Reiseteilnehmerin, ließ er sie den Rockaufschlag seines blauen Jacketts befühlen: »Sagen Se selbst, ist der nicht auch dinn, nicht dinn genug?«

Es ist kein Einzelfall, dass sich Reiseteilnehmer während einer Reise ihrer Hobbys rühmen und ohne Aufforderung ihre Kenntnisse und ihr Wissen darüber den Mitreisenden erläutern. Frau Arff aus Berlin sprach im Verlaufe der Indonesienreise 1977 viel von ihrem Hobby, dem Sammeln von Münzen. Ihr war es gelungen, während eines

Abendessens in Udjung Pandang, Celebes, von einem fliegenden Händler eine Münze zu erstehen, die aus dem Schatz eines untergegangenen holländischen Schiffes stammte und an Wert und Einmaligkeit nicht mehr zu überbieten war. Alle hatten das kostbare Stück zu begutachten und drückten ihre Bewunderung aus über so viel Glück und Sachverstand. Sie ließ sich die Münze von Zeit zu Zeit zurückgeben, kommentierte erneut deren Glückskauf und ließ sie wieder und wieder kreisen. Groß war das Erstaunen der Reisenden, als wir auf dem lokalen Markt am nächsten Morgen genau die gleiche Münze zum Kauf angeboten bekamen: zu einem Zwanzigstel des Preises! Frau Arff an mich gewandt: »Dat hätten Se och gleich sagen können. Dazu sind Se schließlich verpflichtet. Denn hier hätt ick für das gleiche Jeld 20 von de Dinger bekommen.«

Dr. Fauser, ein Rechtsanwalt aus Ludwigsburg, hatte auf gleicher Reise, für alle unsichtbar, ein Schachspiel aus Elfenbein erstanden und war dazu übergegangen, andere Reiseteilnehmer zu beraten beim Erstehen von Souvenirs. Seine Vorträge über Elfenbein, Jade, Halbedelsteine waren allumfassend, sie sprengten bei Weitem den Rahmen des bei einem Kauf notwendigen Wissens. Aber es waren immerhin einige, die sich hatten beraten lassen und danach zum Kauf entschlossen. Dr. Fauser war einer der wenigen, der nach Ankunft in Frankfurt am Flughafen bei einer »laschen« Gepäckkontrolle den Koffer aufmachen musste, wohl deshalb, weil er sich nicht mehr erinnern konnte, wo er herkam. Ich hatte den Teilnehmern empfohlen, auch bei anderen Reisen tue ich das, von dem Zollbeamten nach dem Woher gefragt, lediglich die letzte Station der Reise zu nennen. Das hört sich sicherlich weniger beeindruckend an, hat aber meistens eine schnellere Abfertigung zur Folge. Amsterdam war ihm ganz einfach entfallen. »Wo habbe Se des gekaaft und zeische Se mal die Quittung?« Dr. Fauser hatte die Quittung um 200 US-Dollar billiger ausstellen lassen. »Für die geschnitzte Knoche sind Se schön übers Ohr gehaue warn, außerdem fehle zwaa Figurn«, sagte der Zöllner völlig desinteressiert. Dr. Fauser bat mich später in Briefen inständig um Hilfe bei der Beschaffung der zwei fehlenden Figuren. Von Elfenbein hat er nichts erwähnt.

Ratschläge gab auch Herr Dr. Mutta aus Langenhagen auf dieser Reise, ein netter Arzt. Nämlich die, sich vor allzu intensiver Sonnenbestrahlung und den möglichen schlimmen Folgen in Acht zu nehmen. Besonders gefährlich könne es an den Beinen sein und so hatte er sich aus diesem Grunde keine einzige kurze Hose mitgenommen. Als es ihm dann doch einmal zu heiß wurde bei einer Schiffsfahrt auf dem Toba-See auf Sumatra, krempelte er seine stets mit Bügelfalten versehene Hose bis zu den Knien hoch und seine überaus hellen, unsportlichen Beine kamen zum Vorschein. Zwei Tage später bat er darum, die Hosenbeine seiner Hose doch abzuschneiden, so schlimm seien die Schmerzen, die durch das Scheuern verursacht würden. Er war während der Schiffsfahrt im Liegestuhl eingenickt und hatte sich an beiden Schienbeinen den schlimmsten Sonnenbrand geholt, den ich je gesehen habe.

*Der Stille Ozean ist*
*unbeständig und*
*wandelbar wie die Seele*
*des Menschen.*

*(William Somerset Maugham)*

## In eigener Sache

Es ist, so glaube ich, jetzt an der Zeit, einige Bemerkungen in eigener Sache zu machen. Ich bin der Meinung, dass Reisen in außereuropäische Länder auch ein Politikum sind. Politische Informationen gehören deshalb neben Informationen über Land und Leute auch zur Reise. Für möglich halte ich, dass das, was der Reiseteilnehmer über die zu besuchenden Länder weiß, durch den Reiseleiter verstärkt oder neutralisiert oder sogar ins Gegenteil verkehrt werden kann. Es ist daher von außerordentlich großer Bedeutung, wenn sich der Reiseleiter auch mit entwicklungspolitischen und interkulturellen Sachverhalten auseinandersetzt. Ziemlich unbestritten scheint mir allerdings, dass der Reiseleiter ganz allgemein von seinem Veranstalter den Auftrag hat, Beschwerden zu vermeiden, denn das schadet in der Tat dem »Produkt« Reise, zu dem er gehört. Somit wartet er, wenn Sie so wollen, die aufgelegte, organisierte, normierte Reise und sorgt dafür, dass keine Pannen vorkommen. Auf sein Wort hört die Reisegruppe, und sie fürchtet es, weil sie darauf angewiesen ist. Es wird erwartet, dass er alles weiß, alles kann, für alles verantwortlich ist, letztlich auch für das Wetter, denn der Reisegast hat ja bezahlt. Aber darauf komme ich noch.

Und ich habe oft den Eindruck gewonnen, dass je fremder die Umwelt, das Essen, die Unterkunft werden, je mehr steht er im Mittelpunkt, siehe das Beispiel von der Jemenreise. Meine Veranstalter, und das sage ich mit ruhigem Gewissen und aus langjähriger, guter Erfahrung, erwarten mehr als das Abwenden von Beschwerden oder möglichen Reklamationen. Vielmehr sollte der Reiseleiter in der Lage sein, örtliche Reiseleiter gegebenenfalls zu ersetzen, vermitteln zu können oder in Form von zusätzlichen Referaten und Vorträgen entsprechende Informationen weiterzugeben. Denn auch vom Reiseleiter kann meiner Meinung nach viel abhängen, was hinterher die Mitreisenden, die Bildungstouristen, über das Land, das sie besuchten, wissen und vor allem weitergeben. Obwohl sich die meisten Veranstalter beispielsweise um das entwicklungspolitische Profil nie sonderlich gekümmert haben. Selbstverständlich sollten die landeskundlichen Informationen im Mittelpunkt stehen, da dies Informationen sind, die der Reiseteilnehmer schließlich erwartet und abfragt. Schwierigkeiten aber haben mir meistens in der interkulturellen Kommunikation nicht so sehr die exotischen Andersartigkeiten gemacht, sondern die nicht verstandenen, falsch interpretierten Zusammenhänge und die damit verbundenen Verhaltensweisen von uns deutschen Touristen. Oft schien es viel wichtiger, die Organisation des normalen Alltags zu verstehen.

Was empfinden wir, wenn wir einen Bettler an der Straße sitzen sehen? Was sagen wir zu einem Markt? Was denken wir von Menschen, die nicht nur eine andere Sprache und Kultur haben, sondern auch ein anderes Verhältnis zu Arbeit und Zeit? So habe ich – bedauerlicherweise – die Erfahrung gemacht, dass auch bei sogenannten Bildungsreisen nur wenige in dieser Form des Reisens ein Mittel zur Völkerverständigung sehen. Vielmehr habe ich den Eindruck, dass das unvorbereitete Aufeinandertreffen von Touristen und Einwohnern zu neuen Vorurteilen und Missverständnissen führt. Trotz der Bemühungen des Reiseleiters Kommunikations- und Interpretationshilfen zu geben, Vertrauens- und Autoritätsperson zu sein im Kommunikationsprozess.

Und auch das Folgende sehe ich als eine – vielleicht kommende – Aufgabe des Reiseleiters an: Die negativen Auswirkungen des Tourismus und das Fehlverhalten der Touristen, von denen ich bisher erzählt und berichtet habe, abzubauen. Aber wie? Durch Berücksichtigung der Motivations- und Bedürfnislage der Reisenden? Hilfestellung bei der Verarbeitung von Eindrücken und Nutzung von Informationen, die sich auf einer Reise bieten? Selbst wenn ich als Reiseleiter durch zusätzliche Informationen ein gegenwartsbezogenes, situationsgerechtes Bild von dem jeweiligen Reiseland vermittle, wenn ich landeskundliche Inhalte in Beziehung setze zu entwicklungspolitischen Inhalten, wenn ich in einer für uns fremden Welt und Umwelt übergreifende Problemzusammenhänge einordne oder erläutere, so habe ich bisher – bis auf wenige Ausnahmen – keinen nennenswerten Erfolg gehabt.

Ich habe beispielsweise versucht, bei Begegnungen mit Kindern in Indien, die Symptome der Mangelernährung zeigten, Fragen der Mitreisenden nach Ursache und Auswirkungen zu besprechen. Das war in Goa am Ende der erwähnten Indien-Nepal-Reise. Ich habe in Indonesien junge Männer, die wir bei einer Stadtrundfahrt zu Tausenden in Jakarta untätig an den Straßen herumstehen sahen, als Nicht- oder Unterbeschäftigte verteidigt oder, wenn Sie so wollen, rehabilitiert. Ich habe das Problem der Arbeitslosigkeit, die Polygamie und andere Reiseeindrücke, die die Reiseteilnehmer aufnehmen und gedanklich einordnen, in Bezug auf soziale und wirtschaftliche Strukturen des Landes erläutert. Aber wie beschämend wenig hat es meiner Meinung nach genutzt. Wie wenig konnte ich Mittler sein zwischen den Erwartungen meiner Reisenden und der gesellschaftlichen, wirtschaftlichen und kulturellen Realität der Reiseländer in Asien, Ozeanien, Mittel- und Südamerika, aber auch im zivilisierten Nordamerika. Dort wurden die Reisenden konfrontiert mit den ursprünglichen Einwohnern des Kontinents und ihren heutigen Lebensverhältnissen und deren Auswirkungen. Arbeitslose und zumeist betrunkene Eskimos und Indianer ohne Perspektiven und ohne Alternativen überraschen in Kanada und Alaska den unvorbereiteten Reisenden besonders. Es kann nicht Grund solcher Studien- und Bildungsreisen sein, so war meistens zu hören, sich um die Problematik der Einheimischen zu kümmern und damit auseinanderzusetzen. Da ohnehin davon ausgegangen wird, jene Menschen seien durch eigenes Verschulden in dieser Lage und damit auch dafür verantwortlich zu machen oder aber ohnehin außerstande, daran etwas zu ändern.

Ich sprach von den negativen Auswirkungen des Tourismus im soziokulturellen Bereich der Reiseländer und seinen begrenzten Möglichkeiten, einen Beitrag für ein besseres Verständnis der Einheimischen zu leisten. Sicherlich hat das zu einem nicht geringen Teil seine Ursache in Informationsdefiziten auf Seiten der Reisenden über Hintergründe und Wirkung kultureller Andersartigkeit und wirtschaftlicher Unterentwicklung sowie der daraus resultierenden Anforderung an das eigene Verhalten. Die eigentliche Attraktion der Studienreisen ist insbesondere die kulturelle Fremd- und Andersartigkeit der Zielländer, so sollte man zumindest meinen. Meines Erachtens ist es gerade die Faszination des Fremden, die diese Art des Reisens ursprünglich in Bewegung gesetzt hat. Ist oder wird sich der Mitreisende, der sich zu einer Studienreise entschlossen hat, dieser Aufgabenstellung bewusst? Fühlt er sich überhaupt angesprochen? Versteht er sich als informierter und emanzipierter Reisender und nicht als unselbständiger, manipulierter Landsmann? Wo sind Streben nach Unabhängigkeit, Individualität und Selbstverwirklichung und das Verständnis für Andersartigkeit, Umwelt, Wissen und Bildung? Sie scheinen vielen abhandengekommen zu sein. Vielleicht nehmen wir uns zu wichtig, verkennen, wie unwichtig wir sind. Allein die Befähigung, eine Bildungsreise zu unternehmen, scheint vielen Grund genug, wichtig genommen und beachtet zu werden.

Der 68-jährige Karl Richter nahm die Reise nach Westkanada im Mai 1982 zum Anlass, allen Mitreisenden innerhalb der Gruppe und allen Kanadiern, denen er habhaft werden konnte, von seinem Hobby zu erzählen, stundenlang und mit der größten Selbstverständlichkeit, als ob alle Eisenbahner seien. Von Eisenbahnen, Lokomotiven, Stellwerken, Modellen, Güterzügen, Eilzügen, Personenzügen, Schnellzügen, Triebwagen, elektrischen Zügen, Dieselloks, Dampfloks, Schranken, Bahnwärtern, Viadukten, Schienensträngen, Brücken, Signalen, Weichen, Stromkreisen wusste er lange und ausführlich zu berichten. Jedermann erfuhr von der Anzahl der Stunden, Wochen, Monate, Jahre, die er beim Basteln an und im »Eisenbahn-Zimmer« zu Hause verbracht hatte. Auf dem Fährschiff von Vancouver nach Victoria hatte er ein dankbares Opfer gefunden: Eine deutschstämmige Familie hörte ihm geduldig zu, denn er sprach grundsätzlich nur Deutsch und Hessisch. Auf die Zwischenfrage des Familienvaters nach dem Woher und dem Wohin auf dieser Reise war »Railroad Charly« nicht vorbereitet: »Sache Se mal«, sah er sich hilfesuchend nach mir um, »wo war'n mir gewese und wie heißt des, wo mir heut hinmache? Is eischendlich aach egal, weil isch des sowieso net behalte du.«

Frau Michel aus Koblenz hatte im Verlaufe der Südafrikareise im Mai 1981 in Durban an der Südostküste Südafrikas offensichtlich ähnliche Schwierigkeiten. Nach Erläuterung des hohen indischen Bevölkerungsanteils dort und den kolonialpolitischen Ursachen kam sie recht betreten zu mir: »Also, jetzt muss ich doch mal fragen. Wir sind doch immer noch in Südafrika. Ja, so …, weil Sie jetzt dauernd von Indien erzählen!«

Ehepaar Schneider unternahm in den letzten Jahren eine ganze Reihe von Studienfahrten in alle Teile der Welt, ohne dass sie noch angeben konnten, wo sie wann gewesen und was sie gesehen hatten. Eine Israel-Studienreise, so wussten sie aber zu berichten, vor Jahren schon, sei der Anfang gewesen. Sie waren beide Ende 60, sprachen nur Sächsisch, standen immer etwas abseits der Gruppe und des Geschehens und wurden immer nur händchenhaltend gesehen, zum Frühstück bereits. Auf die Zeit Mosche Dajans in Israel angesprochen, sagte sie ungläubig zu ihrem Mann: »Isch weiß ooch nisch mehr, was unser Reiseleiter meint, isch hab verstanden: Turnvater Jahn.«

Herr Schmidt aus Minden benutzte während der Kanada-Alaska-Reise 1978 erst gar nicht den Bus, wenn er eine von uns angefahrene Stadt auch mit dem Zug erreichen konnte. Am Abend vor dem Abreisetag erfuhr ich von seinen Reiseplänen, hatte nur seinen Koffer mitzunehmen und traf mich dann mit ihm im Hotel des betreffenden Reisetages, um mir von Lokomotivtypen, Seriennummern, Baumustern, Baureihen, Anzahl der Achsen, der Wagen, der Lokomotiven, von Zugkraft, Zuggeschwindigkeit, Schub- und Bremswirkung berichten zu lassen, von Fahrplänen und Bahnhöfen. Er kannte genau die Anzahl der zu erwartenden Weizenzüge von Edmonton nach Vancouver und überprüfte sie auch, in dem er nachts aufstand, wenn der Fahrplan nach ihm rief. Und fuhr er mal mit allen anderen im Bus, dann schlief er meistens, weil ihm Busfahren entsetzlich langweilig vorkam oder weil die Anzahl der nächtlichen Züge ihn zu sehr in Anspruch genommen hatte.

Die beiden Damen Wolf und Faulhaber aus Worms waren Teilnehmerinnen der Südafrikareise im Mai 1981. »Ja, ja«, hörte man sie unentwegt sagen, »um uns alleinstehende Damen kümmert sich niemand. Aber wenigstens vom Reiseleiter können wir erwarten, dass er sich um uns kümmert.« Sie machten weitgehend den Reiseleiter verantwortlich, wenn sie nicht wussten, was sie essen und trinken sollten, wo der Aufzug war, mit welchem Linienbus sie zu fahren hatten, wo sich das Hotel befand, in welchem Stockwerk ihr Zimmer lag. Schlimmer noch: Verliefen sie sich, fuhren verkehrt, stiegen zu früh oder zu spät aus, bestellten etwas Verkehrtes, verstand man sie nicht – dann war immer er schuld, der Reiseleiter. Hatten die beiden auf Anhieb tatsächlich das Hotel Heerengracht in Kapstadt wiedergefunden, dann Frau Wolf: »Schließlich reisen wir nicht zum ersten Mal, gell, Frau Faulhaber, Sie wisse, was isch mein. Und«, so fuhr sie fort, »hätt uns der Reiseleiter gesagt, wie mir in den Stadtplan gucke misse, dann hätte mer uns gestern auch niet verlaafe.«

Der Tafelberg ist ein absolutes Muss bei einem Aufenthalt in Kapstadt, allein die Auffahrt ist faszinierend. Frau Wolf und Frau Faulhaber genossen Auffahrt und Aufenthalt gleichermaßen, die Wetterbedingungen waren hervorragend. Und sie entschlossen sich, später alleine mit dem am Fuße des Tafelberges abfahrenden Linienbus zurückzufahren zur Stadt. Erstaunt und verständnislos starrten sie auf die lange Schlange der geduldig Wartenden an der Bushaltestelle und gerade rechtzeitig, bevor der Bus kam, hatten sie sich wie selbstverständlich an die Spitze gesetzt. Die Unmutsäußerungen und das Murren der Wartenden müssen sie als Aufforderung oder vielleicht sogar als Anerkennung empfunden haben. Sie hielten auch nicht 40 Cent Fahrgeld abgezählt bereit, sondern suchten beide zunächst in ihren Taschen nach den Portemonnaies und als Frau Wolf es endlich gefunden hatte, zählte sie langsam und bedächtig Cent-Stück für Cent-Stück dem Fahrer in die Hand. Frau Faulhaber machte es so ähnlich, hatte aber 5-Cent-Stücke dabei, und bevor sie einstiegen, unterhielten sie sich noch etwas. Der Fahrer war inzwischen aus dem Bus gestiegen, nahm die Mütze vom Kopf und machte an der Tür eine tiefe Verbeugung und verharrte in dieser Stellung, bis die beiden eingestiegen waren. Die große Menge der Wartenden brach angesichts dieses Schauspiels in schallendes Gelächter aus. Und

Frau Faulhaber kommentierte: »Sehen Se, Frau Wolf, wenn mer zu de Leut freundlich is, sind die Leut aach freundlich zu aam. Wie sacht mer doch: Wie mer in de Wald enoi ruft, so schallt's aach wieder raus.« Dann ergänzte sie noch: »Ja und e bissi Sprache muss mer aach kenne.« Frau Faulhaber sagte unverdrossen und zu allen »Qui«, weil ihre Familie im Krieg einen französischen Kriegsgefangenen zugeteilt bekommen hatte als Erntehelfer, daher die französischen Sprachkenntnisse.

Das Fotografieren nimmt für viele auf Reisen einen erstaunlich hohen Stellenwert ein. Vielfach hängt bereits die Buchung einer Reise von der Fotoausrüstung ab, das Gelingen einer Reise von der Auswertung der Dias und Filme. Dies erklärt wohl auch, dass es innerhalb einer Gruppe stets Reisegäste gibt, die völlig zu vergessen scheinen, dass andere vielleicht auch oder gar nicht fotografieren möchten, ja, dass es andere Leute überhaupt gibt. Reisende, die sich aus einem unsichtbaren Zwang heraus so verhalten, als wären sie allein auf der Welt. Streitigkeiten und Vorwürfe sind nicht selten die Folge. Ehepartner geraten aneinander, weil nicht schnell genug gehandelt, zu langsam der Film gewechselt, falsch belichtet, zu hoch gehalten wird, der verkehrte Film erwischt wurde, Kamera nicht rechtzeitig bereit war. Meist muss »er«, mit der Kamera bewaffnet, den »Frontdienst« versehen, während sie aufzuschreiben hat, was er geknipst hat. Beide fallen als Zuhörer bei Vorträgen und Erläuterungen des Gesehenen aus, da sie vollends mit ihren Rollen ausgelastet sind. Vorhaltungen, ins Bild gelaufen oder gerade dabei es zu tun, sind an der Tagesordnung. Vielfach schreckt man nicht davor zurück, lebende Objekte hineinzudirigieren, um der Aufnahme einen noch exotischeren Anstrich zu geben, um sie noch vollkommener, effektvoller hinzubekommen: Einheimische, Erwachsene wie Kinder, müssen herhalten, werden postiert, besonders dann, wenn sie sich erheblich in Kleidung, Aussehen und Verhalten von uns unterscheiden. Mit Gesten, kleinen Geschenken wie Zigaretten oder auch Geld wird nachgeholfen – etwas Peinliches für die Bewohner, die Gastgeber, etwas Hochmütiges, Arrogantes für den Gast, den Touristen, meist entwürdigend für alle Beteiligten.

Herrn Novak aus Hochstadt trieb es am Lake Louise im Banff-Nationalpark während der Westkanadareise im Mai 1982 sogar zum etwa zehn Kilometer entfernten Trans-Canada-Highway. Dort lag er mit seiner teuren Filmkamera am Rande der Böschung auf der Lauer, um seine Lieblingsobjekte aufzunehmen: große, nordamerikanische Fernlastzüge mit Auspuffohren nach oben, mächtigem, verchromtem »Grill« und verchromter Stoßstange, je mehr PS desto lieber, rote, grüne, gelbe, blaue, weiße ... Die meisten Fahrer dieser Lastzüge nahmen den Fuß vom Gaspedal, als sie ihn wahrnahmen, wohl weil sie ihn für eine lebende »Radarkontrolle« hielten. Andere hielten an, weil sie glaubten, er sei verletzt, vielleicht angefahren oder irgendwo heruntergefallen. Aber Herr Novak nahm nicht jeden Lastzug auf und so verließ er seinen Posten erst mit Einbruch der Dunkelheit und kehrte spätabends zurück in die Arme seiner auf ihn so stolzen Frau.

Herr Haase hatte auf der Südamerikareise im Oktober 1972 nun gar kein Verständnis dafür, wenn ihn irgendjemand daran hindern wollte, seinen »Auftrag« zu erfüllen und Filmaufnahmen zu machen, wie und wo er es für richtig hielt. Seine Frau hatte wohl einschlägige und langjährige Erfahrungen mit ihm gemacht, denn sie erahnte förmlich seinen nächsten und übernächsten Handgriff in solchen Fällen. Die dekorative, bunt uniformierte Palastwache des Präsidentenpalais in La Paz wollte weder von ihm gefilmt werden noch erlauben, dass er an ihnen vorbei das Innere des Palastes betreten und filmen konnte. Und das war nun doch zu viel für Herrn Haase: Er drückte seiner bereits die Arme aufhaltenden Frau die Filmkamera wortlos in die Hand, trat einen Schritt zurück und versetzte der Palastwache einen derart maßgerechten Kinnhaken, dass jene sich zunächst ganz leicht auf die Zehenspitzen zu stellen schien, dann aber die Augen verdrehte und wie vom Blitz getroffen umfiel. »Komm«, sagte Herr Haase klar und knapp zu seiner Frau und sie verschwanden beide ins Innere des Palastes. Doch vor Erreichen des Hotels im weiteren Verlaufe der Stadtrundfahrt wurden wir von zwei Jeeps mit Militär, Maschinenpistolen im Anschlag, gestoppt und das Ehepaar Haase wurde zum Mitkommen aufgefordert. Zu Weihnachten des gleichen Jahres durften sie La Paz in Richtung Heimat wieder verlassen.

Herr Glaser aus Bad Nauheim hatte auf der Reise zu Ostern 1981 wenig Verständnis für die Bitte, in einem Lande wie Indien besonders zurückhaltend und vorsichtig zu sein bei seinen Foto-Safaris. Da er selbst in der heiligsten Stadt Benares keine Verbrennung bannen konnte, wollte er dies während des Aufenthaltes in Bombay bei den Parsen und deren Bestattungsriten nachholen. Er eilte frühmorgens um 4 Uhr zu den »Türmen des Schweigens«, kletterte auf einen Eukalyptusbaum und wartete, um dabei zu sein, wenn gläubige Parsen ihre verstorbenen Angehörigen dort innerhalb der Mauerringe ablegten und den Geiern überließen. Dann entglitt ihm beim Wechseln des Filmes in luftiger Höhe die Kamera und zerschellte am Boden. Nur mit großer Mühe und mit Hilfe eines »schnellen« Taxifahrers konnte er den rasenden Gläubigen entkommen und aus der für alle Nicht-Parsen verbotenen Sakralstätte fliehen.

Herr Rummel, Teilnehmer der Reise »Polynesische Inselwelt« im Sommer 1982, war ebenfalls leidenschaftlicher Fotograf und außerdem Frühaufsteher. Noch vor Tagesanbruch begab er sich im Hotel Beachcomber in Tahiti zum Strand, um den Sonnenaufgang mitzuerleben und zu fotografieren. Er hinkte stark, weil er eine schwere Knieoperation hinter sich hatte, hörte schlecht und war äußerst kurzsichtig. Hinzu kam, dass er zwar viel sprach, aber nur in breitem Sächsisch und er den Redeschwall nur dann unterbrach, um mit einer umständlichen Handbewegung seine dritten Zähne langsam und bedächtig zurückzuschieben. Große Reisen hatte er hinter sich, aber überall, so gestand er offen, hätte er die Schwierigkeiten mit der Sprache gehabt. Am Morgen des zweiten Tages in Tahiti kam Herr Rummel völlig durchnässt und erregt in den Frühstücksraum gestürzt, in der einen Hand die Kamera, in der anderen seine Zähne. Allerlei Pflanzenbewuchs zierte sein Haar und umrankte seine Schultern. »Sowas is mir im ganzen Läben noch nisch passiert, nisch passiert. Wär isch nisch in den nächsten Graben gesprungen, hätte misch diesa Tahitianer glatt überfahren, überfahren.« Beim Zurücksetzen eines hoteleigenen Lieferwagens hatte der Fahrer offensichtlich den gerade filmenden Herrn Rummel nicht bemerkt und der konnte sich nur noch, wie er glaubte, durch einen Sprung ins Wasser retten. »Als dieser Flägel auch noch lachte, da hab isch nach dem Mänäger verlangt, aber der Kerl lachte misch auch aus.«

»Was haben Sie denn gesagt?«, wollte ich wissen.

»Isch sagte, Sie haben wohl Tomaten auf dem Auge, sagte isch, oder was glauben Sie. Und da fing auch der gleich an zu lachen. Dasch isch doch wirklich kein Grund zum Lachen.«

Aber Herr Rummel gab in der Tat ein zu komisches Bild ab, das geradezu zum Lachen herausforderte.

General Kokott hatte wenig Verständnis für Mitreisende, die sich den Gepflogenheiten und Notwendigkeiten einer Gruppenreise in keiner Weise anzupassen bereit waren. Frau Hamacher aus Berlin beispielsweise nahm für sich in Anspruch, auf denkwürdiger Südseereise im Herbst 1971, dass diese Dinge für sie keine Gültigkeit hatten. Höchst empört reagierte sie, sie wackelte dann unablässig mit dem Kopf und war furchtbar aufgeregt, wenn der Platz im Bus vom Vortag nun auf einmal belegt war oder sie nicht zuerst den Bus besteigen konnte, um sich ihren Platz auszusuchen, des Fotografierens wegen, wie sie sagte. Wenn sie sich besonders geärgert hatte, wackelte sie während der gesamten Dauer eines Ausfluges mit dem Kopf. So war es auch in Neuseeland im Zentrum der Nordinsel auf der Fahrt zu einem »explodierten« Bohrloch: Bei dem Versuch, Bohrungen für ein geothermales Kraftwerk vorzunehmen, explodierte das Bohrloch und es entstand ein Krater, der sich ständig vergrößerte. Die Umgebung ringsherum bebt seitdem ständig und wenn der Motor des Fahrzeuges, mit dem man ankommt, abgestellt wird, dann spürte man dies besonders deutlich in Form von leichten Erschütterungen. Frau Hamacher indes wackelte besonders stark mit dem Kopf. General Kokott näherte sich ihr aus dem rückwärtigen Teil des Busses, man konnte es gut im Rückspiegel beobachten: »Na, gnädige Frau, wohl ein bisschen zu nahe an den Krater getreten, was?«

Informationsdefizite auf Seiten der Reisenden – so hört man immer wieder – bilden nicht selten die Ursache negativer Auswirkungen des

Tourismus. Dies gelte auch für die derzeit nur begrenzten Möglichkeiten, bei den Reisenden mehr Verständnis für die Andersartigkeit und Probleme der Länder zu wecken, die sie besuchen. Sind wir denn Willens, bei entsprechender Bereitstellung von Informationen uns besser vorzubereiten auf das, was uns erwartet? Haben wir überhaupt den Wunsch, mehr Verständnis aufzubringen oder sind wir von Kulturschocks fasziniert? Ist es nicht so, dass viele Mitreisende es in den Reiseländern so haben möchten wie zu Hause? Und danach erst ihre Entscheidung treffen bezüglich der Wahl des Reiselandes, des Veranstalters, der Reiseroute? Sollte der Veranstalter ihnen dann nicht empfehlen, zu Hause zu bleiben und ihr Geld nicht fürs Reisen zu verschwenden? Was nützt es, wenn ich meinen Reiseteilnehmern durch Information und praktische Anschauungen Hilfestellungen gebe, sich in einer fremden Kultur adäquat zu verhalten, und sie ermutige, auch einen Blick hinter die touristischen Kulissen zu werfen und den Wert kultureller Andersartigkeit persönlich erfahren und schätzen zu lernen, wenn sie es gar nicht wollen? Wenn sie deswegen die Reise bestimmt nicht gebucht und mitgemacht haben?

*Wer sein Land nie*
*verlassen hat, ist voller*
*Vorurteile.*
*(Goldoni)*

*Wer von weither kommt,*
*hat leicht lügen.*
*(nach Voltaire)*

## Unmögliches

Beginnen möchte ich mit Begebenheiten in jenem Land, von dem ich so beeindruckt bin: der Volksrepublik China. Zwei Geschichten, die mit Chinareisen in Verbindung standen, haben Sie schon gehört. Von der Passkontrolle, von der Besonderheit chinesischer Hotels, von der Ausgeglichenheit, der Ehrlichkeit, der Einstellung zu Trinkgeldern war bereits die Rede. Nun zu Herrn Johanning aus Wuppertal, er war Teilnehmer der Herbstreise 1979 nach China, wir kamen von den Philippinen und anschließend sollte es nach Japan gehen. Er war auf der Reise 82 Jahre alt geworden, Ordnung und Disziplin gewohnt und wusste stundenlang zu erzählen von seinen Kriegserlebnissen als knapp 19-Jähriger vor Verdun im Ersten Weltkrieg. Aber hier in China hatte er dennoch seine Probleme mit der Anpassung an und die Achtung vor chinesischen Gewohnheiten. Es ist, so glaube ich, hinlänglich bekannt, dass der Chinese pünktlich ist und dies von Besuchern gleichfalls erwartet. So musste die geplante ausführliche Stadtrundfahrt in Shanghai für die ganze Gruppe ausfallen, weil Herr Johanning es nicht fertigbrachte, pünktlich zur angekündigten Abfahrtszeit zu erscheinen. Da eine pünktliche Abfahrt nur dann gewährleistet ist, wenn alle vor der Abfahrtzeit im Bus Platz genommen haben und er uns nahezu zehn Minuten warten ließ, wurden alle Teilnehmer kurzerhand aufgefordert, den Bus wieder zu verlassen und auf die Zimmer zurückzukehren. Ein Bummel auf eigene Kappe oder das Verlassen des Zimmers wurden untersagt, so hieß die Anweisung – Stubenarrest auf Chinesisch.

Bereits im Hotel der Freundschaft in Peking war Herr Johanning unangenehm aufgefallen, weil er zu spät zum Essen kam – die Ober gossen das wohlschmeckende und kühle Bier ein, ob man bereits anwesend war oder nicht – und weil er heimlich versuchte mit »Metallwerkzeugen« zu essen, eine ältere Aluminiumgabel, vermutlich aus einer Zeit vor Verdun, hatte ihren Platz in seiner rechten Rocktasche. »Unsere imperialistischen Freunde aus der BRD wollen doch bitte die Höflichkeit haben und entsprechend den Sitten der Volksrepublik China zu essen«, bat uns Herr Shu, unser allgegenwärtiger Führer, höflich.

Auch der Besuch beim Friseur in Sian in Zentralchina hatte für Herrn Johanning und die ihn Begleitenden Folgen. Er war es von seinem Wuppertaler Friseur gewohnt, Trinkgelder zu geben und gab statt des geforderten Betrages von umgerechnet 30 Pfennig 50 Pfennig. Da dieser Betrag für nahezu zwei Haarschnitte ausreichte, wurde der nächststehende Dr. Günther Thoma in einen Stuhl gedrückt und mit dem Haarschneiden unverzüglich und trotz großen Widerstandes begonnen. Der chinesische Friseur war offensichtlich der Meinung, die 20 Pfennig abarbeiten zu müssen. Weil Dr. Thoma dazu übergegangen war, seine Haare mit beiden Händen zu »umklammern«, schnitt ihm derweil ein zweiter Friseur den Kinn- und Backenbart derart zurecht, dass er nicht wiederzuerkennen war. Die 20 Pfennig veränderten in der Tat Dr. Thoma so sehr, dass seine Frau sich genierte, den Heimweg gemeinsam anzutreten. Herr Johanning tat noch ein Übriges: Er übergab dem Friseur einen Filzstift und wurde dafür auf ein Fahrrad komplimentiert, um zwei »Ehrenrunden« um den Häuserblock zu drehen als Dank für jenen Stift. Etwa 300 Menschen wohnten dem Schauspiel bei, der Verkehr war vor dem Friseurladen zum Stillstand gekommen.

Auf der Bahnfahrt von Sian nach Loyang fuhren wir in »Viererbande-Abteilen«, wie wir sie nannten, mit je zwei Stockbetten, und erhielten vor dem Schlafengehen noch eine große Tasse Tee mit Deckel und, wer wollte, eine große Flasche Bier. Der Zugbegleiter ließ gleichzeitig übersetzen, dass es jetzt noch Zeit sei, die Toilette und den Waschraum aufzusuchen. Wenige Minuten später wurden die Abteile zugeschlossen, von außen und unwiderruflich, bis zum nächsten Morgen. Auch da ließ es Herr Johanning an Ordnung und Disziplin fehlen. Mitten in der Nacht, man stelle sich vor, »muss er ganz entschieden mal«, wie er es nannte, und er machte es so dringlich, dass wir ihn zu zweit und bitte in Fahrtrichtung aus dem Fenster hielten. Am nächsten Morgen erzählten viele aus der Gruppe von ihrer Mühe und dem aufgebrachten Willen, die diese chinesische Gewohnheit nahezu jedem abverlangte. »Er«, so Herr Johanning, »habe keine Probleme gehabt.«

Und hier noch zwei persönliche Erlebnisse zum Verständnis Chinas: Bei meiner ersten Chinareise war es noch gang und gäbe, das Mao-Mausoleum und den Platz des »Himmlischen Friedens« in Peking zu besuchen. Tausende und Abertausende standen täglich an, um dem Vorsitzenden »die Ehre« zu erweisen. Mit der neuen U-Bahn dorthin zu fahren, war für uns Europäer allerdings nicht möglich. »Denn«, so die Antwort des chinesischen Dolmetschers, »wir haben die U-Bahn für uns Chinesen gebaut und nicht für die Barbaren, die uns besuchen. Ein altes chinesisches Sprichwort sagt: Um ein Land wirklich kennenzulernen, musst du zu Fuß gehen. Und Sie wollen doch Peking wirklich kennenlernen, nicht wahr?«

Die Fahrt zum Freundschaftsladen in Shanghai zwecks Einkaufsmöglichkeiten für die Gruppe wurde von mir dazu benutzt, über den »Bund«, die Uferpromenade Shanghais, zu schlendern. Es dauerte nicht lange und ich wurde von einem älteren Chinesen in einwandfreiem Deutsch angesprochen. »Guten Tag, darf ich Sie fragen, wo Sie jetzt herkommen?«, fragte er.

»Gestern bin ich aus Peking hier angekommen, aber sagen Sie«, so fragte ich, »woher können Sie so ausgezeichnet Deutsch sprechen?«

»Oh«, darauf der Chinese, »dort möchte ich auch einmal hin, nach Peking. Ich lehre Deutsch an der Universität von Shanghai, dort lehren auch vier deutsche Professoren aus Darmstadt und Frankfurt.« Meine Bemerkung, Frankfurter zu sein, veranlasste ihn sofort dazu, zu J. W. Goethe und »anderen großen Deutschen« überzugehen. Ludwig Uhland und Eduard Mörike seien für ihn so wunderbar, ob vielleicht jemand aus Tübingen dabei sei. Ich bat ihn, zum Bus mitzukommen, da Dr. Thoma Tübinger war und eine große Menschenmenge folgte uns in Richtung Freundschaftsladen. Zu einem Gespräch zwischen Dr. Thoma und dem älteren Chinesen kam es aber leider nicht, da die Vertreter der chinesischen Reiseagentur dies nicht zuließen und der chinesischen Menge bedeuteten, auseinanderzugehen. Der ältere ehrwürdige Chinese gab mir die Hand, schüttelte sie lange und sagte: »Auf Wiedersehen, Gott beschütze Sie und grüßen Sie Bundeskanzler Schmidt von mir.« Er winkte dem Bus noch lange nach.

An Shanghai musste ich noch lange denken. An die nahezu 16 Millionen Menschen, die in Großshanghai lebten, arbeiteten, sich bewegten. Millionen Menschen auch frühmorgens auf den Beinen, in den Straßen, auf Plätzen und in Parks bei Gymnastikübungen, in Gruppen oder einzeln. Männer und Frauen aller Altersgruppen.

Ungewöhnlich endete die Mexiko-Guatemala-Reise zu Ostern 1976 für die Damen Herberts und Onnen. Frau Herberts aus Münster hatte die Reise trotz Schwangerschaft angetreten, sie war im 7. Monat und konnte eine Unbedenklichkeitsbescheinigung des Arztes vorlegen. Fluggesellschaften lehnen die Beförderung erst im 8. Monat generell ab. Sie war der Meinung, dass sie diese Reise, auf die sie sich sehr vorbereitet, gefreut und offensichtlich lange gespart hatte, nach der Geburt, weil unabkömmlich, mit Sicherheit nicht mehr machen könne. Die Fahrt in Yucatan von Merida nach Chichen Itza musste bereits nach 20 Minuten unterbrochen werden: Bei Frau Herberts hatten die Wehen eingesetzt, wir erreichten in rasanter Fahrt gerade noch das Hotel. Der bereitstehende Arzt traf rechtzeitig zur Geburt im Bus ein. Ein für zu leicht befundener, aber gesunder Junge kam zur Welt – auf den Sitzplätzen eines mexikanischen Ausflugsbusses. Auf der Heimreise nach Europa umfasste die Gruppe einen Teilnehmer mehr als bei Reiseantritt. In Merida stieg Frau Herberts mit Sohn zu, beide wohlauf. Yucatan solle er einmal heißen, verriet sie.

Für Frau Onnen war der abendliche Besuch im Palast der »Schönen Künste« in Mexico-City ein langgehegter Wunsch. Sie wollte aber auch das »Drum und Dran«, so zu ihrer langjährigen Reisegefährtin Frau Oswald, kennenlernen und nutzte die Pause, um sich in den Räumlichkeiten, auf Fluren, Gängen, in Garderoben und Toiletten umzusehen und erreichte, trotz zweimaligen Klingelzeichens, welches das Ende der Pause verkündete, nicht mehr rechtzeitig ihren Platz. Im Dunkeln und ohne fremde Hilfe war sie gezwungen, sich voranzuarbeiten. Ein gellender Schrei und das unverzüglich folgende Einschalten der Saalbeleuchtung zeigte ihren Standort: Frau Onnen war über die relativ niedrige Rückenlehne ihres eigenen Sitzplatzes gestürzt und zwischen den in der Reihe davor Sitzenden kopfüber zu Boden gegangen. Nur an ihren Schuhen war Frau Onnen zu erkennen. Sie trug sie nur bei festlichen Gelegenheiten und hatte sie 1943 anlässlich ihres Einzuges in die Wohnung Bertramstraße 14 in Frankfurt bekommen, geerbt von ihrer Mutter. Schlüsselbeinbruch wurde diagnostiziert.

Frau Dr. Loni von Lieven, Kinderärztin aus Berlin, war Teilnehmerin der Neuguineareise zu Ostern 1984. Ihr gesegnetes Alter von 87 Jahren hielt sie nicht davon ab, noch große Reisen zu unternehmen. Die Bedenken des Reiseveranstalters wurden von ihr als unbegründet zurückgewiesen. Das Argument, dass die Reise ausgerechnet in ein Land führte, das eine besonders gute körperliche Verfassung voraussetzte, entkräftete sie durch die Vorlage eines ärztlichen Attestes. Außerdem fühle sie sich bei Weitem nicht so alt wie es der Reisepass ausweise, war unter Bemerkungen auf ihrer Reiseanmeldung zu lesen. Und wie war es nun in Wirklichkeit? Um es vorwegzunehmen: Es war fürchterlich, fürchterlich für den Reiseleiter, fürchterlich für alle übrigen Reiseteilnehmer, fürchterlich für Fluggesellschaften und Hotels. Frau Dr. von Lieven war die Einzige, die nicht den Schalter der Fluggesellschaft Cathay Pacific zwecks Abfertigung am Flughafen in Frankfurt fand und von einem Bediensteten der Flughafengesellschaft dorthin eskortiert wurde. Sie verstand nichts von den Informationen des Bodenpersonals. Auf einem Ohr war sie ganz taub, auf dem anderen nur noch zu 25 % hörbefähigt, außerdem stand sie der englischen Sprache ohnmächtig gegenüber. Kreislaufbeschwerden setzten ihr schon seit Jahren zu, ebenso die parkinsonsche Krankheit. Höhen ab 1500 Meter waren für sie tabu. Dennoch waren nicht alle ihre Verhaltensmuster damit zu erklären und die Frage nach deren Ursache muss unbeantwortet bleiben, auch bei Berücksichtigung ihres Alters. Warum zum Beispiel beginnt Frau von Lieven während des Fluges nach Hongkong von der Vorspeise ihres Nachbarn zu essen, ohne dass dieser damit einverstanden war? Und dabei gehörte dieser überaus freundliche Chinese noch nicht einmal zur Gruppe. Salat sei ohnehin gut und wichtig und ihn zu essen, wo und wann immer sich eine Gelegenheit böte, sei die dringlichste Empfehlung ihres Arztes gewesen, war die Lieven'sche Antwort.

Das Ausfüllen der Landekarte für Hongkong und die Unterschrift für die Registrierung im Hotel Lee Gardens waren von ihr einfach nicht zu bewerkstelligen, so sehr zitterte ihre Hand. »Etwas Aufregung müssen Sie mir in meinem Alter und bei dieser großen Reise schon zubilligen«, war ihre Erklärung hierfür. Um Antworten und Erklärungen war sie in der Tat nie verlegen. Auch dann nicht, als sie in der ersten Nacht um 0.30 Uhr splitternackt von chinesischen Hotelangestellten in einem der Flure eingefangen wurde. »Der Reiseleiter kümmert sich nicht um mich und ich weiß nicht, wo sich die Gruppe befindet, zu der ich gehöre«, gab sie an.

Dass das Essen mit Stäbchen auch für viele andere Reisende problematisch ist, davon haben Sie schon gehört. Dieses Problem ist daher schon als fast normal zu bezeichnen. Wenn aber ein Erwachsener auch mit einem großen Suppenlöffel die eigene Mundöffnung nicht findet, dann ist das für den Betreffenden schlimm, für den Reiseleiter eine ungeheure Strapaze und für die Mitessenden am Tisch eine Zumutung. Frau von Lieven musste wie ein Kleinkind von mir, dem Reiseleiter, gefüttert werden. So ganz nebenbei ließ sie im Verlaufe der Reise durchblicken, dass ihr erwähntes Attest ein sogenanntes Gefälligkeitsattest gewesen sei, was ihr auch jeder gerne abnahm.

Nach Ankunft in Port Moresby, der Hauptstadt des eigentlichen Ziellandes, bot sich den Ankommenden ein ungewohntes und farbenprächtiges Bild: Tausende von neugierigen, dunkelhäutigen Melanesiern und Papuas belagerten den Ankunftsbereich und das angrenzende Gelände vor dem Flughafen. »Sagen Sie, das sind ja alles dunkel-, zum Teil sogar schwarzhäutige Menschen. Warum sind denn hier nun plötzlich nicht Menschen gelber Hautfarbe anzutreffen?«, war Frau von Lievens besorgte Frage.

In Mount Hagen im zentralen Hochland schließlich musste sie wegen ihrer geringen Höhenverträglichkeit zwei Tage allein zurückbleiben im Hotel Highlander, während die Gruppe Eingeborenendörfer besuchte und Tanzfesten beiwohnte. Ich hatte den Manager des Hotels gebeten, sie entsprechend der Tageszeit mit Essen zu versorgen und sich überhaupt etwas mehr um sie zu kümmern, als er es in der Regel bei »normalen« Hotelgästen tat. Aber groß war die Aufregung bei der Hotelleitung und den übrigen Hotelgästen, als wir von unserem Zwei-Tages-Ausflug zurückkehrten. Frau Dr. von Lieven lag mit angeblich hohem Fieber im Bett, hatte entsetzlichen Durchfall und tags zuvor so durchschlagend ins Bett gemacht, dass auch die Matratzen ausgetauscht werden mussten. Wenig später traf Dr. Nelson ein, ein vom nahegelegenen Militärhospital herbeigerufener australischer Arzt. Besorgt sah er sich das von Frau Lieven präsentierte Fieberthermometer an: 41,9 °C. Aber sein Gesicht glättete sich bei näherem Hinsehen zusehends. Auch ihre Bemerkung, diese Temperatur sei durchaus denkbar, da sie genau die gleiche Höhe auch zu Hause in Berlin schon zwei Mal gemessen habe, änderte nichts daran. Der Grund war einleuchtend: Ein ganz kleiner Tropfen Quecksilber hatte sich bei 41,9°C festgesetzt, während der große Rest aus einem Loch am unteren Ende herausgefallen war, wahrscheinlich schon vor sehr langer Zeit. Den Durchfall hatte sie nach dem Genuss von zwei Dutzend Austern bekommen, die sie im Hochland von Papua gegessen hatte und die von der entfernten Küste zum Teil auf dem Landwege herangeschafft werden müssen.

»Unwahrscheinliche Geschichten«, werden Sie nun vielleicht sagen, »kaum glaubhaft.« Ich habe überlegt, ob ich später nochmals auf Frau Dr. von Lieven zurückkommen soll, mich dann aber entschlossen, ihr Kapitel möglichst schnell zu Ende zu bringen. Natürlich habe ich Dr. Nelson gefragt, was zu tun sei, da wir noch ein Stückchen Reise vor uns hätten. »Ihre Patientin«, niemand sprach mehr von Reisegast, »sollte sich zwei bis drei Tage völlig ausruhen, am besten im Bett bleiben«, riet der Arzt. Aber groß war mein Erstaunen, als wir beim nächsten Stopp in Lae an der Ostküste des Landes im Hotel Smugglers Inn einen aufgeregten Hoteldirektor antrafen. »Wir sind kein Hospital, wir sind ein Hotel.« Die Hotels hatten sich über Funk untereinander verständigt und vor der deutschen Gruppe mit der »Reise-Patientin« gewarnt. Dennoch war der Hoteldirektor bereit, aber erst nach langem Zureden, Frau von Lieven zu »nehmen«. Zumal hier nur ein Ganztages-Ausflug vorgesehen war und wir vor dem Abendessen zurück sein würden. Aber auch hier nach Rückkehr große Aufregung: Sie hatte einer australischen Touristengruppe im Hotel erzählt, dass sie mittellos und von einer deutschen Reisegruppe einfach zurückgelassen worden sei – und dies trotz ihres Alters und fehlender Sprachkenntnisse. Die Australier waren empört und ihr älterer Reiseleiter veranstaltete eine Sammlung und lud Frau von Lieven zu einem Essen ein, was immer sie wollte. Es waren mindestens drei Teilnehmer der australischen Gruppe, die mich laut und vernehmlich im Restaurant des Hotels als Nazi beschimpften.

Den Abschluss eines Tages im östlichen Hochland bildete eine Nachtwanderung zu einer Kolonie Rieseneulen, diese zu erleben, ist für sich allein schon eine Reise wert. Frau von Lieven blieb allein in der Karawadri Lodge zurück, auf eigenen Wunsch. Zwei lokale Führer eskortierten uns mit Taschenlampen und einem unglaublich guten Orientierungssinn. Hilferufe unterbrachen dann irgendwann die andächtige Beobachtung der Rieseneulen. Es gab kaum Zweifel, es klang etwas Berlinerisches in den Rufen. Ich folgte ihnen durch den Dschungel, einen lokalen Führer nahm ich mit, und so fanden wir alsbald Frau von Lieven: Mit einem Nachthemd bekleidet, hatte sie sich völlig hoffnungslos verheddert im dornigen tropischen Gestrüpp des Regenwaldes des östlichen Hochlandes von Papua-Neuguinea. Sie war der Gruppe in respektablem Abstand gefolgt und hatte sehr schnell die Orientierung verloren. Allein hätte ich Frau von Lieven weder gefunden noch zurückbringen können zur Unterkunft. Sie wäre verloren gewesen, hätten wir sie nicht gehört. »Immer soll ich auf jedes und alles verzichten, obwohl ich den gleichen Preis bezahlt habe für die Reise«, war ihr Kommentar dazu.

Ich schließe ab mit Frau von Lieven und einer Bemerkung, die möglicherweise alle Banker zur Salzsäule erstarren lässt: Ab Hongkong wurden alle Reiseschecks von ihr von Banken, Hotels und Geschäften akzeptiert: Sie waren allesamt von mir unterschrieben worden. Ich hatte dadurch die Zeit und Möglichkeit, einmal tief durchzuatmen – das war oft dringend notwendig. Nach Rückkehr am Frankfurter Flughafen würdigte mich Frau von Lieven keines Blickes mehr. Sie muss ihren Anschlussflug nach Berlin erreicht und gut zu Hause angekommen sein.

Denn nur wenige Tage später schrieb ihr Reisebüro an den Reiseveranstalter: »Frau von Lieven war insgesamt gesehen nicht sonderlich zufrieden, da sich der Reiseleiter nicht um sie gekümmert hat. Ob sie auch künftig mit Ihnen reisen wird, muss daher angezweifelt werden.«

Für all die unerwähnten Episoden soll nur ein abschließender Satz Zeugnis ablegen: Ich bin um einiges gealtert, habe zum ersten Male so richtig die Lust an meinem Job verloren und gut sieben Kilo abgenommen. Vielleicht sollte ein Reisebüro doch auf einen solchen Kunden verzichten, auch wenn es damit die Provision verliert, im eigenen Interesse, im Interesse des Veranstalters, der Leistungs- und Verkehrsträger, des Reiseleiters, der Mitreisenden, möglicherweise auch im Interesse des Reisenden selbst.

Herr Jounas aus Vaihingen bei Stuttgart nutzte die Weihnachts-Silvester-Reise 1974/75 zum Zahnärzte-Weltkongress in Rio de Janeiro im Januar 1975, um auch seinen Onkel in La Paz zu besuchen, der vor gut 20 Jahren nach Bolivien ausgewandert war und den er seit dieser Zeit nicht mehr gesehen hatte. Unmittelbar nach Ankunft in La Paz wurde Herr Jounas am Flughafen abgeholt von erwähntem Onkel. Ich erhielt die Zusage, ihn spätestens in drei Tagen rechtzeitig und wohlbehalten zurückzuerhalten, damit es wie geplant weiter nach Paraguay gehen konnte. Möglicherweise aber schon früher, da beide beabsichtigten, an unserer Stadtrundfahrt in La Paz und den Ausflügen zur Mondlandschaft und zum Titicaca-See teilzunehmen. Doch am fraglichen Tage und zur vereinbarten Zeit waren weder Herr Jounas noch sein Onkel zu sehen. Das Hotelzimmer war drei Tage lang unbenutzt geblieben, der Koffer stand dort noch so, wie ich ihn hatte hinstellen lassen – unausgepackt. Wenige Augenblicke vor Abfahrt tauchte Herr Jounas dann in einer Dunstwolke aus Rauch und Alkohol auf, gemeinsam mit seinem Onkel, lachend und mit solch erheblicher Schlagseite, dass er mehr fiel und sich aufrappelnd fortschleppte, als dass er wirklich zu gehen imstande gewesen wäre. Da der ihm unmittelbar folgende Onkel offenbar noch größere Schwierigkeiten hatte, sich auf den Beinen zu halten und sich an seinem Neffen festhielt, fiel er automatisch mit ihm um. Beide trugen bolivianische Strohhüte, tief in die Stirn gezogen, was ihnen ein verwegenes Aussehen verlieh. Und es war schnell auszumachen, dass sie sich lange nicht gewaschen und rasiert hatten und noch die gleichen Kleidungsstücke trugen wie bei der Ankunft. Was sie auf meine Frage nach Pass, Flugschein und Geld für die Flughafensteuer zwischen Prusten und Lachen und den misslungenen Versuchen aufzustehen von sich gaben, war nicht zu verstehen. Von der bis La Paz von Herrn Jounas als Handgepäck stets mitgeführten Handtasche war nichts zu sehen, die Durchforstung sämtlicher Hosen- und Jacketttaschen nach erforderlichen Pass- und Flugscheinunterlagen blieb ohne Erfolg.

Während ich eiligst nach der Adresse der deutschen Botschaft suchte, tauchte ein besonders klein geratener Bolivianer, ebenfalls mit erheblicher Schlagseite, auf, die Brieftasche, den Pass und den Flugschein von Herrn Jounas hielt er in der Hand und verlangte die Bezahlung von 45 Pisco Sour, einem bolivianischen Nationalgetränk. Er war der Besitzer einer Bar in unmittelbarer Nähe des Hotels – soweit hatten sich die beiden also durchgekämpft – und hatte die Papiere als Pfand eingezogen, da die Gäste, er hatte sich immer feste miteingeladen, nicht mehr in der Lage gewesen waren, zu bezahlen. Geld war in der Tat beim besten Willen nicht mehr zu finden.

Ich hatte genügend Geld in der Reisekasse, um Herrn Jounas für den Rest der Reise auszuhelfen. Es hielt sich sehr in Grenzen, da er offensichtlich in seinem zukünftigen Leben nicht mehr vorhatte, irgendwann und irgendwo Alkohol, in welcher Form auch immer, zu sich zu nehmen. In sich gekehrt und tief betrübt, antwortete er mir nach zwei Tagen in Paraguay auf die Frage nach dem Ablauf des Aufenthaltes in La Paz, dass er sich nur noch an die Ankunft und ein kurzes Wiedersehen mit seinem Onkel erinnern könne. Nahezu drei Tage waren durch Pisco Sour völlig ausgelöscht worden.

Ebenfalls recht ungewöhnlich verhielten sich auf gleicher Reise durch Südamerika die beiden Herren Acker und Willhardt. Herr Acker, von kleiner Gestalt, sehr gepflegt und äußerst empfindlich, konnte es einfach nicht ausstehen, gemeinsam mit anderen Reiseteilnehmern an einem

Tisch zu sitzen. Er bestand vielmehr darauf, an einem separaten Tisch mit Freddy – Herrn Willhardt – zu frühstücken. Er hatte zudem eine besondere Schwäche für Rosen und wenn ich es ermöglichen konnte, besorgte ich eine und stellte sie ihnen dann auf den separaten Tisch. Die zwei waren dann die glücklichsten Menschen der Welt. Freddy, groß von Wuchs und ständig um das Wohl und Weh von Nicky – Herrn Acker – besorgt, genoss es täglich, morgens die gepflegten Hände von Freddy genau zu betrachten, bevor er sie bei geschlossenen Augen mit einem Guten-Morgen-Kuss bedachte.

Tänze oder Tanzveranstaltungen in fremden Ländern sollen ihren ursprünglichen Charakter beibehalten. Sie sollen aber auch die Länge oder Kürze aufweisen, die einem Touristen zumutbar ist, und sie sollten von Inhalt und Art der Darbietung auch für Fremde verständlich sein, ohne dass diese besonders gefordert oder strapaziert werden. Sie müssen also leicht verdaulich sein. In der Tat ist es wie mit dem typischen Essen, es ist unglaublich schwierig, es ist eigentlich unmöglich, dieser Erwartungshaltung von Touristen gerecht zu werden. Mit dem Ergebnis dieser Erwartung werden die Reisenden heutzutage konfrontiert: Tänze, die nahezu alle ihre Ursprünglichkeit eingebüßt haben, die vielfach den Touristen zuliebe und nur deswegen noch aufgeführt werden. Die zum Teil gegen den erklärten Willen der Beteiligten und dann nur noch des Geldes wegen stattfinden können. Und die vielfach enden mit der Aufforderung an die Besucher, sich auch zu versuchen. Das hat meiner Meinung nach etwas Entwürdigendes, etwas Peinliches an sich. Dr. Fiedler aus Kiel-Kronshagen, 71-jähriger Zahnarzt, erlag anlässlich der Südseereise zu Ostern 1975 auf Bora-Bora auch der Versuchung, es einmal selbst zu versuchen. Der Aufforderung einer tahitianischen Schönheit folgend, war er bei dem sogenannten tahitianischen Scherentanz unter freiem Himmel besonders eifrig bei der Sache und stürzte dabei im knöcheltiefen Sand. Dem kräftig zugesprochenen Rotwein und seiner robusten Natur war es zu verdanken, dass er den Rest der Nacht einigermaßen überstand. Das schmerzende rechte Bein wurde von seiner Frau mehrmals massiert, aber die Schmerzen wurden stärker, der Oberschenkel schwoll stark an, Dr. Fiedler bekam Fieber. Er hatte sich den Schenkelhals gebrochen und musste zunächst mit einem Lastwagen zur Bootsanlegestelle, von dort mit dem Boot zum Flughafen, vom Flughafen Bora-Bora liegend in der Maschine nach Papeete geflogen und dort in eine Klinik gebracht werden. Zwei Tage später begann die 30-stündige Heimreise des Dr. Fiedler von Papeete über Paris nach Hamburg und von dort in die Universitätsklinik nach Kiel. Drei Sitzplätze in der Maschine mussten ausgebaut werden. Seine Frau begleitete ihn am Stock. Ihr war vor drei Jahren Gleiches passiert und sie hatte seitdem ein künstliches Gelenk.

Bei all diesen Herausforderungen ist für den Reiseleiter die ihm zugewiesene Aufgabe allein deswegen schon lohnend, weil er seine eigenen Schwächen und Unzulänglichkeiten erkennen kann. Der Ihnen bereits bekannte General Kokott nahm auf der Südseereise zu Ostern 1971 an der Tahiti-Inselrundfahrt teil. Einer der vorgesehenen Fotostopps war beim Faaruuami-Wasserfall auf dem Wege zwischen dem Venus-Punkt und dem Gauguin-Museum. Noch von der letzten Reise her als besonders schön und lohnend in Erinnerung, pries ich diesen Halt als ein Muss im Verlaufe der Fahrt auf Tahiti. Alle Teilnehmer stiegen aus und versuchten den in respektabler Entfernung befindlichen Wasserfall auch als solchen auszumachen: Es hatte ungewöhnlich lange nicht geregnet auf Tahiti und was dort zu sehen war, war in der Tat eher ein Bächlein denn ein herunterstürzender Wasserfall. »Sagen Sie mal«, begann nun General Kokott, der sich mir schon gefährlich genähert hatte, »kennen Sie Schaffhausen? Dat Ding da ist ja das reinste Rinnsal im Vergleich zum deutschen Rhein.«

Im Verlaufe der Thailand-Indonesien-Reise im Oktober 1981 betreute und informierte uns ein junger Architekturstudent während der Stadtrundfahrt in Jakarta. Schlecht waren seine deutschen Sprachkenntnisse, schwach sein Wissen über das vielfältige, so außerordentlich interessante Indonesien, mangelhaft seine Fähigkeit, diese eventuell vorhandenen Kenntnisse auch per Mikrofon zu vermitteln. Höchst engagiert zeigte sich Herr Dhajammar lediglich hinsichtlich seiner persönlichen, nationalen und linkslastigen Einstellung, die gezielt und bewusst provozierend auf meine Teilnehmer wirken sollte und dies auch zur Genüge tat. Gegenüber dem chinesischen Verantwortlichen der örtlichen Reiseagentur bat ich um Ablösung dieses Studenten. Zwei Tage später während der Besichtigung der großartigen hinduistischen Tempelanlage von Prambanan in Zentral-Java wurde ich hinterrücks angerempelt und von drei jungen Männern umzingelt. Einer von ihnen hielt ein Messer in der Hand. Es war der Architekturstudent aus Jakarta, der mir 400 Kilometer nachgereist war. Der Geistesgegenwart einiger Reiseteilnehmer war es zu verdanken, dass es im Wesentlichen bei hässlichen Ausfällen seitens des jungen Mannes auf meine Person blieb und nicht zu offensichtlich beabsichtigten Tätlichkeiten kam. Herr Dhajamar war noch am gleichen Tage von der Reiseagentur aus seinen Verpflichtungen entlassen worden und empfand dies wohl als zutiefst ungerecht und sann auf Rache. Danach wurden mir von den örtlichen Behörden und der Hotelleitung zwei Sicherheitsbeamte zugeteilt, die sich ablösten bei der ständigen Bewachung meines Zimmers im Hotel Sheraton Ambarrukmo in Yogjakarta. Ich durfte das Hotel nicht mehr verlassen und war froh, endlich auf Bali und offenbar außer Gefahr zu sein.

Das Thema Raucher-Nichtraucher hatte ich schon angeschnitten. Immer häufiger habe ich in den letzten Jahren erlebt, wie außerordentlich wichtig diese Frage für Reisende geworden ist. Bei Reisen mit besonders vielen und langen Busfahrten wie in Alaska und Kanada kann es zu erheblichen Schwierigkeiten kommen. Obwohl in solchen Fällen der hintere Teil des Busses als Raucherabteil deklariert wird und zusätzliche Raucherpausen eingelegt werden, kann es häufig zu Auseinandersetzungen, zu unerfreulichen Szenen mit Vertretern aus beiden Lagern kommen. Auf der Westkanadareise Ende Mai 1982 war es das Raucher-Ehepaar Huppert aus Saarbrücken, das im Verlaufe der langen Busfahrten von Vancouver nach Jasper und Banff bereits ab Hellsgate, also nach etwa drei Stunden Fahrt, den Bus verließ und mit einem Leihwagen die ganze Strecke, zirka 2.800 Kilometer, hinter dem Bus herfuhr.

Die hohen Kosten dafür wurden unverzüglich nach Rückkehr beim Veranstalter geltend gemacht.

Zuvor hatte Herr Spohn während der Stadtrundfahrt in Vancouver schon Bus und Gruppe verlassen, weil er diese herrliche Stadt während der Fahrt aus dem Frontfenster heraus zu filmen wünschte und es gewohnt war, dabei stets eine Lord Extra im Mundwinkel zu haben. Er war nach eigenen Worten Kettenraucher, musste diesen Posten schließlich aber nach massiven Protesten anderer Reiseteilnehmer verlassen. Auf der erwähnten großen Ausflugsfahrt durch die Nationalparks verzichtete er aufs Filmen und saß in der letzten Sitzplatzreihe, rauchend und unentwegt schimpfend. Er versicherte glaubhaft, nie mehr mit diesem Veranstalter reisen zu wollen.

Sein exzessives Rauchen auf den hinteren Reihen veranlasste nun aber das Nichtraucher-Ehepaar Dr. Milau ab Jasper angesichts des unerträglichen Rauches ein weiteres gemeinsames Reisen abzulehnen und ihrerseits in einem Leihwagen mit Fahrer Reiseroute und Gruppe zu folgen. Die Fotostopps waren noch die gleichen, ansonsten waren wir geschiedene Leute. Entgangene Informationen und erheblich getrübte – weil verrauchte – Urlaubsfreuden wurden als Grund dafür angegeben, den gesamten Reisepreis zurückfordern zu müssen.

Ehepaar Lehmann aus Berlin hatte die Reise »Polynesische Inselwelt« im Sommer 1982 unter der Bedingung gebucht und angetreten, sich für eine sogenannte Raucher-Reise angemeldet zu haben. Dazu gehörte für sie das Recht, ohne Rücksicht auf Mitreisende zu rauchen, so oft und wann immer sie wollten – im Flugzeug, bei Tisch, bei Ausflugsfahrten. Von den Schwierigkeiten im Flugzeug hatte ich schon gesprochen, von der Verfahrensweise lehmannschen Postkartenversands gleichfalls. Bei Tisch interessierte sie nicht im Geringsten, ob Raucher oder Nichtraucher mit am Tisch saßen, im Bus bestanden sie darauf, vorne zu sitzen. Dem Umstand, dass sie bei Pausen erst dann wieder zu rauchen begannen, wenn sie ihre Plätze im Bus eingenommen hatten und die Kippenreste überall dort hinwarfen, wo sie sich gerade aufhielten, war es zu verdanken, dass in Rotorua in Neuseeland der Fahrer des Busses eine Weiterfahrt ablehnte.

Da es auf gleicher Reise Mitreisende gab, Frau Dr. Bahn aus Stuttgart und Ehepaar Dr. Bock aus Roßdorf bei Darmstadt, Akademiker und Mediziner, die ständiges Rauchen für notwendig und auch für Nichtraucher zumutbar hielten, kam es in Rotorua fast zu Handgreiflichkeiten zwischen ihnen und anderen Mitfahrern, Rauchern wie Nichtrauchern, und zu Beschimpfungen des hilfsbereiten und freundlichen Fahrers. »Der ist nicht sauber«, so Herr Dr. Bock. »Bekloppt wie alle Fahrer«, so Herr Lehmann. Die Bitte von Herrn Müller aus Bürstadt, auf den Busfahrten dann doch wenigstens auf Michael, seinen zehnjährigen Sohn, Rücksicht zu nehmen, wurde von Herrn Lehmann abgeschmettert: »Dat Sie ein Kind haben und dat noch mit auf die Reise nehmen, ist einzig und allein Ihr Problem, auch von Ihnen lasse ich mich nicht erpressen.« Die Busfahrt konnte erst mit erheblicher Verspätung fortgesetzt werden. Raucher und Nichtraucher mieden sich fortan, grüßten sich nicht mehr und sprachen nicht mehr miteinander. Der Veranstalter erhielt von Herrn Lehmann nach Rückkehr einen Brief, in dem dieser auf die fehlende Toleranz der anderen Reisegäste und die nicht erkennbare Bereitschaft des Reiseleiters verwies, ihnen zu ihrem Recht zu verhelfen. Neuseeland könne man sowieso vergessen und sich bei solchen Fahrern schenken und er wisse Mittel und Wege, diese Missstände publik zu machen.

Herr Dr. Ufer, der sich als ein im Ruhestand befindlicher Mitbürger in einen kleinen Ort im Tessin zurückgezogen hatte, vermochte an der Indien-Nepal-Reise im November 1981 nichts zu erkennen, was seinen Vorstellungen und Erwartungen entsprach: Reiseprogramm, Hotels, Busse, Straßen, Sehenswürdigkeiten, Wetterbedingungen und Mahlzeiten waren Gegenstand heftigster Kritik, Besichtigungen und Freizeit stets zu kurz bemessen. Dass gerade diese Reise auch mit außerplanmäßigen Begebenheiten verbunden war wie Verspätungen, Ausfall und Überbuchung von Flügen und außerdem eine Reihe von unbeholfenen, schwierigen, wunderlichen und »sprachbehinderten« Landsleuten zu den Teilnehmern zählte, wie zum Teil geschildert, veranlasste schließlich Dr. Ufer zu einem 65-seitigen Reklamationsschreiben an die Saarbrücker

Zeitung, den Veranstalter und an mich und war der Anfang einer ausführlichen Korrespondenz, die sich über ein Jahr hinzog. Dass es zu Überbuchungen, zu Verspätungen, zu technischen Pannen, zu Unregelmäßigkeiten und zu Programmänderungen auf solchen Reisen kommen kann aufgrund von höherer Gewalt wie Streiks und Witterungseinflüssen, ist für alle verständlich und einleuchtend. Nur betroffen möchte niemand sein. Die Erwartungshaltung und die Reaktionen der Mitreisenden in solchen Fällen könnten allein schon ein ganzes Buch füllen.

Anlässlich eines Air-India-Pilotenstreiks am 7. Januar 1996 saß ich am Flughafen Trivandrum im Süden Indiens fest. Die in Indien übliche und geforderte Rückbestätigung des Fluges nach Bombay und weiter nach Frankfurt war zwei Tage zuvor erfolgt. Umständlich wurden Flugscheinnummer, Ausstellungsort und Ausstellungsdatum schriftlich festgelegt, das ordnungsgemäße Vorhandensein der Flugcoupons, die eingetragenen Flugnummern, die Zeiten und der Buchungsstatus überprüft. Passnummer, Ausstellungsort und Datum, Visa-Nummer, Gültigkeit, wiederum Ausstellungsort und Datum wurden festgehalten. Und sehr sorgfältig und akribisch wurde alles notiert, einschließlich Telefon- und Faxnummer, wo ich zu erreichen sei, falls etwas dazwischenkommen sollte. Gehört habe ich indes nichts wieder, bis zu jenem Sonntagmorgen, als ich bei der Abfertigung am Air-India-Schalter von erwähntem Streik erfuhr. Mein Einwand, dass ich mit erheblichen Problemen konfrontiert würde, wenn ich nicht pünktlich nach Frankfurt zurückkehrte, entgegnete der Angestellte achselzuckend: »Sie haben Probleme, ich habe Probleme, alle haben Probleme. Und dass wir Sie nicht angerufen haben in Kovalam Beach, liegt daran, dass das einzige Telefon hier meistens nicht funktioniert.« Es waren nur einige wenige Fluggäste, die für den Flug nach Bombay vorgesehen waren. Aber es erschien einige mehr zum einfachen südindischen Mittagessen, zu dem Air India mittels eines Gutscheines einlud – Polizisten, Sicherheitsbeamte und sonstige Bedienstete des Flughafens in stattlicher Zahl ließen es sich schmecken.

Bereits bei Ankunft am Neujahrstag war es »uneben« gewesen. Der Abholer der örtlichen Agentur war nicht auszumachen inmitten des

Schilderwaldes und so hatte ich für den Transfer zu dem etwa 20 Kilometer entfernten Hotel selbst aufzukommen. Bei der Rückfrage am nächsten Tag erhielt ich die entwaffnende Antwort: »Beim nächsten Mal bringen Sie doch bitte ein großes Schild mit, auf dem Ihr Name in Großbuchstaben geschrieben steht.« Letztendlich konnte ich nach 14-stündiger Wartezeit mit einer anderen Fluggesellschaft Trivandrum verlassen.

Frau Haase war Teilnehmerin der Reisegruppe einer Volksbank Ende September 1995 nach Hawaii-Neuseeland und zu den Fiji-Inseln. Damit der Heimflug nicht zu einer Strapaze für die Reisenden wurde, war Los Angeles als zweitägiger Zwischenstopp vorgesehen. Frau Haase, 1914 im bischöflichen Palais in Danzig geboren und dort auch zur Schule gegangen, hatte viel durchmachen müssen bis zu ihrer Vertreibung im Jahre 1945, vermutlich auch, weil sie bis zuletzt, bis heute, an deutschem Kultur- und Gedankengut unerbittlich festhielt. Ihr waren Toleranz, Respekt und Verständnis für Andersdenkende abhandengekommen. Aber sie erwartete bei ihren zahlreichen Reisen, dass Mitreisende, vor allem der Reiseleiter, diese Tugenden ihr gegenüber aufbrachten. Mehr noch, Hilfsbereitschaft und Rücksicht auf ihre Gesinnung, vielleicht auch auf ihr Alter, waren Selbstverständlichkeiten. Das ging so weit, dass ich allmorgendlich beim Frühstück den Platz zu suchen hatte, den sie sich vorher selbst ausgesucht hatte oder der ihr von der Bedienung zugewiesen worden war und den sie bei der Rückkehr vom Frühstücksbüfett einfach nicht wiederfand. Eigenartigerweise hatte sie nicht die geringsten Probleme, mich jeweils zu diesem Zwecke aufzuspüren, auch wenn ich am anderen Ende des riesigen Frühstücksraumes saß. Fehlten Messer oder Gabel, und das war bei ihr mit schrecklicher Regelmäßigkeit der Fall, dann hatte ich sie zu besorgen. Selbst die Bedienung zu bitten, kam ihr nicht in den Sinn. Wozu war ich eigentlich und schließlich Reiseleiter?

Herr Wussow hatte auf der großen 10.000-D-Mark-Südseereise im Sommer 1975 Grund genug – wie alle anderen auch – betrübt zu sein über das Wetter in und auf Tahiti. Heftiger und für diese Breiten ungewöhnlich lang anhaltender Regen erlaubte kein Weiterfahren und ich entschied mich daher gegen Mittag für einen längeren Halt in einem Restaurant direkt am Wasser auf halbem Wege zwischen Venus-Punkt und Tahiti-Iti. Um die Reiseteilnehmer bei Laune zu halten, spendierte ich auf Kosten des Veranstalters zwei Runden Rotwein. Und Herr Wussow kam zu mir: »Bitte, könnte ich stattdessen ne Suppe haben?«

Höhere Gewalt war auch die Ursache für die Programmänderung der Südseereise zu Ostern 1979: Bereits bei der ersten Station nach Ankunft in San Francisco war eine planmäßige Weiterreise nicht mehr gegeben. Der gebuchte Flug nach Hawaii fiel einem Streik des fliegenden Personals der United Airlines zum Opfer, ein Streikende war nicht abzusehen, die anderen Fluggesellschaften, die die gleiche Strecke beflogen, erklärten sich solidarisch und waren auf längere Zeit »ausgebucht«, wie es hieß, oder gaben unumwunden zu, aus bekannten Gründen keine United-Airlines-Passagiere zu befördern trotz freier Sitzplatzkapazitäten. Dazu Herr Rektor Doffmann aus Offenbach: »Sie sind jetzt verpflichtet, uns bei Laune zu halten. Nach dem neuen Reisegesetz kann der Veranstalter auch in solchen Fällen von dem Reisenden, also auch von mir, haftbar gemacht werden. Am besten, Sie geben erst mal einen aus, besorgen uns einen Bus, mit dem wir Ausflüge unternehmen können und kümmern sich schleunigst darum, dass wir weiterkommen.«

Das Hotel in San Francisco hatte mich bereits wissen lassen, dass ein längerer Aufenthalt als ursprünglich gebucht nicht infrage kommen konnte, weil keine Zimmer zur Verfügung standen, die Situation in anderen Hotels der Stadt war ähnlich. Schließlich gelang es mir, die komplizierten Flugscheine über Los Angeles nach Papeete umschreiben zu lassen unter Umgehung Hawaiis und Streichung des dort vorgesehenen dreitägigen Aufenthaltes. Drei Tage verbrachten wir in San Francisco, einen zusätzlichen Tag in Los Angeles und danach »stachen wir endlich in die Südsee« und waren nach einer Woche mit Umbuchungen, Improvisieren, Umstellen, Umorganisieren in Suva, Fiji, endlich wieder auf der ursprünglich vorgesehenen Reiseroute.

Für die enormen zusätzlichen Kosten in San Francisco und Los Angeles interessierten sich die Teilnehmer dieser Gruppe nicht. Meine Reisekasse war restlos aufgebraucht und ich musste mir vom Veranstalter Geld nach Tahiti nachschicken lassen. Unzählige Telefonate und Telexe nach Deutschland waren notwendig geworden, viele Bus- und Taxifahrten und etliche Kilometer Fußmarsch erforderlich, mit zwei bis drei Stunden Schlaf pro Nacht musste ich notgedrungen auskommen. Schmiergelder in jeder Höhe waren aus meiner Tasche geflossen. Und der nicht stattgefundene Aufenthalt auf Hawaii musste vom Veranstalter außerdem bezahlt werden.

Rektor Doffmann schrieb nach Rückkehr an den Veranstalter: »Ich mache Sie regresspflichtig für den vorgesehenen und nicht zustande gekommenen Aufenthalt auf Hawaii und schlage vor, unter Vermeidung gerichtlicher Schritte, dass Sie mir umgehend 750 DM als Kulanzregelung auf mein angegebenes Bankkonto überweisen. Außerdem erwarte ich Ihren Vorschlag, wie Sie mir und in welcher Höhe den Aufenthalt in San Francisco ›spürbar‹ vergüten wollen, da der Reiseleiter diese Zeit wohl als Freizeit ansah und sich nicht im Geringsten um uns kümmerte.«

Auf der Mexiko-Guatemala-Reise zu Ostern 1973 hatte Pan American Airlines, die »erfahrenste Fluggesellschaft der Welt« und zugleich auch eine der größten, den gebuchten Linienflug von Mexico-City nach Guatemala-City aus technischen Gründen ausfallen lassen. Der nächstmögliche Flug war am übernächsten Tag auf dieser Strecke und hatte nach neuestem Buchungsstand noch vier Plätze frei, 48 Plätze aber waren erforderlich. Um alle Teilnehmer auf den Weg zu bringen, hätte ich eine Woche benötigt und einen Umweg über Miami, Florida, in Kauf nehmen müssen. So entschied ich mich für die Fahrt auf dem Landwege. Zehn Mitreisende brachen die Reise ab und verbrachten stattdessen noch ein paar Tage Urlaub in Florida und ich fuhr mit 38 Personen los. Viel Glück hatte ich bei der Buswahl, ein großer, funkelnagelneuer Bus stand zur Verfügung, der mexikanische Fahrer war mit Recht stolz darauf. Kurz vor Mitternacht, am Golf von Tehuantepec, war die anstrengende Fahrt zu Ende – ein unbeschreiblicher Lärm, ein Quietschen, Knirschen, Pfeifen, Bersten und der Bus stand mit einem Ruck mitten in einem stockfinsteren Tunnel. Es gab kein Vorwärts und kein Rückwärts mehr, der Bus saß fest wie in einer Falle. Bis zu diesem Tage hatte noch nie ein großer, neuer Bus dieses Kalibers versucht, jenen älteren, südmexikanischen Tunnel zu durchfahren. Trotz der Dunkelheit sah ich das schreckensbleiche Gesicht des Fahrers, der zunächst ratlos schien, sich dann aber auf den Weg machte, um Hilfe zu holen, wie er sagte. Er ist nie mehr aufgetaucht, hatte sich aus dem Staub gemacht, weil er Konsequenzen seitens des Busunternehmers fürchtete.

Es vergingen zwei volle Tage, bis ich mit den letzten Teilnehmern per Anhalter auf den Kartoffelsäcken eines überladenen guatemaltekischen Lastwagens die Stadtgrenze von Guatemala-City erreichte. Und auch besagte Fluggesellschaft hat sich »aus dem Staub gemacht«, es gibt sie seit einiger Zeit nicht mehr.

Guatemala ist ein schönes, landschaftlich reizvolles Land, das einen hohen Anteil von Indios an seiner Gesamtbevölkerung hat und Fremden den Eindruck von Ursprünglichkeit, von Unberührtheit vermittelt. Und obwohl in allen Reiserouten der Reiseveranstalter nahezu die gleichen Sehenswürdigkeiten zu finden sind – Markt in Chichicastenango, Atitlan-See mit Santiago de Atitlan, Antigua, Guatemala-City und, oft fakultativ, Ausflug in die Maya-Stadt Tikal –, ist dieses Land beliebt bei Reiseleitern und Reiseteilnehmern gleichermaßen – und seit Weihnachten 1981 gefürchtet: Die Gruppe eines Kollegen wurde auf dem Wege zum sonntäglichen Markt in Chichicastenango auf freier Strecke und am helllichten Tage von einer Horde guatemaltekischer Männer, die schwer bewaffnet waren, gestoppt und aufgefordert, nach Herausgabe aller Wertsachen und Pässe unverzüglich umzukehren. Der Reiseleiter wehrte sich, hauptsächlich der Pässe wegen, und wurde niedergeschossen. Die Gruppe kehrte wohlbehalten nach Guatemala-City und mithilfe der deutschen Botschaft nach Frankfurt zurück. Der Reiseleiter verbrachte noch zwei Monate in der Klinik in Guatemala-City.

Empfindlich gehandikapt kehrte Oberstudienrat Haffinghoff von einem abendlichen »Ausflug« in Bogota anlässlich der Südamerikareise im Oktober 1974 in das Hotel Tequendama zurück. Er hatte den in einem kurzen vertraulichen Gespräch mit der örtlichen Reiseagentur als einen Hort besonders hübscher Kolumbianerinnen gepriesenen »Club 83« besucht und lediglich in Socken und Unterzeug gekleidet den Rückzug antreten müssen. Besuchte Dame war weder bereit, sich ihm weiterhin »hinzugeben«, noch seine Kleidungsstücke wieder herauszugeben. Nachforschungen auf dem morgendlichen Markt am nächsten Tag blieben erfolglos.

Nach diesem Missgeschick handelte er etwas voreilig bei Ankunft an den Iguassu-Wasserfällen. Eine aufziehende Wolkenwand hinderte ihn nicht, den Fällen einen ersten Besuch abzustatten. Er schaffte den Rückweg zum Hotel nicht mehr rechtzeitig. Der starke Tropenguss ließ ihm das Wasser förmlich aus den Hosenbeinen laufen und eine, von seinen Wildlederschuhen herrührende, leicht bräunlich gefärbte Wasserspur markierte seinen Weg zum Zimmer, in das er sich zurückzog. Es waren die letzten Schuhe und die letzte Hose, die er besaß. An dem für den Nachmittag und bei strahlendem Sonnenschein für die Gruppe festgesetzten Ausflug zu den Wasserfällen nahm er dennoch teil, barfuß und in seinen hellblau gestreiften Schlafanzug gekleidet.

Mit einem gehörigen Schrecken für die Teilnehmer verbunden war die Galapagosreise Ostern 1978 während eines eintägigen Aufenthaltes in Panama. Nach Besichtigung des Panama-Kanals kehrten wir zum Flughafen zurück, um weiterzufliegen nach Quito. Der Start des Fluges wurde abgebrochen, die Maschine weit außerhalb des Terminals auf einer Sicherheitsposition abgestellt und die Passagiere aufgefordert, ohne Handgepäck und einer nach dem anderen das Flugzeug zu verlassen. Sieben Stunden verbrachten wir bei großer Hitze am Rande des Flughafens, ehe mit einer anderen Maschine und einer anderen Gesellschaft weitergeflogen werden konnte. Während des unfreiwilligen Aufenthaltes war keine Auskunft zu erhalten über den Grund der Verzögerung. Auf dem verspäteten Weiterflug erfuhren wir es über den Bordlautsprecher: Eine Bombendrohung hatte Bombenalarm ausgelöst.

Unangenehm in Erinnerung geblieben ist Herrn Pfeilschifter aus Feucht bei Nürnberg sicher die Fernostreise Weihnachten 1980. Dass alle Hotels auf Bali über Weihnachten und Silvester stets ausgebucht und zuweilen überbucht sind, bekam auch meine Gruppe zu spüren: Das Hotel Oberoi konnte nicht alle meine Schäfchen unterbringen und bot als Ersatz zwei abseits gelegene Personalunterkünfte an. Der junge und verständnisvolle Herr Pfeilschifter akzeptierte und wurde dafür bestraft: Trotz des Vorhandenseins uniformierter Sicherheitsbeamter stahl man ihm Geld, Pass, Flugschein und Kameraausrüstung. Während er schlief, war man durch das Fenster in das zu ebener Erde gelegene Zimmer gestiegen.

Ganz ungewöhnlich auch die Südseereise Weihnachten 1970, die für den Reiseleiter bereits bei der ersten Anlaufstation, nämlich Singapur, zu Ende war und den ich abzulösen hatte. Herr Eifinger, so hieß er, fuhr am ersten Abend mit einem Taxi und einigen Teilnehmern zum Raffles-Hotel, um im Garten dieses altehrwürdigen Hotels den typischen »Singapur-Sling« zu genießen und klemmte sich beim Aussteigen empfindlich den Daumen in der Tür des Taxis. Herr Eifinger war Frühaufsteher, dennoch fehlte er beim Frühstück und bei der auf 9 Uhr festgelegten Stadtrundfahrt: Nach ärztlichem Befund war Herr Eifinger gegen 5 Uhr morgens an den Folgen einer Blutvergiftung verstorben.

Auch ungewöhnlich und entsetzlich tragisch endete die USA-Reise nach Florida und Kalifornien im Herbst 1970 für die Teilnehmer aus Darmstadt und Essen, die sich, gewissermaßen als Abschluss der Reise, einen Ausflug nach Las Vegas und einen Rundflug in einem kleinen Flugzeug über dem Grand Canyon leisteten. Die Rückkehr der vier Lehrer erfolgte nie. Erst drei Tage später fand man die Überreste der zerschellten Maschine in einem abgelegenen, schwer zugänglichen Seitental.

Es gibt Mitreisende, die heimatliche Bande von unterwegs aus täglich pflegen oder Liebgewonnenes in guter Obhut wissen wollen. So schickte Frau Eleonore Hansen aus Kiel auf der großen Indien-Rundreise im

März 1989 täglich ein Fax nach Hause und gab nochmals den genauen Speiseplan für den in Pflege gegebenen Dackel durch. Nie fehlte der wichtige Zusatz: »Bitte Zähneputzen nicht vergessen.«

Frau Wilma Jaskowiak war auf gleicher Reise eigentlich vom ersten Tage an gedanklich bei vertrauten Gewohnheiten in Mannheim. Es war ihr anzusehen, dass gutes und häufiges Essen einen extrem hohen Stellenwert bei ihr besaß. So erzählte sie fast beiläufig, dass sie sich deswegen besonders freue, über Ostern wieder zu Hause zu sein, weil sie dann vorhabe, wie im vergangenen Jahr auch, zwischen 80 und 100 mittelgroße Schokoladenostereier zu verspeisen. Und eine Reise über Weihnachten komme im Jahr 1989 schon deswegen nicht infrage, weil sie sich am Heiligen Abend endlich wieder eine knusprige, mit gewürztem Hackfleisch gefüllte Gans genehmigen wolle. Diese allein zu verspeisen würde zwar einige Zeit am Heiligen Abend in Anspruch nehmen, mache ihr aber keine allzu großen Schwierigkeiten.

Noch eine Kurzgeschichte zu Indien, was übrigens für viele, die es besucht haben, zum Traumland, für andere aber zum Alptraum wurde. Die Armut und die daraus folgende Korruption bereiten zum Teil erhebliche Schwierigkeiten bei Reisen in dieses Land. Aber sind wir doch mal ehrlich – wer will es einem unterbezahlten Zöllner, Polizisten, Feuerwehrmann, vielleicht auch Flughafendirektor oder Arzt verdenken, wenn er sich nach einer Nebeneinkunft umsieht? Im September 1979 verbrachte ich mit einer Gruppe nahezu 14 Stunden am altehrwürdigen Saint-Cruz-Flughafen in Bombay. Was war geschehen? Der Flugverkehr wurde erheblich beeinträchtigt durch ein Feuer, das im internationalen Terminal ausgebrochen war. Zum Erstaunen aller hatte die mit einem Großaufgebot anrückende Feuerwehr – man sprach von 250 bis 400 Mann – erhebliche Schwierigkeiten, den Brand zu löschen. Wie nachher zu erfahren war, hatte die Feuerwehr zunächst den »eigenen Brand« gelöscht und im Flughafenrestaurant sämtliche Bier- und Sandwichvorräte vertilgt, ehe sie den sogenannten Duty-free-Shops zu Leibe rückte und dort konfiszierte, was nicht niet- und nagelfest war. Erst dann rückte man dem eigentlichen Brand zu Leibe, feuchtfröhlich versteht

## Düsen-Englisch

Im internationalen Luftverkehr ist Englisch neben der Sprache der Luftfahrt betreibenden Länder die Verkehrssprache Nummer 2.

Internationale Flughäfen (nicht unbedingt solche für den Inlandverkehr) geben Hinweise daher auch in englischer Sprache.

Nachstehend die wichtigsten Vokabeln aus diesem Düsen-Englisch.

| | |
|---|---|
| Airport | Flughafen |
| Arrival | Ankunft |
| Baggage | Gepäck |
| Baggage-claim | Gepäckausgabe |
| Baggage-tag | Gepäckanhänger |
| Boarding-card | Einsteig-Karte |
| Check-in | Passagierabfertigung |
| Check-in-time | Uhrzeit für die Meldung zur Abfertigung |
| Connection flight | Anschlußflug |
| Counter | Schalter |
| Crew only | Nur für Besatzung |
| Customs | Zoll |
| Delay | Verspätung |
| Departure | Abflug |
| Destination | Zielflughafen |
| Disembarkation | Aussteigen der Passagiere |
| Domestic flight | Inlandflug |
| Duty free | Zollfrei |
| Embarkation | Einsteigen ins Flugzeug |
| Fare | Tarif, Preis |
| Flight-number | Flug-Nummer |
| Gate | Warteraum, Abrufraum |
| Local time | Ortszeit |
| Message | Nachricht |
| Passenger | Passagier |
| Schedule | Flugplan |
| Seat-belt | Anschnallgurt |
| Stand-by | Warteliste |
| Take-off | Start |
| Terminal | Abfertigungsgebäude |
| Ticket | Flugschein |
| Time of departure | Abflugzeit |
| Transfer | Umsteigen |

sich, allerdings zu spät, um das völlige Niederbrennen dieses Gebäudeteiles zu verhindern. Wie in der »Times of India« später zu lesen war, machte dieses Beispiel sehr schnell Schule. Am Flughafen Dum-Dum in Kalkutta sollen Feuerwehrleute dabei ertappt worden sein, wie sie Feuer legten, um dann in der bewährten Art ihrer Kollegen in Bombay ihre Nebeneinkünfte zu verbessern.

Der Veranstalter geht davon aus, dass – zumindest bei Drucklegung des Programms – überall strahlend schönes Wetter herrscht. Bei der Ausschreibung der Alaska-Kanada-Reise liest sich das dann so: Unvergessliche Eindrücke werden Ihnen beim Überfliegen Grönlands geboten. Der Flug über die Eislandschaften und über Alaska gehört bereits zu den großen Erlebnissen. Flug in die unberührte Gletscherwelt der Glacier-Bay, die auch zum National-Monument erklärt wurde. Gemeinsamer Ausflug zum traumhaft schönen Maligne-See und die Möglichkeit, an einer Bootsfahrt teilzunehmen. Fahrt zum Athabasca-Gletscher, der Teil des Columbia-Eisfeldes ist. Über den Sunwapta-Pass zum Lake Louise und Moraine-Lake. Gondelfahrt zum Sulphur Mountain mit Panorama-Blick in Banff und Fahrt zum Emerald-See.

Bei meiner zum Teil beschriebenen Alaska-Kanada-Reise im Sommer 1974 war weder von Grönland noch von Alaska etwas zu sehen. Eine dicke, zusammenhängende Wolkendecke während der gesamten Dauer des Fluges machte es uns unmöglich, auch nur einen einzigen Blick nach unten zu werfen. In Anchorage regnete es in Strömen und der Flug in die unberührte Gletscherwelt der Glacier-Bay musste aus Witterungsgründen ausfallen. Einige Teilnehmer bestanden auf sofortige Erstattung des entgangenen »Gletschervergnügens«, andere sprachen von »Verdummung« seitens des Veranstalters. Ein vorgeschlagener und von allen akzeptierter Ausflug von Skagway aus in die unberührte Waldlandschaft bei leider ständigem Nieselregen, den Hinweg mit Kleinbussen zurückzulegen und den Rückweg, etwa 22 Kilometer, zu Fuß zu gehen, trug eindeutig nicht dazu bei, die Stimmung zu heben. Alle Teilnehmer saßen ab 16 Uhr wieder beisammen, schlecht gelaunt, durchnässt, durchfroren und zum Teil erschöpft in dem einzigen größeren Raum des kleinen Hotels in Skagway, sprachen kein Wort miteinander, sehnten das Ende des Tages und des Regens herbei – und verwünschten den Reiseleiter.

Ähnlich erging es mir bei meiner Westkanadareise Ende Mai 1982, es war weder von Grönland noch vom Norden Kanadas etwas zu sehen. Bei der unmittelbar folgenden zweiten Westkanadareise Anfang Juli 1982 herrschte strahlend schönes Wetter, nur musste das Programm aus flugtechnischen Gründen gänzlich umgestellt werden. Die Gruppe flog zunächst nach Toronto und von da aus weiter nach Vancouver und begann dort die eigentliche Reise, also kein Grönland und auch keine Eislandschaften.

Eis und Schnee hatten wir dagegen in Jasper und Banff. Die Gondelfahrt auf den Sulphur Mountain musste ausfallen und daher auch der Panorama-Blick. Und die Straße zum Emerald-See war aufgrund von Schneeverwehungen gesperrt. Zuvor musste bereits die Fahrt zum Athabasca-Gletscher und auf dem Columbia-Eisfeld zwischen Jasper- und Banff-Nationalpark gelegen, damals mit Kettenfahrzeugen und heutzutage mit eigens dafür konstruierten Spezialfahrzeugen, den sogenannten Snow-mobiles, aus Witterungsgründen abgesagt werden, gleichfalls der fakultativ angebotene Flug in die Gletscherwelt des Columbia-Eisfeldes. Die Fahrt am Tage zuvor in Jasper zum und auf dem Maligne-See konnte nicht stattfinden, weil der See noch zugefroren war, desgleichen der Lake Louise, der Sunwapta-Pass war unpassierbar und der Lake Moraine war nach vorsichtigen Schätzungen der hier angetroffenen Kanadier erst in etwa vier Wochen zu erreichen, große Mengen noch vorhandenen Schnees waren die Ursache. Sechs Mitreisende stellten nach Rückkehr Schadensersatzansprüche an den Veranstalter wegen ungenügender Vorbereitung der Reise, übrigens der ersten Westkanadareise, und mangelnder Sorgfaltspflicht vor allem im Hinblick auf die gewählte Reisezeit.

Jetzt alles aufzuzählen, was auf solchen Reisen aufgrund von Witterungseinflüssen ausfallen, umgeändert werden musste, abwich vom eigentlichen Programm, ist nicht meine Absicht und kann auch nicht umgesetzt werden. Vielmehr sollte dies auf einige Beispiele beschränkt bleiben, die möglicherweise auf Versäumnisse des Veranstalters zurückzuführen sind, aber dennoch zuweilen unverständliche Reaktionen der Reisenden hervorrufen.

Die Bahnfahrt von Guayaquil nach Quito zählt zu den interessantesten auf dem südamerikanischen Kontinent und beginnt auf der Straße der Vulkane, unter ihnen der Chimborazo und der Cotopaxi, die man sehen kann – so ist es im Programm der Südamerikareise zu lesen. So oft ich diese Strecke fuhr, oder besser, fahren wollte, so oft musste die Bahnfahrt aus Witterungsgründen abgesagt werden, Erdrutsche, Unterspülung oder Überschwemmung des Bahndammes waren die Gründe, bis auf eine einzige Ausnahme. Bei der Südamerikareise 1974/75 zur Jahreswende schien es zu klappen. Doch der Streik der ecuadorianischen Bahnarbeiter verhinderte auch dieses Mal die unvergessliche

Bahnfahrt und wir mussten mit geliehenen VW-Transportern der deutschen Schule in Guayaquil eine unbeschreiblich lange und schwierige Fahrt nach Quito in Kauf nehmen.

Am Morgen herrlicher Flug über die Hochanden von Lima nach Cuzco, der alten Hauptstadt des Inka-Reiches. Fortsetzung der Reise mit der Andenbahn durch das Kordillerenhochland, vorbei am Vilcanota-Tal und Stationen, an denen Quechua-Indianer ihre Handarbeiten anbieten – so steht es weiter im Südamerikaprogramm. Wer schon mal mit der Andenbahn, mit Flugzeugen, mit Bussen, mit was auch immer in und durch Südamerika gereist ist, weiß, dass es zu den Alltäglichkeiten gehört, dass der vorgesehene Fahrplan nicht eingehalten wird, der Flug ausfällt, der Bus kaputtgeht, die Bahn nicht verkehrt. Cuzco, die alte Inka-Hauptstadt, gehört zu den regenreichsten Gegenden Perus und bei der Südamerikareise im Oktober 1974 war der Flugverkehr für die Dauer von acht Tagen eingestellt, die Fahrt auf dem Landwege von Cuzco nach Lima dauert gut drei und bei diesem Wetter mindestens vier Tage. Hunderte von Touristen versuchten vergeblich, die Stadt in Richtung Lima zu verlassen und nächtigten auf Straßen, Plätzen, in Fluren, Speisesälen und Empfangshallen der Hotels, in Schulen, Missionsstationen und peruanischen Privatwohnungen. Ich wohnte mit meiner Gruppe drei Tage in der Kathedrale und wir verließen Cuzco in Richtung Titicaca-See auf einem Lastwagen – alle 29 Personen und 33 Koffer – und erreichten nach einer Fahrt über den Altiplano nach 36 Stunden Puno am Nordende des Titicaca-Sees, fünf Tage später als geplant. Von Quechua-Indianern haben wir nichts gesehen.

Auf der Galapagosreise Ostern 1978 war die nur zweimal wöchentlich verkehrende Maschine der ecuadorianischen Fluggesellschaft Equatorial von der Insel Baltra nach Guayaquil bereits abgeflogen, weil sie vollbesetzt war und uns sowieso nicht mehr hätte mitnehmen können. Der nächste Flug sollte in drei Tagen planmäßig verkehren, war aber über Monate hinaus ausgebucht, und da es auf der Insel Baltra kein Hotel gibt und der Flughafen als Stützpunkt der ecuadorianischen Luftwaffe für Zivilisten gesperrt wird, wurde ich aufgefordert, mit meiner Gruppe das Flughafengelände unverzüglich, spätestens aber in 30 Minuten zu verlassen. Ich heuerte zwei Fischerboote an, nachdem uns zwei Armeelastwagen gegen Bezahlung zur Bootsanlegestelle gebracht hatten, wo wir die achttägige Kreuzfahrt durch die Galapagos-Inselgruppe beendet hatten. Von dort fuhren wir unserem Schiff hinterher, von dem ich wusste, dass es nach Nord-Seymour gefahren war. Dies war die mit Sicherheit einträglichste Fahrt der beiden Fischer, die sie je im Leben gemacht haben. Gegen Morgen wurden wir von der staunenden Besatzung an Bord genommen. Dank der Hilfe des Kapitäns und des Deutschen Generalkonsulats in Guayaquil gelang es uns, zwei Tage später in einer Lockheed-Electra der Armee auf das südamerikanische Festland zurückzufliegen. Wie Fallschirmspringer haben wir an den Wänden der Maschine sitzend und angeschnallt den Flug gut überstanden. Einen Tag mussten wir in Guayaquil und zwei weitere Tage in Quito warten, ehe wir über Bogota zurück nach Europa fliegen konnten. Genau eine Woche später als vorgesehen, kamen wir in Frankfurt an.

Es ist mir nicht oft, aber doch einige Male passiert, dass ich verspätet oder später als geplant zurückkehrte von einer Reise. So auch auf der großen Südseereise im Sommer 1974, wo es zu einem sechstägigen unfreiwilligen Aufenthalt in Alice Springs, Zentralaustralien, kam: Vier Jahre hatte es hier nicht geregnet und dann, während unseres Aufenthaltes, fiel alles auf einmal – Bewohner und Touristen mussten aus der Luft versorgt werden. In Goroka in Neuguinea waren es nur drei Tage, die ich wegen schlechten Wetters bei den Schlamm-Menschen im Sommer 1975 verbringen musste und nicht mehr aufholen konnte. In Neuseeland waren es zwei Tage am Taupo-See auf der Nordinsel, die im Sommer 1972 nicht programmgemäß waren. Im Herbst 1961 erwischte es mich bei einer Zwischenlandung auf dem Weg nach Hause. Ohne Angaben von Gründen wurden alle Passagiere des planmäßigen Linienfluges in Bagdad aufgefordert, die Maschine zu verlassen und sich einer Cholera-Impfung und Wiederimpfung zu unterziehen, die ich genauso wie viele andere Passagiere besaß, was aber niemanden interessierte. Eine Woche und einen Tag verbrachten wir in der irakischen Quarantäne, ehe wir den Heimflug antreten durften.

Aber ich bin auch schon früher als geplant zurückgekommen – ein einziges Mal. Die 14-tägige Pakistanreise im Oktober 1963 war schon in Bahrain am Persischen Golf zu Ende, weil aus »technischen« Gründen ein Weiterkommen erst wieder in fünf Tagen möglich war und dann, gemäß eines Telexes des pakistanischen Vertragspartners, weder Unterkunft verfügbar noch andere Dienstleistungen gewährt werden könnten. Ein Flugzeug der damaligen BOAC, aus Singapur kommend, brachte uns nach London und eines der BEA nach Frankfurt, vier Tage nach Reisebeginn. Die Korrespondenz zwischen Reisenden und Veranstalter zog sich über drei Jahre hin.

Und ein Reiseteilnehmer ist einmal unfreiwillig früher als geplant zurückgekommen. Frau Schmitz aus Frankfurt – Sie haben sie bereits kennengelernt – war für die Gruppe nicht mehr tragbar und wurde von mir eine knappe Woche früher als vorgesehen zurückgeschickt. Es war das einzige Mal – bisher.

*Wer in ein Land reist, bevor er einigermaßen in dessen Sprache eingedrungen ist, sollte lieber zur Schule gehen, aber nicht auf Reisen.*

*(Francis Bacon, Über das Reisen)*

In Jogjakarta während der Indonesienreise im Sommer 1977 wurden wir von einem derart heftigen Tropenguss überrascht, dass wir fast bis zu den Knien im Wasser standen und bei herbeigerufenen Taxen die Türen zu beiden Seiten gleichzeitig öffnen mussten, damit das auf der einen Seite hereinströmende Wasser auf der anderen Seite wieder abfließen konnte. Allerdings erreichte keiner der Wagen das Hotel, einer nach dem anderen »ersoff« auf dem Wege dorthin.

Auf dem Flug von Rangoon nach Kalkutta, Flug UB 229 mit der burmesischen Fluggesellschaft, einer Fokker-Friendship, auf der Fernostreise

Anfang Januar 1981 erlebten wir einen außergewöhnlich freundlichen Steward, von dem ich annehme, dass er der älteste noch aktive Steward überhaupt war, den ich auf meinen Reisen je erlebt habe. Aber abgesehen davon und auch von dem Umstand, dass er nur noch einen Zahn sein Eigen nennen konnte, aber stets lächelte, servierte er ein sogenanntes Sandwich, das aus der Zeit seiner Lehrjahre zu stammen schien: Rein äußerlich sah es dem Frühstücksbrot ähnlich, das Mutter uns zur Schulzeit 1951/52 mitgab, ordentlich in Pergamentpapier eingewickelt und nicht »viel drauf«, dafür aber die Brotscheiben umso dicker geschnitten. Doch ungewöhnlich hart waren diese Scheiben und an den Enden nach oben gebogen. Ungewöhnliches entdeckte auch Architekt Degel aus Ansbach beim Auspacken: Plötzlich aufgeschreckt, machte sich eine Kakerlake eiligst davon, offensichtlich ohnehin verwirrt durch die nicht alltägliche Reise. Erwähnter Steward kroch fortan während des gesamten Fluges im Gang und zwischen den Sitzen herum, um das Tier einzufangen, aber leider ohne Erfolg. Mit einem Ausdruck von Bedauern bat er kurz vor der Landung in Kalkutta um Verständnis dafür, dass Kaffee oder andere Getränke aus erklärlichen Gründen hatten ausfallen müssen und dass sich jetzt bitte alle wieder anschnallen mögen, die Rückenlehnen senkrecht stellen und das Nichtraucher-Zeichen beachten sollten. Und er bat nochmals um Entschuldigung, dass die Suche erfolglos geblieben war.

Natürlich ist es bedauerlich, auf Reisen angekündigte Sehenswürdigkeiten wie Berge in Mexiko nicht sehen zu können. Nicht nur der Chimborazo und der Cotopaxi in Ecuador sind selten zu sehen, auch der Popocatepetl in Mexiko, der Denali in Alaska oder der Mount Robson in Kanada, der Nanga Parbat, der Kangchenzönga, das Anapurna-Massiv, der Daulagiri und der Mount Everest im Himalaya, der Mount Cook und Mount Tasman in Neuseeland, der Mount Hagen in Neuguinea und der Fuji in Japan sind bei Weitem nicht so oft und so nah und so gut zu sehen, wie in den Reiseprogrammen beschrieben und gepriesen. Es ist bedauerlich, wenn Landschaften nicht als solche erkennbar, Panoramablicke, Rundfahrten und Rundflüge, Ausblicke und Rundblicke zur Farce und Fotostopps unsinnig werden. Wenn Wasserfälle aufgehört haben zu existieren oder wenn Reiseteilnehmer, wie auf den Philippinen, ihre Boote mangels ausreichender Wassermenge und im Flussbett watend, selbst tragen müssen, weil es lange nicht geregnet hat. Oder wenn die Besichtigung des »Weltwunders« von Waitomo in Neuseeland ausfallen muss, weil der Wasserspiegel des unterirdischen Flusses wegen unglaublich heftiger Regenfälle zu hoch angestiegen ist.

Ich habe nicht nur erlebt, dass Reiseteilnehmer Ausflüge, Rundfahrten, Rundflüge, Besichtigungsfahrten entsprechend der Programmbeschreibung erstattet bekommen haben wollten, weil das Wetter unterwegs schlecht war oder sich während einer Fahrt so verschlechterte, dass sie eine Erstattung der betreffenden Fahrtkosten für angebracht hielten. Nein, ich habe auch erlebt – und es ertragen müssen –, dass bei zusätzlichen Programmvorschlägen eine Bezahlung nach Rückkehr abgelehnt wurde, weil sich die Wetterbedingungen unterwegs ungünstig entwickelten. So geschehen auf der Reise »Polynesische Inselwelt« im Sommer 1982, wo der Fakultativ-Ausflug von Tahiti zur Osterinsel rund 1.200 Mark kostete und es aufgrund des schlechten Wetters auf der Osterinsel, der Juli ist Regenzeit, von zwei Teilnehmern abgelehnt wurde, die bekannten Kosten zu zahlen. Herr Zeidler nannte mich anlässlich des Besuchs des Anthropologischen Museums in Mexico-City auf der Mexiko-Guatemala-Reise Ostern 1976 einen Mörder und lehnte die nachträgliche Bezahlung des Eintrittsgeldes ab, weil ich aus zeitlichen Gründen die Mittagspause hatte ausfallen lassen für die Gruppe. Anlass genug für seine Frau und seinen zwölfjährigen Sohn Jörg, den Museumsbesuch abzubrechen und eine Lokalität in nächster Nähe aufzusuchen, um Hunger und Durst zu stillen.

Aber es kommt auch vor, dass nicht eingeplante, nicht vorhergesehene, nicht zu erwartende, nicht bezahlte Ereignisse und Sehenswürdigkeiten eine Reise bereichern. Geschehnisse, die nicht vorhersehbar waren bei Ausschreibung und nun während der Reise eintreten. Oder die vielleicht unberücksichtigt blieben aus Unachtsamkeit seitens des Veranstalters. Jedenfalls kann dies völlig unabsichtlich oder zufällig geschehen. Zuweilen durch einen Hinweis der örtlichen Reiseagentur oder der Hotelbediensteten oder auch – manchmal – durch den Reiseleiter. Aber auch durch Menschen, die man zufällig trifft, im Flugzeug, auf Flughäfen, in Hotels, in Bars, denen man begegnet auf Plätzen, im Straßenverkehr, an Sehenswürdigkeiten.

Immer wieder werden Rundflüge im Himalaya und zum Mount Everest angeboten, um das Programm attraktiver zu gestalten. Und immer wieder müssen diese Flüge an Ort und Stelle dann wegen Schlechtwetter abgesagt werden. Ändert sich das Wetter dann kurzfristig zum Besseren, steht entweder kein Fluggerät mehr zur Verfügung oder es sind nicht genügend Interessenten vorhanden, um dies zu einem bezahlbaren Preis durchführen zu können. Bei der Fernostreise im Januar 1981 hieß es im Programm ganz lapidar: Am Spätnachmittag Weiterflug von Kathmandu nach Delhi. Der Flug RA 207 der nepalesischen Fluggesellschaft am 10. Januar mit einer Hawker-Siddeley HS 748 wird allen Teilnehmern unvergessen bleiben: Wolkenloser Himmel während des gesamten Fluges bescherte uns einen Ausblick auf den Hochhimalaya einschließlich des Mount Everest, wie er sicherlich nur selten möglich ist. Zudem tauchte die Abendsonne den westlichen Teil in ein orangerotes Licht mit unzähligen Farbabstufungen, wie sie schöner nicht hätten sein können.

Bali gehört wohl zu den Zielgebieten, wo auch heute noch mit »Programm-Bereicherungen« gerechnet werden kann. Während der Südseereise im Oktober 1971 und des Aufenthaltes dort wurden wir gleich mit mehreren solcher nicht ausgeschriebenen Programmpunkte konfrontiert: Eine bedeutende Verbrennungszeremonie für einen Angehörigen des Königshauses nahm uns einen ganzen Tag lang in Anspruch, hinterließ einen tiefen Eindruck bei den Mitreisenden und wurde später als der Höhepunkt der ganzen Reise überhaupt bezeichnet. Es war dies nicht die einzige Reise nach Bali, an der Teilnehmer einer Verbrennungszeremonie beiwohnen konnten.

Oder die zufällige Begegnung mit einer ehrwürdigen Balinesin, sie bescherte der Gruppe auf gleicher Reise eine »indonesische Reistafel«, wie sie schöner und unverfälschter nicht hätte sein können. Die Frau war die Witwe eines belgischen Malers und hatte uns zu sich in ihr Haus in das Malerdorf Ubud eingeladen.

*Die Welt ist ein Buch, von dem man nur die erste Seite gelesen hat, wenn man nur sein Land gesehen hat.*
*(Fougeret de Monbron)*

*Der kürzeste Weg zu sich selbst führt um die Welt herum.*
*(Graf Hermann Keyserling)*

Die Bereitschaft der männlichen Reiseteilnehmer der gleichen Reisegruppe, in erforderlicher Anzahl ein Fußballspiel gegen eine einheimische Mannschaft auszutragen, führte dazu, dass wir den Vorbereitungen von Tänzen und Hahnenkämpfen in zwei Dorfgemeinschaften beiwohnen konnten. Allerdings hatte dies auch zur Folge, dass seitdem bei jedem Aufenthalt auf Bali von mir erwartet wird, eine Mannschaft aus der jeweiligen Reisegruppe bilden zu können, die dann zum Spiel bereit und fähig ist. Noch im Oktober 1981 konnte ich aus dem Reservoir von rund 80 Reisegästen eine Mannschaft formen, die einen 2:0 Sieg davontrug.

Großes Glück hatte ich auch mit meiner Gruppe auf der Fernostreise 1980/81, als wir die letzten Tage des alten und die ersten Tage des neuen Jahres auf Bali verbrachten: Das nur alle 100 Jahre stattfindende und zwei Monate andauernde große Fest Eka Dasa Rudra in Besakih im Mutter-Tempel zu Füßen des heiligen Berges Gunung Agung war verlegt worden aufgrund des Vulkanausbruches und fand – völlig überraschend – während unseres Aufenthaltes statt.

Auf der Indonesienreise im Sommer 1977 musste die Inselrundfahrt auf Bali gegen Mittag unterbrochen werden, weil die Hauptstraße in einem Dorf der Schauplatz einer balinesischen Hochzeit war. Zunächst wurden nur die Fotografen der Gruppe, später alle anderen auch zum Verweilen aufgefordert. Erst spätabends erreichten wir wieder unser Hotel. Bei der Indienreise im Januar 1974 und der Polynesienreise im Sommer 1982 auf den Cook-Inseln gerieten wir in die Unabhängigkeitsfeierlichkeiten und nahmen bleibende und nicht gebuchte Eindrücke mit nach Hause. Und die Südamerikareise zu Weihnachten und Neujahr 1974/75 bescherte der Gruppe einen unvergesslichen außerplanmäßigen Aufenthalt auf einer Hazienda in Paraguay, die Mexiko-Guatemala-Reise zu Ostern 1974 einen atemberaubenden nächtlichen Anflug auf Guatemala-City, wobei der Ausbruch des »Hausvulkans« mit hinausgeschleuderter und abfließender glühender Lava aus niedriger Höhe miterlebt werden konnte.

Und nun kurz zu einem Thema, das zwar schon dran war, aber es dennoch verdient, nochmals angesprochen zu werden. Es kommt vor, dass sich männliche Reiseteilnehmer unterwegs dem anderen Geschlecht zuwenden, dem anderen einheimischen Geschlecht. Entweder durch »eine günstige Gelegenheit« oder es fest vorhaben, gewissermaßen als ein Teil ihres Reiseprogramms. Denken Sie an die Geschichten von Herrn Martin, Herrn Dr. Auter oder an Bruno aus Trier. Alternativ wenden sich die Herren aber auch an die Damen in der Reisegruppe. Ihnen ist sicherlich noch die Geschichte des Herrn Professor aus Wiesbaden in Erinnerung.

*Genieße das Leben auf der*
*Reise und ziehe hin, wo du es*
*vergnüglich findest …*

*Du kannst Dich nach Belieben*
*in der Welt umsehen: denn*
*die beste Bildung findet ein*
*gescheiter Mensch auf Reisen.*
*(Goethe, »Wilhelm Meisters Lehrjahre«)*

Aber es kommt auch vor, dass Damen aus der Gruppe auf der Suche nach Gelegenheiten sind oder zumindest Gelegenheiten gegenüber nicht abgeneigt. Zahnarzt Dr. Heinz Robert aus Willestal und seine Frau Christiane waren Teilnehmer der Südamerikareise über Weihnachten und Neujahr 1974/75 zum Zahnärztekongress in Rio de Janeiro. Weihnachten hatten wir in Lima verbracht und Silvester hielten wir uns gemäß Programm in La Paz im Hotel Excelsior auf. Dort wollten wir auch ein wenig Silvester feiern, im festlichen Rahmen, mit Abendgarderobe und bei Kerzenschein. Frau Robert hatte ein recht gewagtes Kleid an, unglaublich eng, der seitliche Schlitz war nahezu durchgehend und der Ausschnitt reichte fast bis zur Taille. Sie trank Pisco Sour in rauen Mengen und tanzte eng und viel. Nachmittags sprach sie oft von ihren drei Söhnen, jetzt von Verständnis, Aufgeschlossenheit und unkonventioneller Liebe. Ich war offensichtlich ab Mitternacht ihr Auserwählter, musste ununterbrochen mit ihr tanzen, sie wich einfach nicht mehr von meiner Seite. Legte sie einmal eine Tanzpause ein, dann strich sie ganz langsam mit ihren Fußzehen unter dem Tisch an meinem Schienbein auf und ab und schloss dabei die Augen. Schließlich ging sie zum Generalangriff über: »Heinz hat bestimmt nichts dagegen, glauben Sie mir oder fragen Sie ihn doch selbst. Sie können also jetzt beruhigt mit nach oben aufs Zimmer kommen. Oder machen Sie sich aus einer erfahrenen und sich nach Liebe sehnenden Frau nichts? Oder bin ich Ihnen etwa nicht attraktiv und jung genug?«, fragte sie rundheraus.

Frau Ursula Kurz aus St. Goar ging die Sache auf den Philippinen im Frühjahr 1980 etwas anders und ohne jegliche Vorwarnung an. Um Mitternacht herum bewaffnete sie sich einfach mit dem Zimmerschlüssel eines anderen Reiseteilnehmers, der ihr sehr zusagte, und verschwand. Im Glauben, den Schlüssel verlegt oder verloren zu haben, bemühte erwähnter Reisegast den Nachtportier des Hotels und mithilfe seines Generalschlüssels konnte die Zimmertür geöffnet werden. Und dort lag, ohne die geringste Spur von Verlegenheit zu zeigen, Frau Kurz splitternackt auf dem Bett und harrte der Dinge, die da hoffentlich kommen würden. Sie muss wohl unsere verständnislosen Gesichter bemerkt haben, denn anders war ihr Kommentar am nächsten Morgen beim Frühstück nicht zu verstehen: »Ist es denn so schwer, die Sehnsüchte und das Verlangen einer Frau zu verstehen, deren Mann davon nichts versteht und der sie zudem oft schlägt?«

Frau Merkel aus Bonn begründete ihr Verhalten auf gleicher Reise mit der Bemerkung, jeder könne auf der Reise machen, was er wolle, dies sei eine stillschweigende Absprache. Ihr Mann trinke gern einen und sie ginge eben anderen Freuden nach. In der Tat scherte sie sich wenig um ihren Mann, sonstige Reiseteilnehmer und andere Hotelgäste in Punta Baluarte. Sie badete im hoteleigenen Swimmingpool prinzipiell völlig nackt und schlenderte anschließend mit hochhackigen Schuhen bekleidet und einem Glas Gin Tonic in der Hand, zwischen den Liegestuhlreihen hin und her und prostete den männlichen Gruppenmitgliedern zwanglos zu.

Die Damen Lehmann, Köber, Müller und Kahleis aus dem Kölner Raum konnten sich auf Aruba anlässlich der Curacao-Aruba-Venezuela-Reise im Frühjahr 1981 nicht sofort einigen. Ein 18-jähriger gut gewachsener Kreole, der im Hotel als Aushilfsober beim Abschlussabend arbeitete, hatte es allen vier Damen gleichermaßen angetan. Deshalb würfelten sie um eine Runde Rumpunsch und schlossen ganz einfach den jungen Kreolen mit ein: Wer zuerst ausschied, hatte gewonnen, auch ihn. Frau Lehmann war die Glückliche. Sie schwirrte mit ihm ab und war für den Rest des Abends nicht mehr zu sehen.

Es kommt auch vor, dass Damen im Verlauf der Reise freiwillig auf ihr Einzelzimmer verzichten oder sich anboten, bei Knappheit der Einzelzimmer gern auszuhelfen, weil sie bereits einen männlichen Mitreisenden für begehrenswert ausgemacht haben. Voraussetzung ist allerdings, nicht nur Wünsche äußern zu dürfen, sondern auch deren Berücksichtigung und Realisierung. Fräulein Doris Müller aus Dillingen im Saarland gab auf der Westkanadareise im Juni 1982 als Grund dafür an, »nur« verlobt zu sein und bei der im nächsten Jahr geplanten Reise sei ohnehin »der Ofen aus«, da in zwei Monaten Hochzeit gefeiert werden würde.

*Menschen sollten ins Ausland reisen, damit sie aus eigener Anschauung erfahren, dass es überall Mut, Talente, Weisheit und Betriebsamkeit gibt, und das Vorurteil ablegen, es sei anderswo schlechter als in ihrem Vaterland.*
*(nach Diderot)*

Die 19-jährige Stefanie Kleinschmidt reiste mit ihren reizenden Eltern einen Monat zuvor durch Westkanada. Sie sei schließlich 18 und könne ihre Nächte verbringen, mit wem sie wolle, war der Kommentar der Mutter. Und Frau Claudia Altmann aus Erlangen hatte im Verlaufe der Indien-Nepal-Reise im November 1980 den örtlichen Reiseleiter für den Rest der Reise »zu sich gebeten«. »Sie versteht sich nicht mehr mit ihrem Mann«, war die Erklärung der mitreisenden Mutter. Und Fräulein Mahler und Herr Augustin mochten sich schon nach wenigen Tagen auf der Mexiko-Guatemala-Reise zu Ostern 1974. Sie gaben beide gleichzeitig ohne zunächst zwingenden Grund ihre Einzelzimmer auf und erschienen nur noch sporadisch zu Mahlzeiten. Ausflüge, Besichtigungen, Rundfahrten interessierten sie nicht mehr. Am Abschlussabend der Reise gaben sie ihre Verlobung bekannt und bei späteren Reisen traf man selten Reisegäste, die sich mehr für Sehenswürdigkeiten bei Ausflügen und Rundfahrten interessierten als Herr und Frau Augustin.

Lassen Sie mich auch Madame Latour aus Luxemburg erwähnen. Sie sprach ausgezeichnet Deutsch, legte aber außerordentlich großen Wert darauf, mit »Madame« angesprochen zu werden. Auch sie gab, wenn auch erst gegen Ende der Reise auf Aruba ihr Einzelzimmer auf, sie war gezwungen, sich ein Doppelzimmer zu nehmen, weil sie auch nachts nicht mehr auf Gesellschaft verzichten wollte. Was nachmittags und abends für jedermann sichtbar war, fand nun offensichtlich nachts seine

Fortsetzung unter Ausschluss der Öffentlichkeit. Ein 15- bis 16-jähriges bildhübsches Kreolenmädchen war es, das nach dem Austauschen von Zärtlichkeiten auf ihrem Schoße Platz nahm und das sie dann mit Einbruch der Dunkelheit in ihr Gemach »führte« oder »entführte«.

## Gen Heimat

Viele Beispiele ließen sich noch aufzählen, aber lassen Sie mich zu einem Ende kommen und zum Heimweg von einer Reise, die Phase, in der die Reiseteilnehmer in Gedanken bereits möglicherweise schon zu Hause sind.

Ich mache mir Gedanken darüber, ob ich und vielleicht auch meine Mitreisenden einen Beitrag geleistet haben, der beispielsweise negative Auswirkungen des Tourismus vermindert und zur Völkerverständigung beigetragen hat. Die meisten Teilnehmer sind nun mit jener Zeitspanne befasst, die mit dem Ende der Reise beginnt und eventuell fließend übergeht in die Phase der erneuten Reiseentscheidung für die nächste große Reise. Sie sind in Gedanken zu Hause bei ihren Geranien, den Kindern, den Nachbarn, bei ihrem Einkaufsladen, der Bank, der Stammkneipe, dem Hund, dem Sportverein, dem Briefträger. Sie wissen, dass sie nach Rückkehr von der Reise eine wichtige Multiplikatorfunktion ausüben: Sie berichten Freunden, Bekannten, Verwandten über ihre persönlichen Eindrücke, Erlebnisse und Erfahrungen, die sie im Rahmen der durchgeführten Reise gemacht haben. An Bord tauschen sie untereinander Adressen aus, erwähnen zuweilen schon ganz konkret ihre nächsten Reiseplanungen und erfragen ähnliche Absichten von Mitfahrenden und vom Reiseleiter.

Ich mache mir Gedanken darüber, ob die Reiseteilnehmerinnen und Reiseteilnehmer zufrieden sind und sich möglicherweise aufgrund der jetzt gemachten Erfahrungen zu einer weiteren Reise entschließen. Ob die zur Verfügung gestellten Kommunikations- und Informationsmöglichkeiten, die dem Reisenden nicht nur die touristischen Vorzüge der Zielgebiete nahebringen sollten, sondern auch die nicht touristische Realität und Eigenart der besuchten Länder, ausreichend waren. Ob deutlich wurde, dass der Reisende seine Freizeit, seinen Urlaub nicht nur in einer fremdartigen, faszinierenden Kultur verbracht hat, sondern gleichzeitig auch in einem andersartigen vielfach wirtschaftlich unterentwickelten Land – woraus sich sowohl Chancen für neuartige

Erfahrungen und Einsichten ergeben können als auch Probleme für den Reisenden und das Gastland. Ob erkennbar wurde, dass eine Studien- oder Bildungsreise andere Anforderungen an den Reisenden stellt, zum Beispiel bezüglich der touristischen Verhaltensweisen, als ein Erholungs- und Badeurlaub nach Italien, Mallorca oder sonst wohin. Und ob es mir gelungen ist, die kulturelle Andersartigkeit und interessante Alltagsrealität der besuchten Länder positiv hervorzuheben, gängige Vorurteile und Klischees zu korrigieren. Ob genügend über die sozialen und politischen Realitäten mitgeteilt wurde und ob die Reiseteilnehmerinnen und Reiseteilnehmer aus eigener Anschauung ausreichend über die Lebensbedingungen der einheimischen Bevölkerung der betreffenden Länder erfahren haben trotz internationaler Hotels ohne landestypischer Atmosphäre beispielsweise. Ob sie den »richtigen« Eindruck bekommen haben im Rahmen des Programms und der vorgegebenen, oft arg begrenzten Zeit. Und ich befasse mich an Bord mit Reiseabrechnung und Reisebericht, mit Änderungs- und Verbesserungsvorschlägen, mit Prospekten und Belegen und versuche weiterhin, mich mit den Fragen, Anliegen, Ansichten, Urteilen und Vorurteilen der Reiseteilnehmer auseinanderzusetzen.

Dies ist auch die Phase der Reise, die oft untrennbar verbunden ist mit der leidigen Frage nach dem Trinkgeld für den Reiseleiter – diskret, versteht sich. Meistens gehört eine Befragung nach seinen Interessen dazu, um seinem Geschmack entsprechend vielleicht eine Maske, ein Buch, einen Wandteller, einen Aktenkoffer zu schenken. Oder um herauszufinden, ob beabsichtigter oder notwendiger Kauf von bestimmten Bildern, Gemälden, einer Uhr, einer Kamera, eines Diktiergerätes, eines Transistors geplant ist, von ihm, dem Reiseleiter. Man möchte sich also bedanken für sein Bemühen, sein Engagement mit einem Geschenk statt einem Geldbetrag honorieren. Weit gehen die Meinungen der Reisenden bei dieser Frage auseinander und so wird es meiner Meinung nach auch immer bleiben. Viele sehen in einem Trinkgeld etwas Gedankenloses, ja, vielleicht sogar etwas Phantasieloses. »Mein Trinkgeld« in der Zeit meiner Reiseleitertätigkeit reichte von 500 DM von einem Einzelnen bis zur burmesischen Münze mit einem Gegenwert von 80 Pfennig. Oft habe ich erlebt, dass gegen Ende der Reise ein Umschlag herumgereicht wird und gesammelt wurde. Eine Methode, die gerade in den letzten Jahren zum großen Teil praktiziert wird. Zuweilen wird auch vorgegeben, welcher Betrag zu entrichten sei von den Mitfahrenden für den Reiseleiter, obwohl dies nicht immer auf Einverständnis stößt. Dabei erhielt ich einmal am Ende einer 22-tägigen Westkanada-Alaska-Reise im August 1990 einen leeren Umschlag. Ich war schon ein wenig überrascht, als ich auf dem Wege zum Flughafen in Anchorage einen verschämten Blick in das Innere des Umschlags tat. Und was war geschehen? Ein hinter mir sitzender Reiseteilnehmer aus Braunschweig konnte sich so wenig mit dieser Trinkgeldregelung anfreunden, dass er den Inhalt des Umschlages »abgeräumt« hatte. Ein allseits gebildeter Landsmann übrigens. Nur die Heimreise mit der Gruppe konnte er nicht antreten, da er sich nach »Aussprache« mit einigen anderen Reiseteilnehmern in ambulante Behandlung begeben musste.

Besonders freuen kann ich mich über selbstangefertigte Zeichnungen und Gedichte, die mich auch später an eine bestimmte Reise erinnern. Oder über einen netten Brief. Aber auch über Bilder und Dias, die ich nach der Reise erhalte oder über Reiseberichte von Mitreisenden. Von den Sonnenuntergängen des Baron Dumreicher hatte ich erzählt. Und von Frau Onnen aus Frankfurt. Nicht aber davon, dass sie mir ihre Dias vermachte – alle. Alle, die sie im Verlaufe von 25 Jahren intensiver Reisetätigkeit aufgenommen und zum großen Teil selbst gerahmt hatte – 8.500 Stück – und ihre Reiseberichte – sieben prall gefüllte Leitzordner.

An Bord verabschieden sich im Zuge des Adressenaustausches auch viele schon, weil dies bei Ankunft oft nicht möglich ist oder auch weil fast jeder Reiseteilnehmer dann so schnell wie möglich nach Hause möchte. Zu meinem großen Erstaunen hatte sich Herr Major Asthauer aus Gütersloh am Ende der Südamerikareise im Oktober 1972 nicht von mir verabschiedet. Ich hatte mir eingebildet, ein ausgesprochen gutes Verhältnis zu ihm entwickelt zu haben. Drei Wochen später erhielt ich aus Gütersloh eine Postkarte, die Gott sei Dank alles erklärte: »Konnte mich in Frankfurt am Flughafen leider wegen Durchfalls nicht von Ihnen verabschieden. Herzlichst – Ihr Major Asthauer.«

Jedes Mal wünsche ich mir wieder, dass bei Ankunft in Frankfurt alle aufgegebenen Gepäckstücke da sind – und habe es oft erlebt, dass dem nicht so war. Nach Rückkehr von den karibischen Inseln im Oktober 1977 fehlten von 38 Gepäckstücken 22. Vier davon tauchten nie mehr auf, zwei davon gehörten dem Reiseleiter. Im Januar 1981 bei Rückkehr von der Fernostreise fehlte das gesamte Gepäck der Gruppe und traf erst innerhalb der folgenden 14 Tage kleckerweise in Frankfurt ein. Unzählig die Fälle, bei denen das Gepäck der Reisegäste nicht mitgekommen ist. Und oft passiert es, dass es zwar ankam, aber stark beschädigt war und der Verlust oder der Schaden dann von Angestellten der betreffenden Fluggesellschaft umständlich und meist zeitraubend protokolliert werden muss.

Eine flüchtige Verabschiedung von den Reiseteilnehmern vor oder nach der Zollkontrolle in Frankfurt bedeutet das Ende der Reise. Und vielfach auch das Ende einer auf der Reise entstandenen Beziehung zwischen den Reisenden und dem Reiseleiter – trotz aller guten Vorsätze, zu schreiben, anzurufen, in Verbindung zu bleiben. Denn hat erst einmal der Alltag mit allen seinen Notwendigkeiten von einem Menschen Besitz ergriffen, dann ist es oft auch um die besten und durchaus ernst gemeinten Vorsätze geschehen. Die Welt sieht einfach wieder ganz anders aus und auch die Menschen, denen man anlässlich einer Reise begegnet ist, sprechen anders, verhalten sich anders. Dennoch, es ist eine stattliche Zahl von Landsleuten zusammengekommen, mit denen ich mich treffe, mit denen ich korrespondiere, die ich besuche oder die ich anlässlich einer weiteren Reise wiedersehe. Andächtig und interessiert wohnte ich unzähligen Dia- und Filmabenden bei. Um eine Übernachtung in Ehingen an der Donau bei Dr. Auter kam ich nicht herum, zehn Stunden Film- und Dia-Vorträge waren angesetzt und zu verkraften.

Frau Rade aus Arolsen lud sich jedes Jahr rund 150 Personen ein zu ihrem Geburtstag. Stets wurde ein großer Saal angemietet, jährlich änderte sich das Motto ihrer Festveranstaltung, je nachdem, welche Reise sie in dem betreffenden Jahr unternommen hatte: Japan, Südsee, Südamerika ... Und dann wurden entsprechend Speisen und Getränke aufgetischt. Die Teilnehmer hatten sich nach Möglichkeit auch »landestypisch« zu kleiden. Die Korrespondenz allein mit Frau Rade füllt einen Leitzordner.

Nicht selten werden auf Treffen neue Reisepläne geschmiedet, beschlossen und zum Teil auch durchgeführt. Es dauert meistens nicht sehr lange nach Rückkehr von einer Reise und das Reisefieber hat mich erneut gepackt, eine Art tiefes Fernweh. Zu neuen Zielen, in neue Länder zieht es mich. Und ich bin gespannt, wer dann wohl mitfahren wird.

## Ergänzungen

Frau Mach und Herr Beyer waren Teilnehmer der Hongkong-Philippinen-Reise im Frühjahr 1980. Beide waren Mitte 60 und von kleiner, untersetzter Statur, stets untergehakt und in harmonischem Gleichschritt zu beobachten. Sie dabei strahlend und glücklich mit gesunder Gesichtsfarbe, er griesgrämig und mit unsagbar leidender Miene, sehr blass. Bei Halb- oder Ganztagesausflügen erschien allerdings nur sie. »Mein Verlobter ist so krank«, ließ sie mich wissen, »er hat Kreislaufbeschwerden und leidet unter Schweißausbrüchen. Er hat sich hingelegt und wird nicht mitfahren können.«

Mir war bereits in Hongkong aufgefallen, dass er beim Frühstück nicht nur herzhaft zulangte, sondern bereits ein oder auch zwei Bier dazu trank, bevor er sich »krank« zurückzog. In Manila schließlich wurde ich vom Hilton Hotel um Intervention gebeten. Herr Beyer weigerte sich bei der mittäglichen Abfahrt, seine sogenannten Extras zu bezahlen. »Du kannst es ruhig zugeben«, sagte Frau Mach, »außerdem hast du so etwas schon mal geschafft. Sicherlich kannst du dich, wie damals auch, an nichts mehr erinnern.« Herr Beyer realisierte offensichtlich nicht mehr, dass er innerhalb von gut zwei Stunden den morgens frisch aufgefüllten Kühlschrank restlos leergefegt hatte, wie er das all die Tage zuvor schon getan hatte, wenn seine Verlobte sich Sehenswürdigkeiten zuwandte. Nur heute, da drängte die Zeit sehr, weil wir um 12 Uhr zum Flughafen mussten. Und das schaffte der »kranke« Herr Beyer nicht, ohne aus den Pantoffeln zu kippen.

Herr Wöber aus Obernburg war dagegen aus anderem Holz geschnitzt. Auf der Thailand-Indonesien-Reise im Oktober 1981 demonstrierte er, welch riesige Mengen Alkohol man selbst in den Tropen zu sich nehmen kann, ohne umzukippen. Nur eine Eigenart besaß er, und dies war auch gleichzeitig das Zeichen zum Aufbruch: Ob in einem Restaurant, einer Bar oder am Swimmingpool, stets hob er den Tisch etwas an, an dem er saß, und fegte mit einer Handbewegung all das herunter, was sich an leeren, halbleeren oder vollen Flaschen und Gläsern, an Salzstangen, Kartoffelchips, Erdnüssen oder Club-Sandwiches darauf angesammelt hatte. Aber sein Trinkgeld war immer so fürstlich, dass alle Flaschen, Gläser und Aschenbecher schon für das nächste Mal mitbezahlt waren.

Zahnarzt Dr. Fritz Rheinmüller aus Offenbach war Teilnehmer der Südseereise im Oktober 1972. Obwohl gehbehindert und am Stock übte er seinen Beruf offensichtlich mit großem Engagement aus. »Mein Mann kann da demit net uffhörn«, berichtete seine Frau. »Obwohl mer es uns werklisch leiste könnte und aach schonn e schee, klaa Wochenendhäusi im Odenwald hawa.« Er war der ganze Stolz seiner Frau, wie mir schien, denn es war rührend anzusehen, wie sie ihn umsorgte: Das Hemd wurde öfters zurechtgerückt, die Hose nach Flecken und Bügelfalten untersucht, Essensreste von Schnurrbart und Oberlippe entfernt, das Frühstücksei – es musste immer ein Vier-Minuten-Ei sein – aufgeklopft und ein Toastbrot vorbereitet, alles nur für ihn. Zu den Mahlzeiten erschien Dr. Rheinmüller grundsätzlich nur in ordentlichem Oberhemd und mit Krawatte. Und da kam gleich zu Anfang der Reise ein kleines Problem auf: Seine Frau Hilde konnte nämlich keine Krawatten binden, er schon gar nicht. Vielleicht sah er es aber auch als unter seiner Würde an, das weiß ich nicht genau. Jedenfalls fehlte auf dieser Reise die in langjährigen Diensten stehende Haushälterin, die ansonsten dafür zu sorgen hatte. Und so musste wieder mal der Reiseleiter herhalten. Schon sehr früh hatte Dr. Rheinmüller darum gebeten, doch immer bitte ein Zimmer neben mir zu bekommen oder zumindest ein Zimmer auf der gleichen Etage. Und die Begründung lieferte er mir dann bei einem Bier, das er mir großzügig spendierte, obwohl wir uns erst kurz kannten. Wenige Tage nach Rückkehr von der Reise erhielt ich ein kleines Päckchen mit der blau-weißgestreiften Krawatte, die er am häufigsten getragen und die ich demzufolge am meisten zu binden hatte. »Meine Beste« war in dem netten Begleitbrief zu lesen.

Frau Seeger gehörte auch zur Reisegruppe der Thailand-Indonesien-

Reise im Oktober 1981. Sie war attraktiv, Mitte 40, eine Rechtsanwaltsfrau und hatte es sofort auf die jüngeren Teilnehmer der Gruppe abgesehen. Das Erstaunliche dabei war allerdings, dass es dann auf Bali nicht einer, sondern drei waren, mit denen sie sich abwechselnd küsste und dann händchenhaltend zu Rundfahrten und Ausflügen erschien. »Diesen Zirkus mach ich nicht mehr mit«, verriet mir schließlich abends einer der drei, der einen recht »verschnupften« Eindruck machte. »Ich wäre ganz klar am Zuge gewesen, aber der Klaus ist ja ihr Liebling.« Frau Seeger sorgte jeweils spätabends und nach reichlich Alkoholgenuss für eine interessante Darbietung: Sie sang und tanzte in ihrem Zimmer im Beisein ihrer drei Verehrer und entschied dann recht kurzfristig und unkonventionell, wer zu bleiben und wer zu verduften hatte. Aber auch das, so das Klagelied meines Gesprächspartners, war von Abend zu Abend verschieden. Mal nannte sie den, der zu bleiben hatte und die anderen beiden wussten Bescheid, mal nannte sie nur diejenigen, die sich zu empfehlen hatten, und der dritte verstand und blieb.

Frau Professor Dr. Edith Meissner aus Berlin zeigte anlässlich der Südamerikareise zu Weihnachten und Neujahr 1974 keinerlei Erbarmen mit mir und hatte denkbar wenig Verständnis für meine Einstellung. »Seit Jahren bin ich befreundet mit einem Studenten von mir aus Berlin«, erzählte sie knapp, »er hört gern Beethoven und verwöhnt mich in jeder Beziehung mit nie enden wollenden neuen Ideen. Ich glaube, Sie sind ihm sehr ähnlich und bedenken Sie doch, Berlin ist jetzt so weit weg.« Mit der Bemerkung, dass sie bereits vorgehe, verschwand sie. Dies geschah am dritten Tag der Reise in Rio de Janeiro. Auf Trinidad schließlich, der letzten Station der Reise, hatte sie endlich einen Mann gefunden und ich wusste nun: Sollte auch hier eine Ähnlichkeit Voraussetzung gewesen sein, dann musste ihr Student zu Hause in Berlin ein farbiger Student sein.

Ich möchte es bei den Begebenheiten zu diesem Thema bewenden lassen. Und nicht eingehen auf das, was mir Reiseteilnehmer erzählten, vorgaben erlebt zu haben oder tatsächlich erlebten. Ob in Rio de Janeiro, auf den Philippinen, auf Taiwan, auf den karibischen Inseln oder in

Bangkok und Pattaya. Dies würde den Rahmen meiner Erzählungen sprengen oder dieses Buch in einem anderen Lichte als dem beabsichtigten erscheinen lassen.

An Bord wird oft auch über Hobbys, Interessen und Freizeitbeschäftigungen gesprochen, auch wenn es sich zuweilen um recht eigenartige handelt. So erzählte die schon erwähnte Frau Malchen Krebs aus Obersalbach nicht nur davon, dass sie unzählige Stofftiere besaß, die sie im Laufe der Jahre zusammengetragen hatte und die ich – wie bekannt – anlässlich meines Besuches bei ihr bewundern konnte, sondern auch davon, was zuweilen mit den Stofftieren geschah, zumindest mit ihren Lieblingstieren. Sie sah regelmäßig fern und allabendlich durften ihre Lieblinge daran teilhaben. Sie wurden in die verschiedenen Sitzgelegenheiten gesetzt und auch auf dem Boden im Halbkreis vor dem Fernsehapparat aufgestellt und schauten mit ihr in die Röhre. Und bevor Frau Krebs sich dann zu Bette begab, wurden alle Stofftiere wieder an ihren angestammten Platz zurückgebracht.

Frau Luise Helbig aus einem kleinen Ort in der Nähe von Ludwigsburg unternahm zwei große Reisen im Jahr. Sie war unter anderem Teilnehmerin der Südseereise zu Ostern 1984 und seit dem Tode ihres Mannes vor gut acht Jahren, so erzählte sie, würde sie sich besonders um die zahlreichen Zwerge in ihrem Vorgarten kümmern. Dies sei ein Steckenpferd ihres Mannes gewesen, deshalb sei sie ihm das einfach schuldig. Jeden Abend wurden die Zwerge ins Haus geholt und zu Bett gebracht. Kleine Holzgestelle und eigens zu diesem Zwecke angefertigte Bettchen waren in ausreichender Zahl vorhanden. Und morgens dann wurden sie wieder an ihren angestammten Platz zurückgestellt.

Bei dieser Reise konnte ich mich persönlich davon überzeugen, was es auf sich hat mit den Vorurteilen hinsichtlich des Reiseziels Dominikanische Republik und dem damit teilweise verbundenen negativen Image. Aber nichts von alledem: Überaus freundliche Menschen, keine Bettler, von Prostitution nichts zu sehen. Hinzu kommen herrliche, ausgedehnte Sandstrände, wunderschöne Hotelanlagen und natürlich hochsommerliche Wasser- und Lufttemperaturen. Auch die Einrichtung ›all-inclusive‹ hatte nicht die negative Begleiterscheinung, wie sie oft beschworen und beschrieben wird. Das Leben in der Hotelanlage Puerto Plata Village an der Playa Dorada unterschied sich durch nichts von vergleichbaren Hotels ohne ›all-inclusive‹ hier und in anderen Ländern und Reisezielen.

Und nun ein paar hübsche Kurzgeschichten, passiert während meines Aufenthaltes bei dieser Reise:

In Puerto Plata Bus zu fahren bzw. mit dem Gua-Gua, einer Art Sammelbus, vergleichbar mit dem Tuktuk in Indien und Südostasien oder dem Dolmus in der Türkei, ist ein besonderes Erlebnis. Mir fiel sofort auf, dass die Mitfahrenden trotz heftigen Tropenregens bester Laune waren, dazu sehr hilfsbereit und den Zusteigenden und Aussteigenden bereitwillig Platz machten, und sich so verhielten, als ob sie sich und auch mich schon immer kannten. Der Fahrpreis für die ca. 5–6 km lange Strecke betrug 20 Pesos, also umgerechnet etwa 0,40 Euro und das Fahrgeld wurde entweder durchgereicht über mehrere Mitfahrenden an den Fahrer oder aber beim Aussteigen durch das Beifahrerfenster übergeben. Fahrscheine gab es nicht. Man unterhielt sich zwanglos, und nahezu alle Fahrgäste sangen mit, was das viel zu laute und knarrende Radio hergab, Merengue heißt der populärste Tanz und Gesang. Ich hatte den Eindruck, dass diese Menschen nicht im Traum auf den Gedanken kämen, den Fahrer um das Fahrgeld zu prellen, es wäre ein Leichtes gewesen, wie z.B. beim Aussteigen zu verschwinden, ohne zu bezahlen.

Ich übertrug das in Gedanken auf einen Linienbus in Frankfurt und wurde dabei sehr nachdenklich – dies wäre schlechthin völlig unmöglich.

Der Besuch in einer kleineren Bank in der Hauptstraße der Stadt Puerto Plata, einen größeren Pesoschein – 200 Peso= ca. 4,00 Euro – zu wechseln, um den Sammelbus bezahlen zu können, war eine weitere Episode, die zum Schmunzeln herausforderte.

Die Bankangestellte verneinte, weil sie kein Geld habe. Ein freundlicher Herr, der in der Nähe stand und den ich ansprach, bot mir seine Hilfe an. Wir kehrten zur Bank zurück und die Bankangestellte öffnete eine Schublade, in der sich eine Reihe von Papierrollen befand, in denen jeweils ein Pesoschein unterschiedlichster Stückelung, eingewickelt und mit einem dünnen Gummiring versehen, war. Aber immerhin – nach zeitraubender Prozedur und einem kleinen Zettel, den ich, obwohl unleserlich, unterschreiben musste, aber selbst mitbekam, hatte ich das Wechselgeld für mein Gua-Gua. Bei der Verabschiedung von besagtem freundlichem Herrn konnte ich mir die Bemerkung nicht verkneifen, zu sagen, dass dies die ungewöhnlichste Bank sei, die ich bei meinen Reisen erlebt habe. Die Antwort bzw. Erklärung kam prompt und etwas erbost: »If more money, than Bum-Bum to you und Bum-Bum to girl.« Sollte wohl heißen: Wenn mehr Geld in dieser Bank vorhanden wäre, lief man Gefahr, erschossen zu werden. Und das wollte ich nun gar nicht.

Ein paar Häuser weiter befand sich ein Uhrmacherladen, den ich aufsuchte, um die Batterie meiner Uhr auszutauschen, die ihren Geist aufgegeben hatte.

Der ganze Laden bestand aus einem kleinen Tisch und einer Schublade, dahinter auf einem hölzernen kleinen Hocker der Uhrmachermeister. In besagter Schublade befand sich das gesamte Inventar. Auf dem Tisch lagen mehrere Uhren, die wohl auch zu reparieren waren, und er fand nach längerem Suchen in besagter Schublade, völlig unsortiert und in einer atemberaubenden Unordnung, einen kleinen Schraubenzieher, mit dem er die Uhr öffnete. Dabei fiel ihm eine der winzigen Schrauben in die herausgezogene Schublade und war für immer verschwunden. Das war aber für unseren Uhrmachermeister kein Problem, denn er ›erleichterte‹ eine der dort liegenden Uhren um eine Schraube, die nach mehreren Versuchen auch in meine Uhr passte. Zu meinem allergrößten Erstaunen war in dieser Schublade auch eine passende Batterie zu finden, und so konnte ich nach langer Wartezeit, aber zufrieden den

Uhrmacherladen wieder verlassen, zu einem unglaublich günstigen Preis versteht sich.

Übrigens – günstiger Preis: Wussten Sie, dass in den Apotheken nicht packungsweise, sondern nur einzelne Pillen aus der Originalverpackung verkauft werden?

Auch dies erlebt in gleicher Straße, in gleicher Stadt, der Hauptstraße der Stadt Puerto Plata in der Dominikanischen Republik.

An verschiedenen Stellen der Stadt waren zahlreiche Motorräder und Mofas, sog. Motoconchos zu sehen, deren Fahrer eine auffallend gelbe Jacke mit einer Nummer auf dem Rücken trugen. Es waren gewissermaßen Mofa-Taxen, und ich war versucht, damit zurück zum Hotel zu fahren, zumal ich auch schon in anderen Ländern das Vergnügen hatte. Als ich aber sah, wie diese ›Taxen‹ fuhren, habe ich schnell davon Abstand genommen, von Verkehrsregeln für mich als Mitteleuropäer keine Spur. Erschwerend kam hinzu, als ich über den Preis verhandelte, ob ich »mit Tränen« oder »ohne Tränen« fahren wolle. Die Erklärung lag auf der Hand: mit Tränen in den Augen = schneller, ohne Tränen eben gemächlicher. Bestärkt in meiner Entscheidung, doch lieber wieder mit dem ›Gua-Gua‹ zurück zum Hotel zu fahren, wurde ich auch durch den Anblick der Motorrad- und Mofa-Werkstätten entlang der Straße: Die zu reparierenden Mofas und Motorräder lagen flach auf dem Lehmboden, das Werkzeug oder das, was dafür herhalten musste, lag drum herum und die ›Mechaniker‹ hockten oder saßen gleichfalls auf besagtem Lehmboden. Zahlreiche Schaulustige, Interessierte und wohl auch Besitzer ergänzten das Bild.

Wie populär der Merengue in der Dominikanischen Republik ist, soll die folgende kleine Geschichte zeigen. Zwei Händler oder Angestellte der Strandbar des Hotels Puerto Plata Village gerieten in Streit mit zwei schwer bewaffneten Polizisten, und das immer lauter werdende Wortgefecht ließ darauf schließen, dass es bald eskalieren würde. Die verängstigten Touristen, die in ihren Liegestühlen lagen, sprangen auf, einige liefen weg, weil sie wohl ›aus der Schusslinie‹ sein wollten. Aber niemand hatte mit der Cleverness des Barkeepers gerechnet. Er stellte den CD-Player an und in großer Lautstärke erklang der Merengue. Unvermittelt begannen die beiden Polizisten zu tanzen und zu singen und die Sache war ausgestanden.

Clever war auch jener Handwerker, der eine Straßenlaterne reparierte. Mangels einer Leiter hatte er sich nicht weniger als acht Stühle übereinandergestellt, um seine Arbeit verrichten zu können.

Nochmals und um Missverständnissen vorzubeugen: Es war eine wunderschöne Reise in die Dominikanische Republik, und ich denke auch gerne an diese Erlebnisse zurück.

## Schlaglichter aus meinem Tagebuch

Ich habe mich oft gefragt, warum es eigentlich meist Vorfälle dieser Art sind, die mir einfallen, wenn ich zurückblicke. Die Antwort kann nur sein, dass aus der mit der Zeit in die Gesichtslosigkeit zurückfallenden Masse der geführten Reisenden mehr Negatives als Positives herausragt. Wer alleine reist, so nehme ich an, passt sich Land und Leuten eher an als der »typische«, sprich Durchschnitts-Gruppenreisende, bei dem leicht die Neigung durchbricht, seinen Wesenszügen freien Lauf zu lassen, die zu Hause mit Rücksicht auf Konventionen aller Art unterdrückt werden. Ob sie sich nun nur tollpatschig danebenbenehmen oder den arroganten Herrenmenschen hervorkehren – diese Reisenden sind es, die das in vielen Entwicklungsländern vorherrschende negative Bild des »weißen Tourismus« maßgeblich geprägt haben. Vorbeugende Gespräche, Versuche, Mittler zu sein zwischen den Erwartungen der Reisenden und der Realität der Zielländer, sind ein hoffnungsloses Unterfangen, wie mir auch andere, zumeist altgediente Reiseleiter immer wieder bestätigen. Und dann fallen sie uns doch wieder ein, jene Reiseteilnehmer, die dazu beitragen, dass auch alte Hasen unter uns die Freude und den Glauben an den Sinn des Reisens nicht verloren haben. Menschen, die sich intensiv auf ihre Reise vorbereitet hatten, tolerant waren und ein beispielhaftes Gruppenverhalten an den Tag legten, unbeirrt davon, dass andere nicht allzu oft mitzogen, es vielfach nicht einmal bemerkten. Mitmenschen, die sich nicht so wichtig nahmen, die reisten, um zu lernen, und von denen ich – deshalb? – lernen konnte.

Herr Ekkehard Löffler, 71-jähriger Sachse, ausgeglichen, gut gelaunt, stets mit einem verschmitzten Lächeln auf dem Gesicht, unternahm seine zehnte Indienreise im Oktober 1991. Immer auch zu einem Scherz bereit, trank er ganz gern abends in der jeweiligen Hotelbar in Delhi, Agra oder Jaipur ein Bier oder einen indischen Rum »Sheriff« oder beides. Tagsüber hörte er geduldig und interessiert den Ausführungen des Reiseleiters zu, den DuMont-Kunstreiseführer immer zur Hand. Seine Äußerungen und Fragen verrieten fundierte Kenntnisse der indischen

Kulturgeschichte, Topographie, des Hinduismus, der Sprachen. Indisch-scharfes Essen war seine Leidenschaft. Nur seine Art zu fotografieren erweckten Neugier und Erstaunen bei mir und auch bei einigen anderen Mitreisenden. Abgesehen davon, dass er unglaublich oft im Bus und aus dem Bus heraus fotografierte, so war auffallend, dass er nie in die Richtung blickte, in die er die Kamera hielt. Hinzu kam noch, dass er, unmittelbar hinter dem Fahrer sitzend, sich gar nicht erst die Mühe machte, am Rücken des Fahrers vorbei oder über den Kopf hinweg zu knipsen, um beispielsweise nicht immer den Rücken oder Hinterkopf des Fahrers auf den Film gebannt zu haben. Dass es sich dabei um eine ganz kleine, handliche und wohl auch nicht so teure Kamera handelte, mag unerheblich gewesen sein. Bei sogenannten Fotostopps beobachtete er die fotografierenden Reiseteilnehmer eingehend und hielt dann fasziniert die Kamera in die gleiche Richtung und drückte gleichfalls ab, wieder und wieder. Kurzum, es entstand der Eindruck, als habe Herr Löffler keinen Film in der Kamera. Aber weit gefehlt. Bei einem abendlichen Bier im Mandawa Palace, einem zu einem Hotel umfunktionierten Raja-Palast in Rajasthan, ergab es sich, dass ich zufällig neben Herrn Löffler saß. Der elektrische Strom war zum wiederholten Male ausgefallen und bei spärlichem Kerzenlicht waren lediglich die Konturen von Mensch und Bierglas auszumachen. »Herr Löffler«, begann ich etwas zaghaft und leise, »mich interessiert mal, wann Sie eigentlich noch Zeit haben, sich bei Ihren vielen Reisen mit Ihren Bildern und Dias zu befassen und sich die anzusehen, denn Sie machen ja auch eine Menge Aufnahmen?«

Er sah mich relativ lange und etwas verschmitzt an, wohl wissend, worauf ich hinauswollte. »Wissen Sie«, antwortete er dann in breitem Sächsisch, »ich bin mittlerweile Anfang 70. Wenn ich von einer Reise zurückkomme, dann renne ich nicht zum Fotografen, lasse keine Filme entwickeln, sortiere keine Bilder oder Dias ein oder aus, habe keine Probleme mit Blau- und Grünstichen oder sonstigen Stichen bei den Aufnahmen. Beschrifte auch nicht mit großer Akribie Kästen, Kisten und Reisealben, habe keine Schwiegermutter, keine Nachbarn, Freunde und Verwandte, denen ich Bilder und Dias zeigen muss und die ich auch bewirten müsste. Daher habe ich auch nicht die mittlerweile erheblichen Kosten für Kameraausrüstung, Vorführgeräte, Filme und die Entwicklung. Sie haben meine Kamera gesehen.« Er schwieg kurz, dann fuhr er fort: »Ich sage klar: Nein, mit mir nicht! Wissen Sie, was ich mache? Wenn ich nachmittags oder abends, je nachdem, in mein Hotelzimmer komme, dann nehme ich den Film aus der kleinen Kamera heraus und schmeiß ihn in den Papierkorb – manchmal sind es auch zwei am Tag.«

Lange noch habe ich darüber nachgedacht, denn ich glaubte dem stets freundlichen, ausgeglichenen Sachsen Löffler.

Frau Hartig aus Esslingen, Teilnehmerin der großen Südseereise über Weihnachten und Neujahr 1989/90 und oft auf Reisen in tropischen Gefilden, klagte des Öfteren während der Reise über körperliche Gebrechen und Krankheiten, die sie bereits durchgemacht hatte oder die ihr sicherlich noch bevorstünden. Klima, Zeitunterschiede, Treppen, Gerüche, zu laute Musik, zu langes Busfahren und Sitzen auf den hinteren Reihen, alkoholische Getränke und scharfes Essen, Tragen von irgendwelchen Taschen machten ihr erhebliche Schwierigkeiten. Künstliches Hüftgelenk, Seh- und Gleichgewichtsstörungen, Kreislaufbeschwerden, »Haarspitzenkatarrh« und eingewachsene Zehennägel waren Dinge, unter denen sie zu leiden hatte. Frau Hartig hatte sich bei einer ihrer Reisen in Singapur eine relativ große Tasche gekauft, die sie fortan als sogenanntes Handgepäck benutzte. Diese Segeltuchtasche war ungewöhnlich schwer und sie bat mich gleich zu Anfang der Reise in Frankfurt am Flughafen, diese Tasche doch bitte zu tragen, wie sie das gewohnt war von anderen Reisen. Da nämlich, versicherte sie eindringlich und glaubhaft, habe bisher immer der betreffende Reiseleiter ohne Murren dieser Bitte entsprochen. Sie sei schließlich ein wichtiger Kunde des Reiseveranstalters. Diese Tasche mit Namensschild zu versehen und mit dem großen Gepäck aufzugeben, lehnte sie kategorisch und ohne Angabe von Gründen ab. Und sie humpelte stöhnend davon.

Ich bemerkte bald, dass die besagte Tasche nach einigen Tagen leichter wurde, wenngleich sie auch nach einer Woche noch relativ schwer war. Schließlich erlöste mich Frau Hartig nach einer weiteren Woche, die Tasche war inzwischen noch erheblich leichter geworden. Sie sei kein Unmensch, sagte sie, und obwohl es ihr erhebliche Schwierigkeiten und Schmerzen bereitete, würde sie fortan die Tasche selbst tragen. Zu allem Überfluss hatte ich mir noch das Schienbein empfindlich an der Tasche, oder vielmehr an ihrem Inhalt, der scharfkantig und aus Metall war, gestoßen. Dies wusste ich bereits seit einer Sicherheitskontrolle auf den Cook-Inseln: Ich trug nämlich für Frau Hartig eine relativ große Tasche, die voller Pichelsteiner-Eintopf-Dosen war. Dies war das zweite Mal, dass ich mich bereit erklärte hatte, Handgepäck eines Reiseteilnehmers zu tragen – Sie erinnern sich an General Kokott. Ob ich es jemals wieder tun würde? Ich glaube nicht.

Frau Ingrid Hagen aus Frankfurt am Main war Teilnehmerin einer dreiwöchigen Indonesienreise im April 2005, sportlich, voller Elan und gut vorbereitet trat sie die Reise an. Ich kannte sie seit fast 30 Jahren, sie unternahm jedes Jahr eine »große Reise«, wie sie sagte, in die entlegensten Teile der Welt. Dieses Mal waren Bali, Sumatra, Java und Kalimantan dran. Wie gut sie sich vorbereitet hatte, merkte man allein an ihrem Fragekatalog. Neben den Menschen und Flora und Fauna war sie auch und vor allem interessiert an den heimischen Glaubensrichtungen, an Hinduismus auf Bali, an Buddhismus und vor allem an dem ihrer Meinung nach sehr toleranten Islam in Indonesien. In Jakarta, der Hauptstadt Indonesiens, war ihr trotz der großen Hitze kein Weg zu weit, um eine möglichst umfassende Zahl an Moscheen zu besuchen, damit ihr Wissensdurst, von der »Praxis her«, wie sie sagte, gestillt und ergänzt wurde. Ihre zum Teil sehr ausgiebigen Märsche von einer Moschee zur nächsten machten sie sicherlich glücklich und zufrieden. Nur ihren Sandalen bekam das nicht allzu gut und nach einer guten Weile gaben sie ihren Geist auf. Ein Schuster musste also her und hatte in jedem Falle Priorität vor jeder noch so unscheinbaren oder aber auch schönen Moschee. Nach langem Suchen und barfuß wurde sie schließlich fündig. Unzählige Paar Schuhe standen bereits vor dem Haus, im angrenzenden Laden, oder was sie dafür hielt, das gleiche Bild. Erleichtert und zuversichtlich stürmte sie die Räumlichkeit, stand aber in sehr kurzer Zeit und von zwei männlichen Begleitern eskortiert wieder auf der Straße. Sie war maßlos enttäuscht und völlig ratlos: Frau Ingrid Hagen hatte eine Moschee betreten, die ausnahmsweise für Frauen absolut tabu war.

Herr Dieter Bafer, Lehrer, 2,06 m groß, hager, stets strahlend, gut gelaunt und immer mit einer Baskenmütze, hatte ein wenig – zumal auch Vollbart – das Aussehen und die Ausstrahlung eines Künstlers. Er war Teilnehmer der Chinareise im Oktober 1992. Schon während der Stadtrundfahrten in Canton, Shanghai und Peking sorgte er aufgrund seiner Größe für Aufsehen. Die Menschen in Shanghai beispielsweise umringten ihn in solch stattlicher Zahl, dass der Verkehr nahezu zum Erliegen kam. Und in Xian brachte ihn seine Größe fast gänzlich um den Schlaf. Wir wohnten in einem relativ einfachen Hotel im Zentrum der Stadt. Die beiden für die Zimmerzuteilung verantwortlichen Chinesen starrten ihn nur fassungslos an. Kaum war Herr Bafer im Zimmer – Zimmerschlüssel gab es nicht – so stellten sich erwähnte zwei Chinesen an sein zu klein geratenes Bett, neben ihnen vier oder fünf weitere Personen, die ihn anfassten, anstarrten und in Gelächter ausbrachen. Noch beim Ausziehen und vorm Zubettgehen waren es zehn oder zwölf Personen, die ihm nacheinander die Hand gaben, anfassten, nein, es war eher ein vorsichtiges Berühren, und kicherten und lachten. Kaum hatte er sich auf dem Bett ausgestreckt, da erschien der nächste Pulk Chinesen in seinem Zimmer und das gleiche Spiel fing von vorne an. Er war noch nicht über den ersten Schlaf hinausgekommen, da wurde er erneut geweckt – nach Herrn Bafers Erzählungen sehr behutsam, dann wurde er aber mit einem bestimmten Nachdruck gebeten, sich bitte vor das Bett zu stellen. Alle klatschten und lachten aus vollem Halse. Diese Prozedur wiederholte sich, so dass es Herr Bafer ab Mitternacht vorzog, nur mit Schlafanzug, Wollsocken und Baskenmütze bekleidet – es war schon empfindlich kalt im Oktober in Xian und eine Heizung gab es wie üblich nicht – in dem einzigen Sessel in der Hotelhalle Platz zu nehmen. Betrat eine Gruppe Chinesen das Hotel, stand er automatisch und unaufgefordert auf. Und Gleiches wiederholte sich.

Als ich gegen 7 Uhr morgens zum Frühstück gehen wollte, da fand ich Lehrer Bafer im Sessel sitzend. Er war sanft entschlummert, aber mir schien, dass er noch nicht allzu lange in diesem Zustand verharrte. Meine Frage, ob er in absehbarer Zeit wieder eine Reise in das Reich der Mitte unternehmen werde, ließ er unbeantwortet.

Frau Gabriele Wessel aus Böblingen und Frau Christine Pesch aus Ludwigshafen waren Teilnehmerinnen der Brasilienreise im Mai 1992. Beide waren selbstbewusst, attraktiv und noch relativ jung, standen offensichtlich »ihren Mann« im Berufsleben und konnten sich solche Reisen wohl aus eigener Kraft leisten. Dass sie beide Brillenträgerinnen waren, hob eher ihre Erscheinung und Ausstrahlung, als dass sie diese negativ beeinträchtigte. Auf dem Wege vom Flughafen Galeao in Rio de Janeiro zum Hotel an der Copacabana machte ich den Gruppenteilnehmerinnen und Gruppenteilnehmern nochmals in aller Deutlichkeit klar, dass bestimmte Vorsichtsmaßnahmen – wie bereits bekannt – dringend einzuhalten seien während des weiteren Aufenthaltes in Brasilien, besonders aber auch in Rio de Janeiro. Ich erinnerte daran, möglichst nicht alleine bummeln zu gehen, schon gar nicht in dunklen Ecken und Plätzen und in der Nähe von Favelas, keinen teuren Schmuck zu tragen, Wertsachen wie Pass, Flugschein und Geld lieber im Hotelsafe zu deponieren und die obligaten Handtaschen und auch Kameras im Zimmer zurückzulassen. Dies sei zu beherzigen, auch bei der unmittelbar bevorstehenden abendlichen Auffahrt zum Zuckerhut. Leider verzögerte sich die Abfahrt des Busses vom Hotel zur Talstation etwas, da Frau Wessel in dem neuen, teuren Hotel gegen eine blitzblanke Glastür gelaufen war und sich dabei eine Beule am Kopf eingehandelt hatte.

Es war ein strahlend schöner Tag und Abend und die Sicht von der Zwischenstation des Zuckerhuts und der oberen Plattform war überwältigend. Grund genug, hier länger als normalerweise üblich zu verweilen. Wunderschön die Stadtteile Flamengo und Botafogo, lpanema und Lebion, die Lichter der Copacabana wie an einer Perlenschnur aufgezogen, grandios die Berge mit dem gegenüberliegenden Corcovado, die gesamte

Guanabara-Bucht mit der Ilha Governador, der großen Brücke nach Niteroi hinüber, der rege Flugverkehr auf dem Stadtflughafen Santos Dumont, unmittelbar unter uns rechts voraus. Beide Damen hakten sich bei mir ein, als wir von der Talstation zurück zum Bus gingen und liefen sehr behutsam und vorsichtig. Nun gut, dachte ich, das musste ja nichts bedeuten, zwei Caipirinhas und das Abendessen standen erst bevor. Bei jenem brasilianischen Fisch-Büfett allerdings wurde mir der Grund sehr schnell klar: Sie konnten die Getränkekarte weder lesen noch waren sie beide in der Lage, sie überhaupt ohne Weiteres auf dem Tisch zu finden, an dem sie saßen. Frau Wessel schwieg verschämt, als Frau Pesch erklärte: »Da oben auf dem Zuckerhut, da haben wir beide alles nur verschwommen und in Nebel gehüllt gesehen.« Sie hatten nämlich aus Sicherheitsgründen auch ihre Brillen im Hotel zurückgelassen. »Die Glastür im Hotel«, so Frau Pesch, »die hätte Frau Wessel mit Brille in jedem Falle auch als solche erkannt.«

Frau Helga Schuchmann, Berlinerin, jetzt in Hamburg wohnend, war Teilnehmerin der Westkanada-Alaska-Reise im Juni 1991. Sie war Mitte 60 und immer sehr modisch und jugendlich gekleidet. Vielleicht eine Idee zu eng waren die modischen Hosen, das Parfum etwas zu aufdringlich, die Stimme zuweilen zu schrill, das Lachen etwas zu laut. Aber sie besaß eine Menge Berliner Humor, passte sich der Gruppe gut an und war trotz allem gut zu ertragen. Vor 11 Uhr morgens war sie allerdings zu nichts zu gebrauchen, abends hingegen war sie nicht totzukriegen, Johnny Walker, aber doppelt, war ihr Getränk. Sie hatte zwei Schwächen, wie sie freimütig zugab: Einem anderen zuzuhören, etwa dem Reiseleiter, war ihr höchstens nur kurzfristig möglich und wurde sehr bald für sie zum Gräuel, weil sie nämlich – ihre zweite Schwäche – ständig in Gedanken bei ihren Souvenirs war. Sie sammelte nämlich Steine oder Gesteinsbrocken, die aus ihrer Sicht etwas Ungewöhnliches an sich hatten, Gold, Silber, Kupfer, Halbedelsteine, Quarze oder auch nur Kohle enthielten, wie sie sich einredete, und eine bestimmte Größe und damit ein bestimmtes Gewicht haben mussten. Sie musste sie gerade noch tragen können. Und diese Steine ließ sie dann per Luftfracht

Hyder - Alaska
'Glacier Inn'

nach Hamburg schicken. Ein Souvenir besonderer Art verdeutlichte beide Schwächen zugleich: Im Zuge meiner Erklärungen unterwegs sprach ich auch von dem sogenannten »Goldenen Stift«, der beim Bau der transkontinentalen Eisenbahn, genau genommen bei deren Fertigstellung an der Schnittstelle der von Osten und von Westen herangeführten Strecken in die betreffende Schwelle eingeschlagen wurde. Um dies zu verdeutlichen, habe ich einen rein zufällig gefundenen, reichlich verrosteten Stift, wie man ihn beim Eisenbahnbau als Halterung verwendet, im Bus herumgehen lassen. Ungefähr vier Wochen nach Rückkehr von dieser Reise erhielt ich von Frau Schuchmann den Abzug einer Aufnahme und ich traute meinen Augen nicht: Der verrostete Eisenbahnstift lag unter Glas an einem wohl vorrangigen Platz in ihrer Wohnung in Hamburgs Norden, auf dem davor angebrachten Schild stand deutlich zu lesen: »Der Goldene Stift«.

Bei der Reise nach Westkanada und Alaska im Sommer 1989 war Sylvia Koch aus Zell an der Mosel Teilnehmerin. Sie war Mitte 30, sehr ansehnlich, was sie auch wusste, und nicht sonderlich interessiert an Land und Leuten, Flora und Fauna, Geschichte, Landschaft und Gletscher. Vielmehr schien ihr das »anständige Wohnen und Essen, das schmeckt« wichtiger. Und »ein Fernseher, möglichst mit Anschluss für Videos«, den wollte sie gern in ihrem jeweiligen Hotelzimmer haben, selbst in der Wildnis im Yukon oder in Alaska – bis auf Anchorage war die Erfüllung dieses Wunsches ein hoffnungsloses Unterfangen.

In Tok in Alaska am Alaska-Kanada-Highway wohnten wir wie üblich in der Golden Bear Lodge, einer rustikalen und einfachen Bleibe. Gegen Abend stand Frau Koch plötzlich vor meiner Zimmertür und begehrte Einlass. Sie schien sehr aufgeregt und sank schluchzend in meine Arme: Athapasken-Indianer belagerten massiv ihr Zimmer, das sich in einer etwas abgelegenen Ecke der Lodge befand, so verriet sie mit stockendem Atem, und sie könne nicht anders, als Schutz und damit Sicherheit bei mir zu suchen, ich sei ja schließlich der Reiseleiter. Ich versprach, der Sache unverzüglich auf den Grund zu gehen, konnte allerdings weder

Antarktis 1992

einen Athapasken-Indianer noch sonst einen Menschen innerhalb des gesamten Bereichs der Lodge bemerken.

Als ich zurückkam, lag Frau Koch nackt auf dem einfachen und kleinen Bett. Sie muss mein erstauntes Gesicht bemerkt haben, denn sie sagte: »Sie kriegen mich hier nicht mehr raus, die Athapasken kommen sicher wieder zurück, wenn ich nur mein Zimmer betrete.« Und es blieb dabei, alles Zureden half nichts. Letztendlich verbrachte ich die Nacht auf dem Fußboden und schlief, so gut es ging, mit dem Kopf auf einer Reisetasche, wie ich es mal als Pfadfinder gelernt hatte. Frau Sylvia Koch aber verschwand gegen Morgen wortlos. Ich meine, ich hätte ein spöttisches Lächeln auf ihrem Gesicht gesehen, es war allerdings noch recht düster. Gesprochen hat sie mit mir bis zum Ende der Reise nicht mehr. Nach Rückkehr in Deutschland rief ich deswegen einen Kollegen an, der mit einer Gruppe und Frau Koch ein Jahr zuvor in Neuguinea unterwegs gewesen war. Sein Kommentar: »Bei mir haben in Mount Hagen die Papuas angegriffen. Übrigens«, so fuhr er fort, »hat Frau Koch bei der Reise auch ihre Sex-Videofilme dabeigehabt?«

Eine bereits gebuchte Reise 1990 nach Neuseeland sagte Frau Koch kurzfristig wieder ab, als sich nämlich herausstellte, dass der Veranstalter eine Frau als Reiseleiterin eingeplant hatte. Da war ihr wohl gleich klar, dass ein Maori-Angriff nichts bringen würde.

Vielleicht noch eine ähnliche Geschichte über eine Reiseteilnehmerin, die eine Reise gleich zweimal hintereinander machte. Frau Johanna Anschauer aus München hatte sich eine außergewöhnliche Reise zu Ostern 1988 ausgesucht: Der Tuamotu-Archipel und die Marquesas-Inseln im Südpazifik waren das Ziel. Die mir von einer Mikronesien- und einer weiteren Südseereise bekannte Frau Anschauer war immer relativ schnell und gründlich und – um es deutlich zu sagen – erfolgreich bei ihren Bemühungen, Herrenbekanntschaften zu machen. Sie kam aus der Modebranche, war Porschefahrerin und Anfang 40, hatte gelernt, wie man sich effektvoll kleidete und entsprechend bewegte. Und ihre attraktive Erscheinung wusste sie glänzend einzusetzen. Auf besagter

Vancouver - Stanley Park
Juni 1992

Reise, die fast ausschließlich mit der Aranui, einem Fracht- und Versorgungsschiff, das ab Papeete nur alle drei Wochen fuhr, abgewickelt wurde, waren jedoch Männer, die für sie infrage gekommen wären, Mangelware. Die mitfahrenden Männer der Gruppe waren allesamt entschieden älter. Das galt auch für eine kleine Gruppe Amerikaner an Bord, deren Teilnehmer zudem noch überwiegend weiblich waren. Hätte es da nicht, aus Frau Anschauers Sicht gottlob, den polynesischen Koch an Bord gegeben, der ihr bereitwillig »aus der Patsche« half. Noch bevor wir die erste Marquesas-Insel erreicht hatten, war Frau Anschauer »umgezogen« in der Kajüte des Kochs erschienen und betrachtete sich fortan als festen Bestandteil der Schiffsbesatzung. Rein optisch folgte sie nun dem Brauchtum abgelegener polynesischer Inseln und der Sitte vergangener Jahrzehnte: Sie bewegte sich an Deck nur noch mit Lendentuch bekleidet und oben ohne. Bei Ankunft in Tahiti galt es Abschied zu nehmen von der Aranui und ihrer Besatzung – aber auch von Frau Anschauer. Sie hatte sich offensichtlich leichten Herzens entschlossen, die gleiche Reise noch einmal zu machen, drei Wochen lang.

Auf eben dieser Reise war auch Henri Mai in Los Angeles zugestiegen, ein rüstiger Mittsiebziger und Neu-Kalifornier, aus Dresden, mit seinen Eltern bereits in den 40er-Jahren eingewandert, der deutschen Sprache und dem deutschen Kulturgut nach wie vor sehr zugetan. Vor allem Schubert-Lieder und evangelische Kirchenlieder waren sein Metier. Unabhängig und noch voller Tatendrang »verreiste« er seine »beachtliche kalifornische Rente«, wie er sagte. Bei Langstreckenflügen vertrieb er sich die Zeit damit, Kostproben seiner Lieder und seiner Gesangskunst zum Besten zu geben. Ob erbeten oder nicht sang Henri Mai aus tiefer Brust und mit großem Engagement Lieder mit zum Teil acht bis zehn Strophen. »Die Güldene Sonne voll Freud und Wonne« war eines von vielen. An Bord der Aranui entzückte er damit die mitfahrenden, älteren Amerikanerinnen, die täglich für ihn »Tipps« sammelten. Ging er einmal an Land, so drückte sich seine Eigenwilligkeit auch in der von ihm gewählten Kleidung aus. Als Sonnenschutz trug er nämlich eine hellblaue und, wie er glaubhaft versicherte, eigenhändig und täglich gewaschene Unterhose mit dem »Schlitz« nach hinten. Und obendrauf setzte er eine hellbraune Baskenmütze seiner verstorbenen Mutter, die ihm wohl als Erbteil zugefallen war. So hat man sich, glaube ich, Fremdenlegionäre in Algerien in den Fünfzigern vorzustellen, die mit dem Befehl rechnen mussten, unverzüglich ein Maschinengewehrnest auszuheben. Und aus der kurzen, aber viel zu weiten Hose ragten seine dünnen »Stachelbeer-Beine« hervor. Nach dem Besuch des Grabes von Paul Gauguin konnte die Aranui nicht ablegen, weil Henri Mai fehlte. Einheimische Polynesier aber machten dem Kapitän alsbald klar, dass er getrost abfahren könne, denn Henri Mai wolle nicht mehr weiter mitfahren. Er habe sich im Übrigen bereits bei einer Familie einquartiert. Ich habe nie mehr etwas von Herrn Mai gesehen oder gehört. Er war in der Tat der einzige Reiseteilnehmer – bisher – den ich auf diese Art und Weise verloren habe. Sollten Sie also einmal auf den Marquesas-Inseln sein, treffen Sie ja vielleicht Henri Mai.

Heinz Frank war Grundschullehrer aus Schiffweiler im Saarland und Teilnehmer der Alaskareise im Juli 1990. Er unterrichtete Deutsch, Geographie und Geschichte, war Junggeselle, 51 und hatte tiefe Wurzeln in seiner Heimatstadt und dem ganzen Saarland. Wenn auch persönlich nicht sporttreibend, so war er doch interessiert am und informiert über das aktuelle Sportgeschehen, vor allem der Fußballsport hatte es ihm angetan, der 1. FC Saarbrücken war ihm ans Herz gewachsen. Und er konnte Mannschaftsaufstellungen und Torschützen des WM-Finales 1954 in Bern zwischen Ungarn und Deutschland oder des WM-Finales in London 1966 zwischen England und Deutschland nennen, ohne Zögern und wie aus der Pistole geschossen – wenn er nüchtern war. Herr Frank trank viel und regelmäßig und machte auch keinen Hehl daraus. Bereits in Frankfurt am Flughafen bei Abreise war er erst in letzter Minute erschienen, da er versehentlich in Mannheim aus dem Zug ausgestiegen war in der Annahme, bereits in Frankfurt zu sein. Ein Taxi hatte ihn von Mannheim zum Frankfurter Flughafen gebracht, seine »Fahne« flatterte ihm voran. Bei Ankunft in Anchorage fehlte Herr Frank, sein Koffer stand herrenlos auf dem Gepäckband. Wie sich später herausstellte, hatte er die an Bord erhältlichen Getränke während des neunstündigen Fluges durch eine Flasche Gin ergänzt, die er zollfrei in Frankfurt eingekauft hatte. Seinen Koffer hatte er schlichtweg vergessen und an der Passkontrolle war er vorbeigekommen, ohne bemerkt zu werden. Wie, das wird wohl nie geklärt werden. Jedenfalls saß er bei unserer Ankunft auf der Hoteltreppe und murmelte irgendetwas wie: »Na endlich.«

Im Verlaufe dieser Reise wurde der Denali-Park besucht und während des Aufenthaltes dort sind alkoholische Getränke absolut tabu. Da unmittelbar nach Besichtigung die Reise in Richtung Fairbanks fortgesetzt wurde, musste Herr Frank praktisch den ganzen Tag trocken bleiben. Mein Hinweis und meine Bitte an ihn, diesen Zustand nicht in der Hotelbar des Chena-View-Hotels in Fairbanks sofort und umfassend zu ändern, fiel nicht auf fruchtbaren Boden. Der Nachtportier des Hotels informierte mich gegen 5 Uhr früh, dass ein Hotelgast blutüberströmt, nur mit Unterhose und Unterhemd bekleidet, soeben aus dem Hotel gestürzt sei, möglicherweise ein Teilnehmer meiner Gruppe. Es war in der Tat Herr Frank. Er hatte die Einrichtung des Badezimmers und Teile des anderen Zimmerbereiches völlig demoliert und sich dabei Verletzungen zugezogen. Sechs Streifenwagen nahmen die Suche nach ihm auf, schließlich stöberte ihn die Polizei in relativ kurzer Zeit auf: Er lag am Ufer des Chena-Flusses in Fairbanks und schlief. Wie er später bei der polizeilichen Vernehmung zu verstehen gab, habe er nach Puppen und Fratzen schneidenden Eltern seiner Schüler mit allen verfügbaren Gegenständen geworfen. Diese Puppen und Fratzen verfolgten ihn die nächsten Tage auch im Krankenhaus, wo er allein am ersten Tag einen großen Medikamentenschrank zertrümmerte. Herr Frank blieb insgesamt acht Tage in Fairbanks im Krankenhaus, unter Polizeiaufsicht. Der angerichtete Schaden im Hotel war enorm. Der Speiseraum im Untergeschoß des Hotels musste geschlossen werden, da Teile der Decke herunterfielen. Wasser war aus dem Zimmer des Herrn Frank im 4. Stock bis hierher durchgedrungen. Er wurde dann »deportiert«, zur Sicherheit verschrieben ihm die Ärzte für den

Heimflug hochprozentigen Alkohol – und wie recht sie hatten. Er war in Fairbanks nicht zu heilen, Lehrer Frank war hoffnungslos abhängig von »König Alkohol«.

Ich sprach schon früher davon: Ist es Einbildung oder kann es sein, dass Reisende, obwohl kritikfähig und reiseerfahren, aggressiver werden, oft anspruchsvoller denken und glauben, mit der Buchung einer zuweilen teuren Reise auch alle Rechte eingekauft haben? Dass sich diese Reisenden weniger mit dem Reiseland und seinen Einwohnern befassen? Und noch weniger bereit sind, eine andere Sprache zu erlernen, andere Gewohnheiten und Kulturkreise, und wenn nicht zu verstehen, so doch zu respektieren oder sich zumindest zu interessieren? Und dass sie im Reiseleiter zunehmend einen Handlanger ihrer Erwartungen, ihrer Ansprüche, ihrer Denkweisen, ihrer Interessen sehen? Vor Ort erwarten, dass alles eigentlich so ist wie zu Hause?

Welchen Anspruch an sich selbst haben Reisende unserer Tage? Oder hat es möglicherweise etwas mit dem deutschen Reiserecht zu tun? Und dessen Auslegung? Ist dringend Aufklärung vonnöten bei Rechts- und Haftungsfragen? Besonders, wenn es Gruppen einer Interessengemeinschaft, eines Verbandes, eines Vereins, einer Firma, einer Gewerkschaft, einer Partei, einer Bank, einer Volkshochschule oder einer Kirche sind? Ich habe im Laufe der Zeit Reiseteilnehmerinnen und Reiseteilnehmer kennengelernt, die schon vor der Reise überlegen, was sie dieses Mal reklamieren möchten, um Geld zurückzubekommen, damit die teure Reise doch noch zum Schnäppchen wird. Ist das Reiseerlebnis tatsächlich inzwischen zu reduzieren auf Konsumverhalten wie in anderen gewohnten, gewollten, erlebten Bereichen des Alltags? Nachfolgend ein paar Kurzgeschichten über das Verhalten von Gruppen, die ich erlebt habe – ohne Wertung, nur so, vielleicht zum Nachdenken oder auch zum Schmunzeln.

Stellvertretend für viele erlebte Gruppen nenne ich eine Reisegruppe von 48 Personen aus dem Heidelberger Raum, die im Oktober 1990 mit mir den »Wilden Westen« der USA bereiste, also in den Staaten Kalifornien,

Arizona, Utah und Nevada unterwegs war. In einer Besprechung auf dem Flug von Frankfurt über New York nach Los Angeles mit dem zuständigen Leiter der Gruppe wurde ich gebeten, nein, es war mehr ein Informieren, ich wurde praktisch darauf aufmerksam gemacht, dass genügend Zeit sein müsse während der Programmpunkte und auf den Busfahrten, dass die Gruppe jeweils vorher festgelegte Lieder singen könne. Dies werde immer so gehandhabt und sei gewissermaßen als Teil des Programms zu verstehen. Außerdem drücke dies doch zweifelsfrei Zufriedenheit, Glücklichsein, Wohlbefinden aus und trage damit auch ohne Frage zum Gelingen der Reise erheblich bei.

Es wurden zu diesem Zwecke zu Beginn der Reise Textbüchlein verteilt und ich war nun 18 Tage lang, meistens zweimal täglich, Zeuge von vorgetragenem deutschen Liedergut während der Fahrten im Grand Canyon, im Bryce Canyon, im Zion- und Yosemite-National-Park, am Lake Powell, in Las Vegas, San Diego und Los Angeles. Zum Abschlussabend in einem größeren chinesischen Restaurant in San Francisco musste dieser Programmpunkt natürlich auch, gemäß seiner Gewichtigkeit, zum Ausdruck kommen: Die Frau des Gruppenleiters, eine Lehrerin, sang vor und die Gruppe folgte ihr dann geschlossen, eine Reihe von Liedern, unzählige Strophen. Glückliche Menschen, die Reise war gelungen, keine Frage. Das Zusammensein und das Singen waren die Garanten. Einige Reisen hatten sie schon gemeinsam unternommen, es waren bis auf wenige Ausnahmen immer die gleichen Reiseteilnehmer und sie planten noch viele weitere Reisen. Vielleicht begegnen sie Ihnen in einem entfernten Winkel der Erde einmal. Ich saß jedenfalls an jenem Abend noch lange bei meinem Bier und dachte nach und trank, vermutlich etwas zu viel Bier.

Eine andere Gruppe aus dem Marburger Land, es waren 62 Personen, reiste im November 1989 nach Florida. Sie sangen bei der Abfahrt zum Frankfurter Flughafen und am Flughafen selbst. Und sie sangen während des langen Fluges und oft und lange während ihres Aufenthaltes in Florida. Hefte mit den Liedertexten waren nicht notwendig, sie kannten sie weitgehend auswendig, denn sie reisten gemeinsam seit 20 Jahren, es war die Jubiläumsreise. Aber, weil das Ziel Amerika war, hatte der verantwortliche und clevere Leiter der Gruppe sich etwas Besonderes einfallen lassen und damit offensichtlich bereits erheblich zum Gelingen der Reise beigetragen. Alle, ausnahmslos alle Gruppenteilnehmer trugen nämlich Indianerfedern, die sie sich mit einem Gummiband am Hinterkopf befestigt hatten. Damit keine Zweifel aufkommen: Es waren alles erwachsene Menschen, die eine große Reise, eine Jubiläumsreise unternahmen.

Wir hatten bei diesem Floridaaufenthalt großes Glück: nur strahlendes Wetter, einen unglaublich freundlichen, verständnisvollen Fahrer und einen kompetenten Reiseleiter vor Ort, der nicht nur fundierte, umfassende Kenntnisse hatte über Florida und die USA, sondern auch in der Lage war, dieses Wissen in hervorragender Weise zu vermitteln. Ich fragte auf dem Rückflug einige Reiseteilnehmer, was ihnen am besten gefallen habe. Die Antwort war gleichlautend: »Bei uns ist es immer schön, weil wir nette Leute sind und singen. Und bei dieser Reise empfanden wir als absoluten Höhepunkt den Besuch des Lokals von Gerd Müller.« Damals hatte er noch eines. Nebenbei für alle Nicht-Fußballer: Gerd Müller war dereinst der »Bomber der Nation«, will sagen, Torschützenkönig in seinem Verein FC Bayern München und in der deutschen Nationalmannschaft. Er spielte eine Zeit lang in Amerika und betrieb während dieser Zeit, und wohl auch danach noch, ein Restaurant in Florida. Ob sich die Reisenden wenigstens zu Hause daran erinnern werden, dass sie in Florida, in Miami, Daytona, Melbourne, Cap Canaveral, Orlando, St. Petersburg, Clearwater, in Fort Meyers, Naples und in den Everglades gewesen sind und vieles dazu gehört haben? Wer will das schon wissen.

Brasilien hieß das Reiseziel einer Gruppe im Mai 1988 aus dem Weserbergland – Bahia, Manaus, Rio de Janeiro, Sao Paulo, Santos, Iguassu, Belo Horizonte, Brasilia und Portobello waren die einzelnen Stationen der Rundreise von drei Wochen. Bereits im ersten Hotel der Reise in Salvador kam es zu erheblichen Unstimmigkeiten und der Leiter der

Gruppe bestand unmissverständlich darauf, dass solches in allen anderen Hotels der Reise tunlichst vermieden werden müsse, da ansonsten ernste Konsequenzen unumgänglich wären. Im Klartext: Die Reise werde im Wiederholungsfall abgebrochen, denn, so wörtlich: »Ich kenne meine Leute.« Der Leiter kannte sie in der Tat, wie sich schnell herausstellte, auch sie unternahmen viele gemeinsame Reisen. Und was war nun passiert? Obwohl sie eine lange Anfahrt von etwa dreieinhalb Stunden zum Frankfurter Flughafen und einen langen Flug von Frankfurt nach Salvador hinter sich hatten, hielt die Gruppe nichts von Ausspannen, Duschen, Schlafen und einem ersten Bummel in Salvador. Die Hotelbar war nämlich das Ziel aller und da dem Bier dort massiv zugesprochen wurde, war es schlicht und einfach zu fortgeschrittener Stunde ausgegangen. Das große Hotel in Salvador hatte es noch nie erlebt, dass der gesamte Biervorrat von einer Gruppe an einem Tag weggesoffen worden war. Das Besorgen von Nachschub zu jener Uhrzeit war nicht möglich. Als Ersatz musste der »brutale« Zuckerrohrschnaps Cachaca herhalten. Die vorhandene Menge dieses Getränkes reichte Gott sei Dank aus. Ich ließ über die örtliche Agentur alle anderen Hotels vorwarnen und gab ihnen damit die Zeit, sich entsprechend einzudecken. In einem persönlichen Gespräch mit dem Gruppenleiter nach Rückkehr wurde Salvador als der einzige Schwachpunkt der Reise bezeichnet. Selbst er hatte wohl nicht bemerkt, dass wir zum Beispiel in Rio de Janeiro einen unmöglichen Fahrer und eine arrogante, schlecht informierte, unwillige, lokale Reiseleiterin hatten und in Sao Paulo erschreckend wenig erfuhren über die Stadt, ihre Geschichte, ihre Menschen. Dass es aber ansonsten so viel Schönes, Interessantes über Brasilien, seine Städte, Menschen und Landschaften zu sehen und zu hören gegeben hatte.

Wie schon an anderer Stelle erwähnt, haben aber nicht nur Gruppen zuweilen Schwierigkeiten, sich mit einheimischen Trink- und Essgewohnheiten anzufreunden und Getränke und Gerichte des jeweiligen Gastlandes zu kosten. Oft sind weder Bereitschaft noch Freude vorhanden, einmal etwas Neues auszuprobieren, ein Land auch über die Küche kennenzulernen, vielleicht, um davon zu profitieren, auch zu Hause.

Möglicherweise spielt auch die Sorge mit, sich den Magen zu verderben oder etwas essen zu müssen, was dann nicht dem Geschmack entspricht. Ehepaar Kreidelmayer und Ehepaar Reidners aus Landshut wollten nun gar kein Risiko eingehen und ließen selbst das tägliche Frühstücksbüfett, das es auf der großen Südseereise Weihnachten-Neujahr 1989/90 in den meisten der gebuchten Hotels gab, unberührt. Tropische Früchte und Säfte, Cornflakes, Rühr- und Spiegeleier mit oder ohne Würstchen oder Schinken, Toast und einiges andere ließ sie einfach kalt. Nur des Niederbayerischen mächtig, baten sie mich täglich immer wieder, die Bestellung an das Bedienungspersonal weiterzugeben. »Die solln, bittscheen, etwas bringe mit Kartoffeln, wir zalln, wenn's was extra kost.« Nun gab es auf einigen polynesischen Inseln tatsächlich neuseeländische Kartoffeln, so dass sich der Ärger mit meinen süddeutschen Landsleuten in Grenzen hielt.

Zuweilen fällt es dem Reisenden auch schwer, besonders bei großen und reichhaltigen Büfetts, die richtige Wahl zu treffen bei Trink- und Essbarem. Das gilt sowohl für die Qualität als auch für die Quantität. Herr Löwig aus Berlin blieb beim Frühstücksbüfett im feudalen Grandhotel Kempinski in Istanbul im Oktober 1991 bei »seinem Leisten«. Er aß das, was er schon immer gerne wollte: Würstchen, eigentlich zu Rührei und Spiegeleiern gedacht. Er aß nur diese, mengenweise, 24, jawohl, 24 waren es am ersten Tag, an den folgenden Tagen habe ich nicht mehr nach der Anzahl gefragt.

Unangenehm werden konnte auch Herr Bohl aus Hannover auf der Neuseelandreise zu Ostern 1990, wenn Gewohntes oder Gewolltes zum Frühstück nicht immer machbar war: Er sei es gewohnt, übrigens auch zu Hause, dass er morgens zwölf Becher oder Tassen mit Kakao zu sich nehme. Er tat sich auch insgesamt sehr schwer, Fremd- oder Andersartiges bei seinen großen Reisen zu respektieren. Das galt auch für Souvenirs, nicht etwa Landestypisches war die Devise, sondern auch da bitte nur Vertrautes. Er sammelte nämlich nur eines auf seinen zahlreichen großen Reisen, vor allem im asiatischen oder ozeanischen Raum, das er dann von einem Gärtner in einem Vorort von Hannover einpflanzen ließ: Kartoffeln, ordinäre Kartoffeln. Auf meinen Wunsch, mir das mal ansehen zu dürfen, sollte ich im Raume Hannover sein, reagierte er überhaupt nicht. Sollten Sie mal liebe Leserin und lieber Leser, in Laatzen sein und vielleicht ungewöhnliche Kartoffelpflanzen zu ungewöhnlicher Jahreszeit wachsen oder blühen sehen, es könnte der Garten von Herrn Bohl sein.

Um bei den Souvenirs zu bleiben: Auf der Mikronesienreise im Februar 1990 wunderte ich mich immer wieder, wenn Herr Junghanns aus Kiel an Leitungsmasten oder Strommasten hochsah. Die Erklärung: Er sammelte mit großer Leidenschaft Transformatoren, die aus grünem Glas oder weißem Porzellan waren ihm am liebsten.

Zurück zum Frühstücksbüfett: Frau Irmtraud Rudolph, pensionierte Grundschullehrerin, aus dem Sudetenland stammend und seit dem Krieg in Wiesbaden wohnend, 78 Jahre alt, nur etwa 1,55 m groß, dennoch flink und behände, mit einer beneidenswerten Mimik und Gestik ausgestattet, trug stets einen Leoparden-Nylon-Mantel und hatte – zumindest tagsüber – immer ihre Handtasche um den Hals gehängt, wohl aus Sicherheitsgründen. Ihr Englisch war bedauernswert schlecht und mit sudetendeutschen Flüchen durchsetzt. Sie war Teilnehmerin der Neuseelandreise zu Ostern 1990 und damit Mitreisende des erwähnten Herrn Bohl. Und sie war es gewohnt, sich am jeweiligen Frühstücksbüfett einzudecken für den ganzen Tag. Längst abgekommen war sie davon, dies unauffällig und etwas verschämt zu tun. Sie verstaute ungeniert und für alle sichtbar, was an Essbarem in ihre Handtasche passte, benutzte auch des Öfteren, aus Kapazitätsgründen, Plastikbeutel aus den jeweiligen Hotelzimmern, die für schmutzige Wäsche gedacht waren und im Neudeutschen ja inzwischen »Laundry bags« heißen. Sie habe »schlimme Zeiten und ganz andere Sachen erlebt«, ließ sie rein zufällig und unaufgefordert dazu hören. Aufgrund dieser Vorratshaltung war sie als Einzige der Gruppe in der glücklichen Lage, ein zweites Frühstück zu sich zu nehmen, ohne dass der Bus anhalten musste. Mir gegenübersitzend – Busfahrten vertrug sie nur, wenn sie in der ersten Reihe saß – öffnete sie Handtasche und Plastiktüte und ließ es sich gut gehen. Eine gewisse Zurückhaltung war ihr auch bei

... meine
New-York-Reise 1990
D
LIBERTE

der anschließenden Reinigung der Zähne fremd. Unter Schmatzen und Schnalzen benutzte sie Zahnstocher, die von der Größe her eher zum Mikadospielen oder Häkeln geeignet waren. Anschließend versank sie in einer Art Tiefschlaf und bei Bodenunebenheiten und bei Veränderung ihrer Sitzhaltung gab sie, wenn auch unregelmäßig, unappetitliche Töne von sich.

Frau Rudolph wirkte störrisch, besserwisserisch und empfand es als anmaßend, wenn jemand sie auf dieses oder jenes Versehen ansprach. So benutzte sie beispielsweise den sogenannten Conditioner, der mit Seife, Shampoo, Erfrischungstuch, Schuhglanztuch und Nähnotvorrat zuweilen in besseren Hotels für Gäste zur Verfügung steht, als Hautcreme. Die Folge war, dass sie eine weißliche, hellgraue Gesichtsfarbe annahm, sobald der Conditioner getrocknet war.

Mit diesen Annehmlichkeiten in den Hotelzimmern war auch Ehepaar Eidermann, Teil der Gruppe einer Rundreise durch den Südwesten der USA im September 1990, nicht ganz vertraut. Plötzliches Unwohlsein von Frau Eiderman während einer Busfahrt ließ Herrn Eidermann zur Handtasche eilen und den Gesamtbestand aus dem Hotelzimmer hervorholen. Mehrere Erfrischungstüchlein, mit denen er ihr über Stirn und Gesicht wusch, halfen Frau Eiderman offensichtlich schnell wieder auf die Beine. Die anfänglichen Sorgen hinsichtlich der intensiven braunen Gesichtsfarbe waren jedoch unbegründet, Herr Eidermann hatte nämlich seine Frau mit dem Schuhputzmittel behandelt.

Mit einer anderen Hoteleinrichtung haben auch so manche andere Reisende ihre Probleme: Herr Wohlers aus München war anlässlich der Reise nach Nizza und Monte Carlo im Mai 1992 Gast des altehrwürdigen und unglaublich teuren Hotel de Paris gegenüber der Spielbank in Monte Carlo. Wie des Öfteren in Hotels gehört auch hier ein Kühlschrank zur Zimmerausstattung, als Service und Annehmlichkeit für den Hotelgast gedacht. In den Zimmern dieses Hotels war der Kühlschrank – oder die Minibar – besonders groß, holzverkleidet und bis zum Rande mit Flaschen und Getränken aller Art gefüllt. Der bei

Verzehr auszufüllende Zettel mit Kopie lag oben auf einem Silbertellerchen, nebst Kuli und Flaschenöffner. Am Abreisetag, alle Teilnehmer saßen schon im Bus, stürzte der Empfangschef des Hotels hinter mir her und bat darum, die Abfahrt doch zu verschieben, bis die Extras von Zimmer 440, dem Zimmer von Herrn Wohlers, reguliert seien. Dann setzte er leise hinzu: „»843 Mark sind noch zu zahlen!«

Ich bat Herrn Wohlers diskret, aus dem Bus auszusteigen und ergänzte flüsternd: »Da ist noch etwas an Extras offen, könnte es die Mini-Bar gewesen sein?« Herr Wohlers blieb auf dem Weg zur Kasse in der Mitte der großen, altehrwürdigen Hotelhalle des Hotel de Paris stehen, öffnete seine prallgefüllte Handtasche und kippte den gesamten Inhalt auf den sicherlich unglaublich teuren und doppelt verlegten Teppichboden – unzählige Flaschen und Fläschchen im Wert von 843,– DM. »Scheißhotel«, war sein Kommentar. Auf der Fahrt zum Flughafen schüttelte er mehrmals noch den Kopf: »Die sehen mich hier nicht wieder«, ließ er deutlich verlauten.

Auch die mir von einigen Reisen her bekannten Sauerländer mochten in der Ferne nicht auf Liebgewonnenes aus der Heimat verzichten. Nicht nur, dass sie täglich, wenn irgend möglich, ein Fax aus der Redaktion der Sauerländer Zeitung im betreffenden Hotel erhielten, mit Nachrichten und Neuigkeiten von daheim, die ich dann zu verlesen hatte. Der Leiter der Gruppe sorgte auch dafür, dass alle Teilnehmer bereits ab Lüdenscheid-Hauptbahnhof eine Mütze trugen mit der Aufschrift: Ich bin ein Anhänger der Sauerländer Zeitung. Darüber hinaus hatte er auf der Nordindienreise im Oktober 1992 dafür gesorgt, dass seine Schäflein täglich jeder ein Stück Dauerwurst bekamen – zwei prall gefüllte Reisetaschen voller Würste reichten spielend für die Dauer der Reise. Der Grund: »Damit de Leit emol am Dach was Anständisches zu essen kriesche.« Anständiges bekamen sie auch alle nach Rückkehr am Flughafen in Frankfurt: In dem Bus, der die Gruppe wieder abholte und zurückbrachte nach Lüdenscheid, lagen auf jedem Platz eine Ausgabe der Sauerländer Zeitung und ein ordentliches Stück Fleischwurst. Es muss das Richtige gewesen sein, denn ich sah beim Abfahren des Busses nur strahlende Gesichter, kaum jemand, der winkte, klar, sie hatten alle Hände voll zu tun mit der Fleischwurst.

Ähnlich praktizierte es eine Bank in der Nähe von Heilbronn mit ihren beiden Gruppen anlässlich einer Singapur-Java-Bali-Reise im September 1990. Auf dem Weg zum Frankfurter Flughafen bekamen alle Reiseteilnehmer eine frische, große Brezel und ein »Viertele« Wein. Gleiches hatte der Bus wieder an Bord, als die Gruppe nach Rückkehr abgeholt wurde. Auch hier musste unterwegs nicht auf Heimatliches verzichtet werden: Eine Flasche Kirschwasser, aus bankeigener Brennerei, wie man mir glaubhaft versicherte, so stand es auch auf dem Etikett, hatte jeder Reisegast in seinem Gepäck. Die Reise sei zwar sehr schön gewesen, hörte man einige Wochen später bei einem Treffen der Reiseteilnehmer, aber von Essen und Trinken verstünden »die da unten« doch leider sehr wenig. Ich weiß in solchen Situationen nie, ob ich lachen oder weinen soll.

Der Reiseleiter als Handlanger, so sagte ich. Natürlich, so denke ich, ist es wichtig, zuweilen Vorsorge zu treffen und genau darauf zu achten, dass aus dem Handlanger nicht auch noch ein Hampelmann wird. Wobei man sicherlich geteilter Meinung sein kann, wann das eine aufhört und das andere anfängt, wie bei meinen »Damen-Geschichten«.

Herr Knoop aus Bad Vilbel hatte anlässlich seiner Ecuador-Galapagos-Reise zu Ostern 1992 seinen Pass zu Hause vergessen. Während seine Frau in Sorge war und sich auch der Vergesslichkeit wegen Gedanken und Vorwürfe machte, herrschte er mich an: »Was stehen Sie hier herum, holen Sie gefälligst den Pass. Das fängt ja gut an, was für einen Typen von Reiseleiter haben wir denn da wieder?« Der Gruppenleiter dieser »Bankreise« schickte unverzüglich ein Taxi nach Bad Vilbel und ließ den Pass abholen. »Wissen Sie«, sagte er zu mir, »Herr Knoop hat ein großes Baugeschäft und seit Jahren bei uns seine Konten. Ich muss da vorsichtig sein.«

Herr Büthlein aus Lübeck war Teilnehmer einer großen sogenannten Incentive-Gruppe eines bedeutenden deutschen Konzerns nach Paris im Oktober 1990. Die Teilnehmer erhielten diese »Belobigungsreise« als Dank für hervorragende Verkaufszahlen, die sie im Computerbereich vorweisen konnten. Diesen Reisen eigen ist, dass es an nichts fehlen darf. Nur das Allerbeste hinsichtlich Unterbringung, Essen und anderem ist gerade gut genug und sogenannte Gags dürfen nicht fehlen. Ein Gag bei dieser Reise war, mit einer eigens für diese Gruppe gecharterten Straßenbahn von einem feudalen Restaurant am Montmatre zu einer Show zum Moulin Rouge zu fahren. Herr Büthlein vor dem Moulin Rouge zu mir: »Sie sind doch der Reiseonkel hier, nicht wahr? Ich habe nämlich meine Frau verloren, sorgen Sie dafür, dass sie vor Show-Beginn wieder hier ist. Ich gehe inzwischen schon rein.«

Ich glaube, es ist etwas dran, wenn ich sage, dass in beiden Fällen der Reiseleiter ganz in der Nähe eines Hampelmannes anzusiedeln ist.

*Unserem Reiseleiter Lowi, genannt Lorenzius*

*Bekanntlich ist Lorenzius*
*ein Mann, der schuldhaft scheitern muss,*
*weil er halt viel Kühnes wagt*
*und nach dem Risiko nicht fragt.*

*Wenn uns' Lorenzius nicht scheitert,*
*dann nur, weil er reiseleitert,*
*der klug das Risiko erwägt*
*und ihm beizeiten Rechnung trägt.*

*Drum wollen wir den Lowi loben:*
*Den Kopf behält er immer oben*
*und braucht ihn mit Besonnenheit.*
*Zur Ruhe kommt die Freundlichkeit.*

*Tut's not, dann ist er sehr entschieden;*
*doch liebt er Sanftmut mehr und Frieden.*
*Vor allem liebt er die Natur*
*und ist ihr ständig auf der Spur.*

*NEUSEELAND kennt er wie sein Haus.*
*Das zahlt' für uns sich doppelt aus.*
*Wir kriegen mehr als sonst zu sehen,*
*und konnt' auch nichts danebengehen.*

*Dies alles führt uns zu dem Schluss:*
*Im LOWI steckt ein Dädalus.*
*Doch er, der* FRANKTOUR *Erretter,*
*er scheitert manchmal selbst: am Wetter.*

*Nur: solches Scheitern macht gescheiter.*
*Drum, Lowi, lebe heiter weiter!*
*(Dr. Werner von Nordheim)*

Und dann habe ich mal bei verschiedenen Reisen einen Landsmann kennengelernt, der gleich mehrere Verhaltensmuster an den Tag legte, die sich abseits der Norm befanden. Es handelt sich um Manfred Tamm aus Bonn, die Rede war bereits von ihm. Sein bevorzugtes Zielgebiet war bisher Inselasien und alle Teile Ozeaniens. Keine Frage, dass bei verschiedenen Gelegenheiten gerade in dieser Region unserer Erde trotz Rundfahrten und Besichtigungen ausreichend Möglichkeit zum Baden bestand. Herr Tamm nutzte sie auch. Beim ersten Male dachte ich, er sei überempfindlich, was Salzwasser und Sonne anging, und auch mehr als vorsichtig, wenn es galt, Seeigeln und Korallen auszuweichen. Dann erlebte ich ihn badenderweise an Stellen und in Ländern, wo diese Vorsichtsmaßnahmen völlig überflüssig waren. Warum er so und nicht wie üblich badete, habe ich bisher nicht erfahren können. Auf Fragen diesbezüglich reagierte er nicht. Manfred Tamm badete in voller Kleidung und mit Schuhen und Strümpfen, so auch auf unserer letzten Reise auf Palau, Yap, Guam, Majuro, auf Kiribati und Vanuatu.

In Fairbanks in Alaska gibt es die »Mitternachtsmine«, eine Lokalität die nicht ganz »stubenrein« ist. So richtig los geht es auch erst gegen

Australien - Oktober 1989

Mitternacht, denn die Nächte in Fairbanks sind wirklich kurz im Sommer. Besucher sind Athapasken-Indianer, Eskimos, Amerikaner, Kanadier und Europäer, die es »nicht ganz geschafft haben«, viele, die sich nur im Sommer dort oben aufhalten, um nicht dem bitterkalten, dunklen und langen Winter ausgesetzt sein zu müssen. Zu trinken gab es Whisky und Bier aus dem Hahn, keine Selbstverständlichkeit in Nordamerika, allerdings gab es beides in amerikanischen Behältnissen, die sie Pitcher nennen, etwa einen Liter fassende, durchsichtige Plastikkannen. Auf einer Alaskareise im Sommer 1988 gerieten ein Teil der Gruppe und ich auf der Suche nach etwas Trinkbarem in diese Kneipe. Es dauerte nicht lange und ein »Gast«, verwegen aussehend, verlangte zu wissen, welcher Nationalität wir zuzurechnen seien. Als Beweis dafür, dass wir Germans waren, erbat er unsere Pässe, die er aber nicht mehr herausrückte, dann lud er uns zum Bier ein. Wir waren nun mehr oder weniger gezwungen, auf Kosten dieses Herrn mit bis zum Rande gefüllten Pitchers anzustoßen, auf das Wohl Alaskas und seine Bewohner und Unmengen Bier in uns hineinzugießen, bis er das Stoppzeichen bereit war zu geben. Und dies dauerte schrecklich lange – Gott sei Dank hat nordamerikanisches Bier nicht die Wirkung wie deutsches Bier. Dennoch waren wir ein erhebliches Stück weg davon, nüchtern zu sein, und es war schon längst wieder ganz hell, als wir unser Hotel erreichten. Aber wir hatten unsere Pässe wieder.

Reiserecht und Haftungsfragen beschäftigen offensichtlich zunehmend Reisende, Reisebüros, Veranstalter, Leistungsträger, Reisebüroverbände, Hotels, Fluggesellschaften, Rechtsanwälte und Gerichte. Frau Esslinger, ehemalige Religions- und Musiklehrerin aus Essen, reiste im September 1991 mit einer Gruppe nach Australien. Sie hatte sehr kurzfristig gebucht und da sie zwar alleinstehend, aber nicht bereit war, den erforderlichen Einzelzimmerzuschlag zu zahlen, wurde demzufolge ein Doppelzimmer vorgesehen, das sie sich mit einer erheblich jüngeren, weiblichen Reiseteilnehmerin, Frau Beate Hanke aus dem Münsterland, teilen musste. Frau Hanke erwies sich als außergewöhnlich anpassungsfähige, tolerante und sprachbegabte Reiseteilnehmerin, die sich zudem noch ungewöhnlich intensiv auf Australien und die Reise vorbereitet hatte. Sie war auch in vielen Situationen behilflich, denn Frau Esslinger war wohl wenig sprachbegabt und scheinbar auch nicht bereit, die vorhandenen Sprachkenntnisse einzusetzen. Behilflich auch beim Tragen des Handgepäcks, beim Ergänzen oder Wiederholen von Informationen, beim Aussteigen aus dem Bus, beim Suchen und Finden von Lokalen etc. Vielfach nahm sie sie mit und man sah die beiden auch an der Hotelbar beim Bier oder Plausch einträchtig beieinander sitzen. Frau Esslinger hatte großes Glück und das schien sie auch so zu empfinden, denn sie forderte die Gruppe hin und wieder auf, doch ein Lied zu singen. Sie übernahm als ehemalige Musiklehrerin das Vorsingen und Dirigieren während der Busfahrten.

Der betreffende Veranstalter erhielt einige Wochen später von einem Rechtsanwalt aus Essen ein äußerst scharf gehaltenes Reklamationsschreiben mit entsprechender Schadenersatzforderung in Höhe von 40 % des Reisepreises. Begründung: Seine Mandantin, Frau Esslinger, wurde vom Veranstalter mit einer wesentlich jüngeren Mitreisenden »zusammengelegt«, die unfreundlich, wenig hilfsbereit war, zudem immer spätabends und alkoholisiert nach Hause kam, Lärm beim Zubettgehen machte und immer den Zimmerschlüssel versteckte. Und außerdem hätte sich Frau Esslinger darüber aufgeregt, dass diese Frau Wäsche selbst wusch und im gemeinsamen Zimmer zum Trocknen aufhängte. Sie, Frau Esslinger, habe sich darüber so aufregen müssen, dass an Schlaf während der drei Wochen überhaupt nicht zu denken war. Demzufolge hatte sie den sicherlich hochinteressanten Ausführungen des Reiseleiters nicht folgen und die zahlreichen Sehenswürdigkeiten auch nur ganz bedingt wahrnehmen können, alles aufgrund des enormen Schlafbedürfnisses. Frau Hanke brach in Tränen aus, als sie davon erfuhr und aufgefordert wurde, eine verbindliche und plausible Erklärung abzugeben. Nie mehr werde sie ein Doppelzimmer buchen, war ihre einzige Antwort. Was wohl Frau Esslinger macht bei der nächsten Reise?

Wenn ich von Reiserecht und Haftung sprach, so sind damit auch die Reisebeschreibungen in den Katalogen gemeint, denn der Katalog ist sicherlich Grundlage der meisten Buchungen. Es kann daher nicht schaden, den Text entsprechend kritisch zu lesen. Aber wird man den Reiseveranstaltern gerecht, wenn man Katalogbeschreibungen folgendermaßen übersetzt?

- aufstrebend = unterentwickelt, aber viele Baustellen
- lebhaft, fröhlich = Touristenrummel
- direkt am Meer = Steilküste, Hafen, kein Badestrand
- verkehrsgünstige Lage = Straßenlärm rund um die Uhr
- in der Nähe des Flughafens = Einflugschneise
- internationale Atmosphäre = Alkoholisierte aus aller Welt
- im griechischen Stil = Zimmer kahl und nüchtern
- Strandpromenade = Küstenstraße mit Durchgangsverkehr
- zur Meerseite hin = ohne Meeresblick, Häuser dazwischen
- naturbelassener Strand = ungepflegt, oft im Abwasserbereich
- wöchentliche Folkloreabende = sonst absolut nichts los
- familiäre Atmosphäre = abgewohntes Haus ohne Komfort
- unaufdringlicher Service = Kellner lässt auf sich warten
- neu eröffnetes Hotel = Gartenanlagen sind noch nicht fertig
- kinderfreundliches Haus = Gäste haben sich über Kinder beschwert
- sauber und zweckmäßig = ganz ohne Komfort
- beheizbarer Swimmingpool = Heizung wird nicht garantiert
- Idylle in ruhiger Lage = jwd – janz weit draußen

Herr Müller aus Paderborn war Teilnehmer der Ostkanadareise zum Indianer-Sommer im September 1992. Überall hat es ihm sehr gut gefallen, ob in Ottawa, Montreal, Toberary, Tadoussac, Quebec-City oder Matane. Eine solch hervorragende Reise in Planung und Ausführung, so seine Worte, habe er bisher noch nicht erlebt. In Perce auf der Gaspe-Halbinsel wohnten wir in einer wunderschönen Lodge dicht am St.-Lorenz-Strom mit Blick auf Rocher, den »Hausfelsen« und die Attraktion schlechthin dort. Beim Gang zum Frühstücksraum wurde man von zwei Herren begrüßt mit »How are you?« und »Have a nice day«, sie waren damit beschäftigt, die Eingangstür zu streichen. In Halifax allerdings erhielt Herr Müller in der Lake View Lodge zunächst ein Zimmer, das ebenerdig und nicht zur Wasserseite hin lag, die Lodge bestand aus Erd- und Obergeschoss. Sehr ruhig und mit der Bemerkung »nur wenn's irgend geht« bat er um einen Tausch. Innerhalb kürzester Zeit hatte die junge, zuvorkommende, kanadische Rezeptionsdame ein neues Zimmer im ersten Stock mit Blick aufs Meer organisiert und mit einer kurzen Entschuldigung an Herrn Müller wurde der neue Zimmerschlüssel ausgehändigt. Ein Kofferträger trug ihm den kleinen, rindsledernen Koffer vom Erdgeschoss über die Treppe in den ersten Stock ins neue Zimmer. Herr Müller bedankte sich vielmals, das Ganze dauerte drei Minuten etwa. Auch in diesem Fall erhielt der Veranstalter ein langes Schreiben mit der Aufforderung, für eine angemessene Entschädigung innerhalb einer bestimmten Frist zu sorgen. Begründung dieses Mal: In Perce sind zweimal Anstreicher an Herrn Müllers Zimmer in der Bonaventura-Lodge vorbeigelaufen, während er sich im Zimmer befunden habe und gerade ausziehen wollte, und in Halifax habe das Zimmer getauscht werden müssen und das sei ja nun ein handfester Skandal. Ob Herr Müller sich, wie angedroht, einen Anwalt genommen hat, entzieht sich meiner Kenntnis.

Und können Sie sich vorstellen, dass sich Frau Schneider aus Köln im Sommer 1988 in Westkanada weigerte, mir die Fahrtkosten für den Sessellift auf den Mount Whistler in Jasper, dem dortigen Hausberg, zu geben, weil eben jener Lift schaukelte? Und Herr Dr. Schiesser in Queenstown auf der Südinsel Neuseelands Ostern 1987 nicht bereit war, die Liftkosten zur Auffahrt auf den Coronet Peak an mich zu zahlen, weil man von dort nicht den Mount Cook hat sehen können? Und Herr Heschert aus Detmold in Delhi auf der Nordindienreise über Weihnachten-Neujahr 1985/86 nicht im Entferntesten daran dachte, die Kosten für ein extra für die Gruppe arrangiertes indisches Abendessen zu zahlen? Seine Begründung: »Das Essen schmeckte nicht, war viel zu scharf und ich werde mir vorbehalten, Kosten für entgangene Urlaubsfreuden nach Rückkehr in Rechnung zu stellen.« Und Frau Maria Adelmayer, eine in die Jahre gekommene Balletttänzerin aus Regensburg, es ablehnte bei einer Neuguineareise im Oktober 1987 in Madang im Hotel Beachcomber die angefallenen Kosten für von ihr reichlich getrunkene Biere zu zahlen? Ihre Begründung lautet: »Ich hab' heit wieder acht kloane Bier trunke, die woarn nicht zum Saufe, das Gelump.«

# Notizen auf Bali

Es ist vorbei mit der göttlichen Ruhe in der Tempelanlage von Gianyar, in der ich seit einer halben Stunde umherschlenderte, der einzige Fremde unter den balinesischen Frauen und Männern. Oktober 1993, dies ist eine Reise allein, ohne Gruppe, so dachte ich. Aber nein, ein Bus fuhr auf der Straße vor, eine Gruppe deutscher Touristen strömte durch das Eingangstor. Die Leute schwärmten aus, staunten laut, fotografierten hastig und sammelten sich nach kurzer Zeit um ihren Führer. Der junge Mann, Indonesier, sprach ausgezeichnet Deutsch und erklärte der Gruppe geduldig die Anlage, die verschiedenen Götter, ihre Charakteristika und ihre, sagen wir Zuständigkeitsbereiche. Da standen die reich verzierten Tempelhäuschen von dem Schöpfer Brahma, dem Bewahrer Vishnu und dem Zerstörer Shiva, den drei höchsten der hinduistischen Gottheiten. Die Reisgöttin Dewi Sri und Dewi Danu, die Göttin des Wassers, haben eigene Pagoden. Da sind im Schatten des Frangipanibaumes steinerne Reliefs von Ganesh, dem Gott mit dem Elefantenrüssel, und von Garuda, dem mythischen Himmelsvogel. Da gibt es Schreine für die Ahnen und Statuen und Skulpturen von Fabelwesen und Dämonen – und ihnen allen muss geopfert werden, denn die guten Götter wie die bösen Geister wollen umworben und besänftigt sein, Tag für Tag.

Aufmerksam hörten die Touristen dem Mann aus Bali zu, bis auf einen, der aus dem Rahmen der Gruppe und den anderen auf die Nerven fiel, wie ihre gequälten Blicke unschwer erahnen ließen. Klein, grauhaarig und dick war er, Mitte 50 und ganz rot und verschwitzt im Gesicht. Schon eingangs, als er sich einen Schal um die Hüfte binden lassen sollte, hatte er etwas von »Faschingsmaskerade« getönt. Jetzt trampelte er ungeniert über Blumen, Obst und Reiskörner, die vor den Schreinen als Opfergaben liegen, und dauernd lief seine Videokamera: Priester in Tracht filmte er, Frauen, die Pyramiden aus Obst auf den Köpfen trugen, alte Männer und Kinder, die im Eingang saßen. Niemand entkam ihm, niemanden fragte er um Erlaubnis. Schließlich trat er wieder zu seiner

## *Als die Touristen kamen*

Der Finanzminister sprach:
„Die Wirtschaft wird angekurbelt, die Dollars und Mark werden fließen."

Der Innenminister sprach:
„Das heißt vielfältige Beschäftigungen für alle Einheimischen."

Der Kultusminister sprach:
„Das wird unser Leben bereichern, der Kontakt mit anderen Kulturen verbessert sicherlich die Lebensqualität."

Der Hilton-Manager sprach:
„Wir werden für Euch ein zweites Paradies schaffen. Für Euch ist das der Morgen eines Neubeginns."

Als die Touristen kamen,
flog unsere alte Kultur zum Fenster hinaus, wir tauschten unsere Bräuche gegen Sonnenbrillen und Pop, aus heiligen Zeremonien wurden billige Peepshows gemacht.

Als die Touristen kamen,
wurde unser Essen knapp, gingen die Preise hoch, doch unsere Löhne blieben niedrig.

Als die Touristen kamen,
durften wir nicht mehr hinunter an unsere Strände gehn;
der Hoteldirektor sagte: „Wilde verschandeln den Strand."
Als die Touristen kamen,
wurden Hunger und Elend bewahrt als bedrohtes historisches Bild - „ein schicker Schandfleck!" - für die klickenden Kameras.

Als die Touristen kamen,
wurden wir aufgefordert, „Bürgersteig-Botschafter" zu sein, stets lächelnd und höflich, ihn immer zu führen, den „verirrten" Gast ...
Zum Teufel - könnten wir Ihnen nur sagen - wohin wir sie wirklich wünschen!"

*(Cecil Rajendra, Poet und Rechtsanwalt, Penang Island Malaysia)*

Gruppe. Er hatte die letzten Sätze des Reiseführers noch verstanden, klopfte ihm gönnerhaft auf die Schulter und sagte: »Na, Meister, wie viele solcher Götzen habt ihr denn, so alles in allem?«

»Es sind viele Götter«, sagte der Balinese ernst.

»Na, das ist ja prima«, meckerte der Dicke. »So eine Art Rundum-Versicherung, oder wie? Für jede Lebenslage die passende Vorsorge. Aber funktionieren die auch tatsächlich immer so, wie sie sollen?«

Die Wangenknochen des Reiseführers zuckten, aber er antwortete unglaublich ruhig: »Im Allgemeinen sind wir zufrieden. Es gibt allerdings Schicksalsschläge, gegen die auch sie uns nicht beschützen können.«

»Ach«, sagte der Dicke neugierig, »und die wären?«

»Gegen Besucher, die wie Elefanten auf den Seelen unserer Leute herumtrampeln, gegen die sind selbst die Götter machtlos«, sagte der Balinese und lächelte, wie sonst üblich, kein bisschen dabei.

## Zwölf Tugenden für die Reise

1. Reisen Sie in einem Geist von Bescheidenheit und mit dem ehrlichen Wunsch, mehr über das Land und seine Menschen zu erfahren.

2. Respektieren Sie die Gefühle der gastgebenden Bevölkerung, um verletzendes Verhalten Ihrerseits zu vermeiden. Dies betrifft vor allem das Fotografieren.

3. Üben Sie sich in wirklichem Zuhören und Beobachten, anstatt nur zu hören und zu sehen.

4. Bedenken Sie, dass andere Völker oft andere Zeitbegriffe haben. Das heißt nicht, dass diese schlechter sind – nur eben anders.

5. Anstatt nach Traumstränden zu suchen, entdecken Sie die Bereicherung, die Sie – mit anderen Augen sehend – durch die Begegnung mit einer anderen Lebensweise erfahren.

6. Machen Sie sich mit den örtlichen Sitten und Gebräuchen vertraut – die Menschen werden Ihnen dabei helfen.

7. Anstatt nach westlicher Art auf alles eine Antwort zu haben, gewöhnen Sie sich an, selbst Fragen zu stellen.

8. Denken Sie daran, dass Sie nur einer von tausend Touristen im Land sind und beanspruchen Sie deshalb keine besonderen Privilegien.

9. Wenn Sie es im Urlaub wie zu Hause haben wollen, ist es sinnlos, Ihr Geld für Reisen zu verschwenden.

10. Wenn Sie günstig eingekauft haben, bedenken Sie, dass dies nur möglich war, weil der Hersteller einen geringen Lohn dafür bekommen hat.

11. Machen Sie den Menschen in Ihrem Gastland keine Versprechungen, wenn Sie nicht sicher sind, ob Sie Ihr Wort halten können oder wollen.

12. Nehmen Sie sich Zeit, um über Ihre täglichen Erfahrungen nachzudenken, dann vertiefen Sie Ihr Verständnis. Man sagt: »Was dich bereichert, kann andere ärmer machen und verletzen.«

Frau Gudrun Müller, Mathematik- und Sportlehrerin, Anfang 50, gut aussehend, braun gebrannt und stets gut gelaunt, bereitete sich sehr intensiv auf ihre zahlreichen Reisen vor. Sie las sehr viel und die gängigsten Reiseführer des zu besuchenden Landes waren ihr geläufig. Sie hielt nicht viel von Badetourismus, sondern bereiste ausschließlich Länder und bevorzugte Reiserouten, die als klassische Studienreise-Länder gelten können – China, Indien und sonstiges Festland-Asien, Mittelamerika und die Andenländer in Südamerika, Sizilien, die Toskana oder Griechenland beispielsweise in Europa. In diesem Falle hatte sie sich für eine Türkei-Rundreise per Bus im Oktober 2002 entschieden, beginnend in Istanbul, über die Dardanellen führend und weiter nach Troja, Pergamon und Ephesus. Obwohl keine körperlichen Gebrechen erkennbar, beanspruchte sie den Platz hinter dem Fahrer und erhielt ihn auch ohne Murren von Seiten der Mitfahrenden. Um ganz sicher zu gehen, legte sie vor der Abfahrt oder schon abends zuvor eine Plastiktüte mit nicht erkennbarem Inhalt auf den Sitzplatz. Ich nutzte eine Gelegenheit während des Rundgangs in Ephesus, Frau Müller nach dem Inhalt zu fragen. Mir war nebenbei auch aufgefallen, dass sich der Inhalt weder vergrößerte noch verkleinerte. Die Antwort ließ nicht lange auf sich warten: »Wissen Sie, man liest so viel über Busunglücke und dass Busfahrer oft eingeschlafen sind während der Fahrt, gerade hier in der Türkei. Ich habe in der Tüte einen Gummihammer und wenn der Fahrer auch nur die geringsten Anzeichen von Müdigkeit zeigt, werde ich ihm damit eine verabreichen, damit er wieder vollends bei der Sache ist.« Bleibt zu hoffen, dass sie das nicht zu früh macht, denn das könnte fatale Folgen haben, und wenn sie den Hammer zu spät schwingt – na, dann ist es ohnehin egal.

Ich hatte bereits bei früherer Gelegenheit hinsichtlich des Kaufs von Souvenirs auf die unterschiedlichsten Interessen hingewiesen und auch einige Beispiele genannt, was alles als Souvenir herhalten muss. Herr Wilfried Hauck, Oberstudienrat aus Wolfenbüttel und Teilnehmer der Chinareise im Oktober 2003 klagte stets darüber, wie teuer alles geworden sei in Deutschland und dass er lange habe sparen müssen, um sich diese Reise leisten zu können. Das Reiseziel China auch wiederum nur deshalb, weil man ihm im Reisebüro erzählt habe, wie preisgünstig dieses Land insgesamt sei, das gelte nicht nur für Essen und Trinken, Kleidung, Taxen und Busse, sondern eben auch für Souvenirs oder das, was als übliche Souvenirs angeboten würde. Und nun vor Ort müsse er enttäuscht feststellen, dass man ihm im Reisebüro etwas vorgegaukelt habe, wie er sich ausdrückte. »Ganz zu schweigen davon«, fuhr er fort, »dass ich trotz intensiven und zeitraubenden Suchens zunächst nicht das fand, was ich in zahlreichen anderen Ländern ohne Mühe gefunden habe. Erst in einem unverschämt teuren Laden und gewissermaßen auf den letzten Drücker war ich praktisch gezwungen, dem Kauf zuzustimmen, wollte ich nicht leer ausgehen. Denn damit wäre China das einzige Land, aus dem ich ohne ein Erinnerungsstück nach Hause zurückkehre. Dafür habe ich umgerechnet 220,– Euro bezahlt und selbstverständlich werde ich sofort nach Rückkehr zum Reisebüro gehen und die Erstattung des Betrages verlangen.« Um was für ein Souvenir es sich handelte, wollte mir Herr Hauck nicht sagen. Erst eine Rückfrage bei dem betreffenden Reisebüro etwa eine Woche nach Rückkehr brachte es an den Tag: Herr Hauck sammelte bei allen Reisen Klosettbürsten als Souvenir. Ob die chinesische handgeschnitzt oder gar aus Elfenbein oder Jade war, konnte ich nicht in Erfahrung bringen.

Und nun noch eine kleine Geschichte von einer privaten Reise: Anlässlich einer Mittelamerikareise im Frühjahr 2005 waren meine Frau und ich – wieder mal und wie fast immer – auf der Suche nach Ursprünglichkeit und Volksnähe. Es sollte kein Badeziel sein – ich sage das ohne Überheblichkeit. Ausgesucht hatten wir uns Nicaragua, ein wahrlich nicht alltägliches Ziel. Und unsere Erwartungen wurden nicht enttäuscht, im Gegenteil: eine faszinierende Landschaft, Regenwälder mit großartiger Flora und Fauna, Mangroven, Vulkane, dazu freundliche Menschen und ein erstaunlich verträgliches Klima. Kurzum: die ganze Welt in einem Land.

Wir fuhren mit einem Linienbus nach Masaya, der Bezirkshauptstadt mit etwa 80.000 Einwohnern, und wir waren nicht die einzigen Fahrgäste. Außer den zahlreichen Fahrgästen wurde allerlei Getier transportiert und unglaublich viel Gepäck, das meiste davon auf dem Dach des Busses. Der Bus war ein bewährtes, älteres, amerikanisches Auslaufmodell, aber wen störte das? Er machte einen Höllenlärm und der Auspuff schien irgendwo mal auf der Strecke geblieben zu sein und die Reifen, nun ja, glatt wie ein Spiegel. Und wie gesagt: Das Gedränge war groß. Es war so groß, dass wir erst beim Aussteigen an einem Markt bemerkten, dass das Portemonnaie aus der Gesäßtasche gestohlen war, eine Verfolgung des oder der Täter war hoffnungslos auf jenem Markt. Und so entschlossen wir uns kurzerhand, zur Polizei zu gehen. Erstaunlich schnell hatten wir das zuständige Revier erreicht, an der Hauptstraße von Masaya gelegen, besetzt mit einer Dame und drei Herren in schicker blauer Uniform. Uns wurde bedeutet, doch schon mal Platz zu nehmen auf dem einzigen metallenen Stuhl – wie gesagt zu zweien – und Geduld zu haben, denn wir seien gerade zur Mittagszeit erschienen. Ihr Mittagessen bestand aus Hähnchenteilen und einem undefinierbaren Brei und die Knochen wurden mit Schwung aus einem Oberlicht ins Freie befördert, meistens traf man das Oberlicht, Fehlwürfe interessierten keinen. Nach langer Wartezeit wurden wir schließlich nach dem Grund unseres Besuches gefragt und einer der drei Bediensteten machte sich daran, auf einer unglaublich alten Schreibmaschine ein Protokoll zu schreiben, auf einem Blatt mit drei Kopien mittels Blaupause. Die Fragen, die beantwortet werden mussten, waren an Merkwürdigkeit nicht zu überbieten: Name, Geburtsdatum und Beruf des Vaters, das Gleiche von der Mutter. Geburtsdatum, Wohnort und Beruf von uns beiden interessierte nicht. Dies alles nahm sehr viel Zeit in Anspruch, da das Einfingersystem des Beamten und die unterschiedliche Höhe der Tastatur ein schnelleres Schreiben unmöglich machten. Erschwerend kam hinzu, dass sich der Wagen nur per Hand bedienen ließ. Und da er sich auch ungewöhnlich oft vertippte, war später auf den Kopien nichts zu lesen. Von dem Ablauf des Geschehenen wollten die Beamten nichts wissen, vielmehr schlugen sie vor, nunmehr den Dieb zu suchen, gemeinsam und entsprechend unserer sehr virtuosen Beschreibung, denn nähere Angaben zu dem, des oder der Täter konnten wir nicht geben, eigentlich wollten wir ja auch nur eine Bescheinigung, dass wir den Diebstahl gemeldet hatten.

Während ich zu Fuß in der näheren Umgebung von einem Geschäft zum anderen gehen sollte, um danach zu fragen, ob hier vielleicht ein Dieb gesichtet worden wäre, fuhr meine Frau mit zwei Beamten in einem Polizeiauto, auf einem Benzinkanister sitzend, denn das Auto hatte nur noch zwei Sitze, in die weitere Umgebung, um Gleiches zu tun, mit Blaulicht und Sirenengeheul versteht sich. Natürlich war die Suche erfolglos. Schließlich wurden wir, nachdem sie mich aufgegabelt hatten, mit gleichem Polizeiauto zum Hotel gebracht und per Handschlag und einer herzlichen Umarmung verabschiedet.

## Unter Kreuzfahrern

In den Kreuzfahrtkatalogen ist dank ausgewählten Formulierungen und entsprechender Aufmachung klar, warum man eigentlich eine Kreuzfahrt unternehmen sollte. Zu den besonderen Attraktionen einer Kreuzfahrt gehören unvergessliche Landausflüge, steht dort. Es werden Ihnen von den zahlreichen Häfen aus die interessantesten Einblicke in das Leben und die Kultur fremder Länder geboten, ist weiter zu lesen. Und: Erleben Sie die Welt in einer ausgewogenen Mischung von Seetagen und Landaufenthalten. Die Besatzung versteht sich als Familie und hat das gemeinsame Anliegen, Ihren Aufenthalt zu einem unvergesslichen Erlebnis werden zu lassen. Individueller Charme und Ambiente des Schiffes, angenehme Unterhaltung und Mußestunden im Liegestuhl an Deck sorgen für Ihr Wohlbefinden. Service an Bord ist gelebte Tradition. Eine Kreuzfahrt ist Ihr Stück Heimat auf See – viele Möglichkeiten zum Träumen und Genießen an Bord. Geschulte Mitarbeiter sorgen dafür, dass Ihre Seele neue Energie, Ihr Äußeres wohltuende Pflege erhält. Gut und üppig zu speisen ist Tradition, dazu ausgesuchte Spitzenweine und renommierte Biere. Vielfältiges Unterhaltungsprogramm an Bord, Stars von heute und morgen, unterstützt durch eine ausgezeichnete Bordband. Kompetente Lektoren vermitteln Ihnen fundierte Kenntnisse der Geographie, Ethnologie und Anthropologie. Genießen Sie die fröhliche und unbefangene Urlaubsstimmung … Dies ließe sich so fortführen. Aber wer sind nun die Kreuzfahrtreisenden und warum nimmt ihre Zahl stetig zu? Eine eindeutige Antwort wird sich nicht finden lassen, vor allem auch deswegen nicht, weil es nach meiner Erfahrung wenig Menschen gibt, die offen und ehrlich begründen wollen oder können, warum es eben gerade eine Kreuzfahrt sein muss. Wer gibt schon zu, dass er eine Kreuzfahrt in erster Linie deswegen unternimmt, weil es ihm auf Bequemlichkeit ankommt, weil er gerne bedient werden möchte, weil die angebotenen Landausflüge sehr kommod und weniger anstrengend sind und er die Wahl hat, daran teilzunehmen oder es sein lassen kann.

Das Lesen von Reiseführern erübrigt sich weitgehend, da man täglich und in »leicht verdaulicher Form« über die anzulaufenden Häfen und die entsprechenden Länder informiert wird. Man darf auch sicher sein, dass Essen, Trinken und Wohnen in Anlehnung an das Gewohnte zu Hause angeboten werden, dazu noch in Form von Büfetts, keine landestypische Küche also, und wenn doch, dann weitgehend angepasst. Auch irgendwelche Sprachkenntnisse sind nicht erforderlich, weil überall Deutsch gesprochen wird, der Kreuzfahrtgast wird unterhalten, kostenlos, hat kurze Wege auf dem gesamten Schiff, kommt mit Menschen zusammen, die sich seine Geschichten und Berichte anhören. Er braucht sich noch nicht einmal bei den Mahlzeiten um einen Platz zu kümmern, dieser ist stets reserviert und immer an der gleichen Stelle – erst in jüngster Zeit weicht man bei einigen Schiffen von dieser traditionellen Handhabung ab. Und, was ganz wichtig ist, das Ein- und Auspacken der Koffer ist nur jeweils ein einziges Mal erforderlich. Der Transport des Gepäcks am Einstieg- und Ausstieghafen wird von der Besatzung besorgt, diese bringt es auch vom Flughafen zum Schiff oder vom Schiff zum jeweiligen Flughafen, ja, selbst die Bordkarten sind vielfach bereits an Bord erhältlich. Bequemer geht's wirklich nicht.

Das Tragen von konventioneller, teurer und zuweilen festlicher Kleidung einschließlich des reichlich zu sehenden Schmucks ist nicht nur seitens der Kreuzfahrtdirektion erwünscht, sondern sagt auch etwas aus über den Wohlstand des Reisenden. Und so verwundert es eigentlich nicht, wenn Kritikpunkte sich aus dem Vergleich mit der letzten Kreuzfahrt ergeben – oder doch? »Die Kabine auf der HANSEATIC war viel größer, das Büfett auf der BREMEN ansprechender, der Nachtisch reichhaltiger, das abendliche Unterhaltungsprogramm auf der COLUMBUS war der Altersstruktur des Publikums erheblich besser angepasst, auf der VISTAMAR, AIDA und ASTORIA war alles persönlicher, die Fahrt mit der QUEEN MARY ein ungleich größeres Erlebnis, wissenschaftliche Vorbereitung der Landausflüge, das abendliche Kinoprogramm, Lesungen, Computer-, Tanz-, Schach- und Astronomiekurse und kulturhistorische Vorträge waren auf der EUROPA anspruchsvoller.« Und so weiter und so weiter …

Natürlich – und das sage ich mit dem gebotenen Respekt – gibt es eine Vielzahl an Landsleuten, die möglicherweise ein Leben lang hart gearbeitet haben und sich vielleicht die Kosten einer Kreuzfahrt nicht leisten konnten oder aus zeitlichen oder anderen Gründen nicht in der Lage waren, sich bereits früher eine Kreuzfahrt zu gönnen. Und sicherlich auch Mitmenschen, die sich aufgrund eines Gebrechens oder des Alters keine andere Art des Reisens mehr zutrauen oder die einfach nicht mehr anders reisen können. Vielleicht ist das auch die Erklärung dafür, dass relativ wenig jüngere Reisende diese Form des Reisens wählen. Oder es hängt damit zusammen, dass sie noch im Berufsleben stehen und einfach nicht die Zeit dazu haben und auch – davon steht sehr wenig in den Katalogen – nicht das nötige Kleingeld besitzen und daher oft eine andere und zudem preisgünstigere Form des Reisens wählen. Sicherlich hat es auch damit etwas zu tun, dass diese jüngere Zielgruppe hauptsächlich reist, um andere Länder, andere Menschen, andere Kulturen kennenzulernen. Ansprüche, die auf einer Kreuzfahrt nur zum Teil erfüllt werden können, aber bestimmt nicht, wie beschrieben, bei der Entscheidungsfindung ausschlaggebend sind.

Die folgenden Beobachtungen sind allerdings nicht immer einzuordnen und passen so gar nicht zu dem bereits Gesagten und verführen daher auch eher zum Schmunzeln – und das sollen sie auch. Auf einer Mittelamerika-Kreuzfahrt von Las Palmas über Mexiko, Guatemala, Costa Rica und Panama nach Jamaika im April 2004 war auch Herr Herbert Kastl aus Wien mit von der Partie. Anfang 70, glatzköpfig, mit gesunder Gesichtsfarbe, er machte den Eindruck eines vitalen, gesunden, unternehmungslustigen Mitreisenden. Er hatte die Ausstrahlung eines »Oftgereisten«, kurz: eines Mannes von Welt. Nennen wir ihn einfach Herbert, so wurde er bereits an Bord des Zubringerfluges von Frankfurt nach Las Palmas von einem anderen Passagier begrüßt. Offensichtlich sind die beiden schon des Öfteren gemeinsam gereist, dachte ich mir, denn wie sonst sollte man sich erklären, wenn die Begrüßung wie folgt geschieht: »Ei, Herbert, wie geht's dir denn, du lebst ja auch noch. Ich dachte, du wärst schon längst tot!« Herbert nahm diese Begrüßung mit erstaunlicher Gelassenheit hin, nichts schien seine Ruhe und Besonnenheit erschüttern zu können.

Natürlich interessierte mich Herbert fortan, ich muss zugeben, ich war richtig neugierig geworden. Und ich brauchte in der Tat nicht lange auf Auftritte von Herbert zu warten. Denn täglich war er zu beobachten, was sage ich, er war einfach nicht zu übersehen, weder von mir noch von allen anderen Mitreisenden. Da das tägliche Frühstück bei gutem Wetter – und das war fast ausnahmslos der Fall – an Deck des Schiffes eingenommen werden konnte, hatte sich Herbert einen Stammplatz in unmittelbarer Nähe des Eingangbereiches ausgesucht, so dass alle Passagiere ihn nicht nur sahen, sondern auch passieren mussten. Die Einnahme des Frühstücks schien ihm egal, vielmehr ließ er es sich nicht nehmen, alle älteren Damen – oder zumindest die, die er glaubte zu kennen von früheren Reisen und das waren eine ganze Menge – per Handkuss zu begrüßen und mit: »Guten Morgen, gnädige Frau.« Einige schienen in der Tat pikiert, andere zeigten sich amüsiert, einige geehrt, aber es waren auch einige darunter, die das nicht so lustig fanden und ihrer Empörung Ausdruck verliehen. »Was fällt Ihnen denn ein, Sie Ferkel. Eine Unverschämtheit ist das.«

Zu diesem Anlass hatte sich Herbert entsprechend gekleidet. Er trug den blütenweißen, schiffseigenen Bademantel, dazu die passenden weißen Schlappen, die in jeder Kabine bereitstanden, und hatte sich sämtliche Kriegsauszeichnungen, die er für seine Bemühungen um Volk und Vaterland während des Zweiten Weltkrieges erhalten hatte, an diesen Bademantel geheftet, und das waren eine ganze Menge. Hoch dekoriert, wie er nun einmal war, blieb er auf seinem Platz, bis auch die letzten den Frühstücksbereich verlassen hatten. Erst dann humpelte er von dannen. Das Humpeln erklärte er wiederholt damit, dass er sich vor längerer Zeit auf Madagaskar ein künstliches Knie hätte einsetzen lassen, weil preislich spürbar günstiger als in einem Spital in Wien.

Herr Emil Hatschka, Finanzbeamter aus Frankfurt am Main, fiel auf gleicher Schiffsreise durch seine extreme Sparsamkeit auf. In Sorge, eventuell zu kurz zu kommen, pflegte er die Mahlzeiten im Stehen einzunehmen. So stand er beispielsweise beim Frühstück rechts am Ende des Büfetts, aß unglaublich hastig und in großen Mengen Toast, Spiegeleier, Käse, Schinken und Lachs und verschmähte eigenartigerweise die sehr wohlschmeckenden Würstchen. Davon nahm er zwar eines, schmierte sich aber damit die Lippen ein und warf es anschließend über Bord. Auf dieses etwas ungewöhnliche Verhalten hin angesprochen, erklärte er, er benutze die Würstchen als Sonnenschutzmittel, da das Sonnenöl, das man an Bord kaufen könnte, viel zu teuer sei. Auch die jeweiligen Landausflüge waren ihm natürlich zu teuer und so zog er, beispielsweise auf den Kapverdischen Inseln, mit einer Plastiktüte bewaffnet auf eigene Faust los. Übrigens trug er diese Plastiktüte immer bei sich, also auch bei den Mahlzeiten. Erstaunlicherweise kehrte er schneller als alle anderen Passagiere zum Schiff zurück. Der Grund: Zwei farbige Jugendliche hatten ihm die Plastiktüte auf dem dortigen Fischmarkt in der Hoffnung auf reichhaltige Beute aus der Hand gerissen. Die Enttäuschung muss groß gewesen sein, denn sie enthielt lediglich das Gebiss des Herrn Hatschka. Das würde er immer so handhaben, bekannte er, nach Mahlzeiten würde er es immer herausnehmen, aus Bequemlichkeitsgründen gewissermaßen, und in der stets mitgeführten Plastiktüte verstauen. Ein klassischer Versicherungsfall sei dies, bemerkte er sehr gelassen. Wie er fortan Essbares zu sich genommen hat, konnte ich nicht feststellen.

Herr Detlef Becker aus Bielefeld war Teilnehmer einer Kreuzfahrt »Rund um die Welt« von Dezember 2002 bis Anfang Mai 2003 und ich hatte Gelegenheit, ihn auf dem Teilabschnitt von Brasilien nach Uruguay, Argentinien, um Kap Hoorn herum nach Chile näher kennenzulernen. Seinem kompakten Aussehen nach war es sicherlich nicht seine erste Kreuzfahrt. Er schien das üppige Essen sehr zu schätzen und er ließ keine der angebotenen Gelegenheiten aus, er begann mit dem Frühstück für Frühaufsteher um 6.30 Uhr, dann das Büfettfrühstück um 8.00 Uhr, die Kraftbrühe mit Appetithäppchen und der Frühschoppen mit Brezeln und Weißwurst um 11.00 Uhr, anschließend das Büfett-Mittagessen um 13.00 Uhr, dem er mit offensichtlicher Freude entgegensah, um 16.00

Uhr schließlich folgten Kaffee und Kuchen und schlicht von ihm erwartet dann als Höhepunkt des Tages das anspruchsvolle Abendessen um 19.00 Uhr. Als vortreffliche Ergänzung und gewissermaßen als Tagesabschluss schließlich genoss er den angebotenen Mitternachtssnack.

Er sah es auch nicht als notwendig an, sich zwischen den Mahlzeiten ein wenig Bewegung zu verschaffen. Vielmehr verzichtete er auf sämtliche Landgänge und Landausflüge und – wie mir andere Reiseteilnehmer versicherten – praktizierte er dies bereits seit Beginn der Reise so und setzte es vermutlich auch bis zum Ende der Reise nach fast fünf Monaten fort. Er war der Meinung, kompetentes Wissen über die anzufahrenden Länder und deren Menschen könne man sich ausschließlich mittels entsprechender Reiseführer und einschlägiger Reiselektüre aneignen. So sah man ihn täglich an Deck in der Nähe des Swimmingpools sitzen und eifrig in mitgebrachter Literatur lesen. Allerdings schien er darauf bedacht, dass es ihm keiner gleichtun konnte. Er riss nämlich die jeweils gelesene Seite aus dem Buch, zerknäulte sie und warf sie zu Boden, so dass er nach einiger Zeit von vielen Papierhäufchen umgeben war. Gott sei Dank achtete der Kreuzfahrtdirektor sehr darauf, dass Herr Becker diese Art zu lesen nicht ausdehnte auf die schiffseigene Bibliothek. Sein Kommentar: »Herr Becker ist ein guter Kunde von uns und hat schon zahlreiche Kreuzfahrten hinter sich und plant sicherlich noch weitere. Solange er unsere Bibliothek in Ruhe lässt, ist mir das egal.«

Natürlich ist auch das Fotografieren eine wichtige Sache auf einer Kreuzfahrt. Hier sind aber, wie mir scheint, nicht so sehr die Sehenswürdigkeiten, Landschaften, Menschen und Flora und Fauna der besuchten Länder das Objekt der Begierde, sondern vielmehr die Schiffseinrichtungen, der Speisesaal, das Frühstück an Deck, die Äquatortaufe, der Frühschoppen nach »bayrischer Art« mit Blasmusik, der Empfang an Bord, das Galadinner, das Von- und An-Bord-Gehen, das Ausbooten, das Anlegen von Schwimmwesten. Gern lässt man sich auch selbst fotografieren in festlicher Stimmung mit teurem Schmuck und in Abendrobe und mit einem Glas Champagner in der Hand. Zum Teil wird einem das »lästige Fotografieren« sogar abgenommen durch einen schiffseigenen Fotografen. Es soll ja schließlich eine Erholungsreise sein. Herr Dietmar

Krüger aus Stuttgart, ein Mittsiebziger, schlank, braun gebrannt, ließ es sich allerdings nicht nehmen. Er fotografierte anlässlich einer Kreuzfahrt im Frühjahr 2003 entlang der brasilianischen Küste all diese Dinge mit einer teuren Kamera selbst. Und er hatte zu tun. Darüber hinaus hatten es ihm andere Schiffe, die uns begegneten, besonders angetan. In einem solchen Fall stürmte er an Deck, rammte andere Passagiere und schob sie notfalls beiseite. Dabei war er nicht gerade zimperlich und freundlich, man sah ihm die Aufregung an. So geschehen auch, als ein amerikanisches Kreuzfahrtschiff mit etwa 3000 Passagieren als »Megaliner« durch den Kreuzfahrtdirektor rechtzeitig angekündigt wurde. Herr Krüger stürmte an Deck und brachte sich in Position. Aber irgendetwas musste mit der Kamera passiert sein: Er sah sie sich an, schüttelte sie mehrmals, stieß Verwünschungen aus, wurde immer blasser und das gerade in dem Moment, als uns die Amerikaner passierten. Schließlich brüllte er: »Weg da«, nahm einen Anlauf und warf die neue teure Kamera über Bord. Er war lange nicht ansprechbar und niemand wagte es, dies auch nur zu versuchen. Auf einem Vortrag über James Cook, den er sich anhörte, gelang es mir dann doch, den Grund seines Verhaltens herauszufinden: Die Kamera hatte den Film nicht mehr transportiert. Von dieser Begebenheit an hatten wir einen freundlichen, zurückhaltenden, interessierten und umgänglichen Mitfreisenden an Bord.

Eigentlich sollte man bei einer Kreuzfahrt voraussetzen dürfen, dass es sich bei den Passagieren um gebildete, tolerante, freundliche, ausgeglichene, souveräne, an vielen Dingen interessierte Menschen handelt, denen weder die Aufgeschlossenheit Fremden gegenüber noch ein soziales Gruppenverhalten fremd sind. Viele bringen diese Eigenschaften mit, keine Frage, aber es gibt auch einige, die damit Probleme haben. Wie ist ansonsten zu verstehen, dass Reisende bereits lange vor der Öffnungszeit des Restaurants um Einlass bitten, obwohl ihr Platz reserviert, das Büfett überreichlich zubereitet ist? Am Büfett selbst zuweilen eine unerklärliche Hektik entsteht und zu beobachten ist, wie die Passagiere sich weit über das hinaus auf den Teller laden, was sie verkraften, sprich essen können? Der große Rest wandert dann in den Müll. Einfallsreichtum und Gedankenlosigkeit nehmen zuweilen groteske Formen an. Ein älterer, kleiner und schmächtiger Passagier – meine Mutter pflegte zu sagen, dass man bei auffallend kleinen Männern immer etwas vorsichtig sein müsse –, der Sprache nach Brandenburger, war Passagier der Weihnachts-Neujahrs-Kreuzfahrt 2005/2006 und es wohl gewohnt, sich morgens zum Frühstück ausschließlich mit Obst zu versorgen, also verzichtete er auf das übrige Frühstück. Wenn der Vorrat an Kiwis am Büfett für ihn ausreichte, dann sah man ihn strahlend zu seinem Platz gehen. Aber wehe, wenn andere Mitreisende sich auch bedient hatten, dann konnte er sehr unangenehm werden und wies in schroffen Ton den nächsten Ober an, unverzüglich für Nachschub zu sorgen, denn es mussten stets 15 Kiwis sein, die er dann schälte und genüsslich zu sich nahm. Der Stuhl neben ihm musste frei bleiben, weil er dort – wohl sicherheitshalber – eine stattliche Anzahl Orangen, ob es die gleiche Anzahl war, konnte ich nicht feststellen, deponiert hatte, die er später offensichtlich zwecks Verzehr mit in die Kabine nahm. Ich glaube, diesem Herrn wäre niemals der Gedanken gekommen, dass auch andere Mitreisende gerne Kiwis und Orangen essen.

Das Mittagessen auf gleicher Kreuzfahrt wurde, wie auf anderen Schiffen auch, bei gutem Wetter an Deck ergänzt durch Grillspezialitäten wie Steaks, Würstchen oder auch köstliche Krabben. Ein großer Herr vor mir ließ sich zunächst zwei Steaks geben und hielt dann einen zweiten Teller hin und bat um reichlich Krabben mit den Worten: »Auch für meine Frau mit.« Rein zufällig saß ich am gleichen Tisch und wir kamen schnell ins Gespräch und ich erfuhr, dass er aus Berlin war und nun die zehnte Kreuzfahrt unternahm. Nach einer Weile fragte ich, wo denn seine Frau bliebe, denn er hatte ja geradezu fürsorglich für sie »mitgeladen«, wie er gesagt hatte. Seine knappe Antwort: »Ik hab gar keene Frau, helle, wah?« Auf die Idee muss man erst mal kommen, er war stolz darauf. Zurecht?

Das ältere Ehepaar Wetzel aus Mönchengladbach war Gast der Herbst-Kreuzfahrt 2001 in die Karibik und es versicherte glaubhaft, nunmehr die 15. Kreuzfahrt zu unternehmen, davon allein zwölf »Rund-um-die-Welt-Reisen«. Aber das war auch das nahezu Einzige, was sie sagten. Die beiden hatten nun gar nichts im Sinn mit anderen Menschen, anderen Sprachen, anderen Kulturen und anderen Mitreisenden. Und es war daher großes Pech für alle, die mit ihnen drei Wochen lang an einem Tisch saßen, denn ein Gespräch war nicht möglich, da sie sich, wenn überhaupt und wie erwähnt, nur mit sich selbst unterhielten.

Frau Wetzel hatte auch die seltsame Angewohnheit, generell nicht zu grüßen. Darauf angesprochen, erwiderte sie: »Ich grüße nur Menschen, die ich mag.« Damit war klar: Ich gehörte nicht dazu. Auch beim Abendessen hatten die zwei seltsame Angewohnheiten: Herr Wetzel war für das Essen zuständig und bestellte generell etwas, was es nicht auf der Menükarte gab und bekam es auch bis auf wenige Ausnahmen. Der Kommentar war nach Verzehr immer der Gleiche: Es schmeckte nicht.

Sie war für Getränke zuständig und bestellte generell Rotwein, offensichtlich weil Weine kostenlos zu den Mahlzeiten angeboten wurden. Getrunken aber haben sie höchstens ein halbes Glas, das war dann aber auch der Zeitpunkt, um die Bedienung mit einem lauten Hallo herbeizurufen, damit die Gläser wieder aufgefüllt wurden, obwohl die Karaffe zur Selbstbedienung auf dem Tisch stand. Sowie dies geschehen war, standen sie kommentarlos auf und gingen, ohne dass sie auch nur einen Schluck davon genommen hätten, und selbstverständlich auch ohne Gruß. Sie zogen sich allabendlich zurück in die Bibliothek und spielten Schafskopf. Das taten sie auch tagsüber, denn Landausflüge, nein, die waren ihnen schon nach der dritten Kreuzfahrt ein Gräuel. Und das alles 142 Tage lang. Kaum zu glauben, wie ich meine, aber wahr.

Und dann erinnere ich mich an eine Kreuzfahrt über Ostern 2005 zwischen Australien und Mauritius mit einer Strecke von sieben Tagen ausschließlich auf See. Ich unterhielt mich gerade mit einem mir bekannten Ehepaar aus Darmstadt, das ich auf einer Reise nach Chile kennengelernt hatte, als eine ältere Dame an mich herantrat und fragte: »Sagen Sie mal, Herr Lektor, wohnen Sie eigentlich auch auf dem Schiff?« Ehe ich darauf etwas sagen konnte, es hatte mir in der Tat die Sprache verschlagen, antwortete Herr Roller aus Darmstadt: »Nein, gnädige Frau, er fährt mit den anderen Künstlern in einem kleinen Boot immer hinterher.« Als die Dame nun bemerkte, erwähntes Boot nie gesehen zu haben, obwohl sie immer sehr früh bereits an Deck war, um das erste Frühstück einzunehmen und die gewünschte Liege auf dem Sonnendeck zu blockieren, erklärte Herr Roller: »Die müssen aus Sicherheitsgründen einen großen Abstand halten und die können Sie aufgrund der Erdkrümmung gar nicht sehen.« Jene ältere Dame gab sich offensichtlich damit zufrieden, denn sie verabschiedete sich mit einem: »Ach so, deswegen.«

Ein etwas älterer Mitreisender aus Hildesheim war auf der gleichen Reise bereits seit Anbeginn ab Bremerhaven an Bord und trat nun Ende März an den Rechnungsschalter, um für sich und seine Frau die sogenannten Extras, die innerhalb der letzten drei Monate angefallen waren, zu begleichen, die im Wesentlichen aus Getränkerechnungen für Getränke bestanden, die nicht im Preis der Kreuzfahrt enthalten waren. Wohlgemerkt: Wir befanden uns auf einer Kreuzfahrt, die etwa 20.000 Euro kostete und am 5. Mai 2005 wieder in Bremerhaven zurück sein würde. Den Zahlmeister kannte ich von der letzten Kreuzfahrt als sehr freundlichen und hilfsbereiten Landsmann. Groß aber war die Not, als er diesem Herrn einen Cent, also 0,01 Euro, schuldig bleiben musste. Er versicherte, ihm diesen Cent so bald als möglich zurückzugeben. Damit gab sich besagter Herr jedoch keinesfalls zufrieden, sondern bestand darauf, den Cent sofort zu erhalten.

Ich stand unmittelbar dahinter und bot ihm den Cent an, aber auch das lehnte er ab. Erst als ich meinen Cent dem freundlichen Zahlmeister gab und er ihm diesen Cent weitergab, war er zufrieden. »Na also, geht doch, wenn man lange genug darauf besteht«, stellte er fest.

Als ich an der Reihe war, zog besagter Zahlmeister die Schultern hoch, sah mich an und sagte wie zu sich selbst: »Verstehen Sie, dass ich manchmal keine Lust mehr habe?«

Auch der tägliche Kampf um die Liegestühle und Stühle an Bord verdient immer wieder erwähnt zu werden. Frau Mönke aus Hamburg,

Passagierin eines Kreuzfahrtschiffes im Sommer 1998 nach Spitzbergen, hatte sich eine besondere Methode ausgedacht, obwohl der Kreuzfahrtdirektor auch auf dieser Fahrt ausdrücklich darum gebeten hatte, Liegen nicht zu belegen, da auch andere Passagiere in den Genuss kommen wollten. Und Liegen standen in der Tat ausreichend zur Verfügung. Sie hatte im Katalog und in Reiseführern gelesen, dass die Fahrt besonders der spektakulären Landschaft wegen entlang der norwegischen Küste eine unglaublich lohnende Schiffsreise sei. Bereits bei Tagesanbruch sicherte sie sich drei Liegestühle, die sie allerdings mitten im Gang aufstellte, so dass sie im Liegestuhl liegend den Ausblick genießen konnte. Sie mochte weder stehen noch anderen Mitfahrenden den Durchgang ermöglichen. Auf die Frage, warum es denn gleich drei Liegen sein müssten, antwortete sie: »Die Sonne zieht ja weiter und je nach Sonnenstand rücke ich nach und wechsle die Liegestühle, so dass ich nahezu den ganzen Tag in der Sonne bin.« Was waren die Kommentare der Mitreisenden dazu? »Clever«, »Gewusst wie« oder »Unverschämtheit« oder »Die hat einen Vogel.«

Auch die Gepflogenheiten und Hinweise, bei den Mahlzeiten ansprechend gekleidet zu sein, werden offensichtlich immer wieder von einigen Passagieren missverstanden. Dies traf insbesondere auf die Kreuzfahrt »Das östliche Mittelmeer« im Juni 2005 zu. Ein Herr Mitte 50 hatte es sich zur Gewohnheit gemacht, zum Frühstück und Mittagessen stets mit Bademantel und Strohhut bekleidet zu erscheinen. Das Abendessen ließ er ausfallen, da ihm der Zutritt zu den Restaurants massiv und erfolgreich durch Angehörige des Bordpersonals verweigert wurde. Offensichtlich schmeckte ihm das Essen nur in dieser Aufmachung.

Ein anderer modebewusster Passagier auf der gleichen Reise machte es umgekehrt. Er erschien bereits zum Frühstück gestylt, mit dunklem Maßanzug und passender Krawatte, zum Mittagessen mit Blazer, tadellos sitzender schwarzer Hose und abends trug er einen schicken, bunten, mit Drachenmuster versehenen Seidenanzug ohne Kragen, den er in Hongkong für viel Geld hatte anfertigen lassen, wie er sagte. Dazu schwarze Ledersandalen, ebenfalls aus Hongkong. Socken waren ihm scheinbar abends zutiefst zuwider, er kam ohne sie aus. Zunächst glaubten die Mitfahrenden, er wolle eben mal »chinesisch gekleidet« zum Abendessen kommen. Da er aber täglich in diesem Anzug erschien, war dies wohl nicht der Fall. Ein jüngerer Tischnachbar fasste sich ein Herz und fragte ihn schließlich nach reichlich Zögern, warum er ausgerechnet abends diesen Anzug und nur diesen trug. Die Antwort kam erstaunlich schnell und selbstbewusst: »Ich bin kein Abendmensch und die Abendveranstaltungen schenke ich mir ohnehin. Ich trage das aus Bequemlichkeitsgründen, es ist nämlich mein Schlafanzug.«

Ein weiterer Landsmann auf dieser Reise, sein Alter war schwer einzuschätzen, trug tagsüber immer das Gleiche, auch zu den Mahlzeiten. Die rechte Hand hatte er in eine Weste mit Goldknöpfen gesteckt, auf dem Kopf trug er einen Kopfschmuck in Dreiecksform, ferner eine schwarze Hose, die unter dem Knie mit einem Bund geschlossen war, sehr ähnlich den Knickerbocker früherer Tage, und dazu weiße Kniestrümpfe und schwarze Schuhe. Über der Weste schließlich ein halblanges Jackett mit weißem Revers, ebenfalls mit Goldknöpfen versehen. Er war stets in Bewegung, ging die Gänge entlang oder spazierte forschen Schrittes auf der Schiffsgalerie auf und ab. Eine ältere Dame, die ihn von einer früheren Schiffsreise her kannte, hatte die plausible Erklärung: »Dieser Herr reist stets als Napoleon.« Ob er sich dafür hielt, habe ich nicht erfahren.

Frau Wagner aus Dinkelsbühl, Teilnehmerin der Karibik-Mittelamerika-Kreuzfahrt im Oktober 2003, suchte händeringend Rat beim Arzt an Bord. Sie könne nun schon seit vier Tagen nicht schlafen, weil Vollmond sei, und müsse stattdessen ununterbrochen essen, klagte sie.

»Was haben Sie ihr denn empfohlen?«, fragte ich den Arzt, der mir das erzählte.

»Ich habe ihr geraten, solange zu essen, bis das Hungergefühl nachlasse«, so der Arzt. »Im Übrigen«, schloss er vielsagend, aber eher zu sich selbst redend, »da habe ich schon ganz andere Granaten erlebt.« Beispielsweise Herr Hohmann aus Köln-Dellbrück, dem schmeckte das Essen – ganz im Gegensatz zu der Dame – überhaupt nicht. Auch er hatte den Arzt aufgesucht, um Hilfe gebeten und gefordert, dass eine Diagnose gestellt werde und wie es nun weitergehen solle. Als der Arzt ihn verabschiedete, ohne einen Rat geben zu können, der auf Linderung hoffen ließ, schloss sich Herr Hohmann für drei Tage in seine Kabine ein, trat also in einen Hungerstreik und ließ selbst seine Frau tagsüber nicht mehr herein.

Gern hätte ich den Arzt noch nach »weiteren Granaten« gefragt, aber dazu fehlte mir die Zeit. Und was lernen wir daraus? Essen und Trinken ist auf Kreuzfahrten eine ungemein wichtige Sache.

Die Umstellung auf andere Formen des Reisens wie beispielsweise mit dem Flugzeug ist für Kreuzfahrtreisende nicht immer einfach. Auf der Weihnachts-Silvester-Kreuzfahrt nach Südamerika 2006/2007 hatte eine stets schick gekleidete Dame aus Würzburg ihren Stammplatz an der Bar und schaffte es, vermutlich mithilfe des Barkeepers, vor und nach den Mahlzeiten dort Platz zu nehmen, wo sie eben immer saß. Pfeffer-Wodka musste es für sie sein, eine Spezialität des Schiffes, sie genoss dieses Getränk in vollen Zügen, im wahrsten Sinne des Wortes. Viel sprach sie nicht, aber jeder wusste inzwischen, dass sie aus Würzburg kam, weil sie das nach fast jedem Getränk betonte. Sie war immer unter den letzten Unentwegten, wenn es hieß »Last call«. Aber sie wurde nie laut oder ausfallend, bevor sie leicht schwankend zu ihrer Kabine zurückkehrte. Sie wusste, dass auf dem Rückflug von Santiago de Chile über Atlanta, Georgia nach Frankfurt nur schwer an Wodka heranzukommen war, schon gar nicht an Pfeffer-Wodka und schon gar nicht auf dem Flug einer amerikanischen Fluggesellschaft, und so versorgte sie sich mit einer Literflasche Wodka in einem Duty-free-Shop. Auf der zweiten Etappe von Atlanta nach Frankfurt verließen sie wohl doch die Kräfte und sie zeigte erhebliche Konditionsmängel. Sie hatte bis auf einen winzigen Rest die Flasche geleert und musste bei Ankunft in Frankfurt mit einem Rollstuhl von Bord gebracht werden.

Ganz anders eine nur Französisch sprechende Belgierin auf gleicher Reise. Sie bewies eine unglaubliche Standhaftigkeit, denn sie trank täglich, natürlich über den Tag verteilt, eine Flasche guten alten französischen Champagners, 64,– Euro pro Flasche, und das 28 Tage lang. Der Zahlmeister präsentierte ihr die entsprechende Rechnung: 1.792,– Euro für Champagner, die sie ohne Murren akzeptierte.

Landgänge nennen sich bekanntermaßen Ausflüge, die von der Kreuzfahrtdirektion angeboten werden, um bei den jeweiligen Stopps und Liegezeiten in den Häfen Land und Leute kennenzulernen. Davon machen die Passagiere auch weitestgehend Gebrauch. Aber einige, wie das erwähnte Ehepaar aus Duisburg, verzichten auch teilweise oder gänzlich darauf. Bei der »Rund-um-die-Welt-Reise« 2000/2001 hörte ich, wie ein korpulenter Herr sagte. »Da liegen noch so viele Landgänge vor mir, damit fange ich erst in Thailand an.« Das Schiff war bereits 90 Tage unterwegs und praktisch auf der Rückfahrt. Und eine kleine, mürrisch wirkende Mitreisende nahm an keinem einzigen Ausflug teil, blieb stets an Bord. Danach befragt, sagte sie beim Mittagessen: »Ich mache keine Landgänge, ich habe mit dem Leben abgeschlossen.«

Einige Mitfahrende haben Probleme, die Reiseroute zu verfolgen oder den Ansagen und Präsentationen der Kreuzfahrtdirektion Gehör zu schenken, sowohl vor der jeweiligen Anlandung als auch danach. Sie können sich zuweilen nicht erinnern, wo die nächste gebuchte Kreuzfahrt hingeht oder wo sie bei der letzten im Einzelnen gewesen sind. Bei der Ankunft in Budapest anlässlich einer Donau-Kreuzfahrt im Sommer 1998 sprach mich ein Ehepaar an. »Sagen Sie mal, Sie fotografieren gerade, aber dürfen wir Sie dennoch fragen: Wo sind wir denn hier?« Und auf die Frage, wo sie im letzten Jahr gewesen seien und was ihnen besonders in Erinnerung geblieben wäre, antwortete die Ehefrau: »Letztes Jahr waren wir in Island, dort hat man mir den großen Zehennagel operiert.«

Über Ostern 2006, so erzählte eine rüstige Dame nicht ohne Stolz, sei sie in Namibia gewesen. Und ihr habe der schwarz-weiß-rote Leuchtturm am besten gefallen, denn er erinnere sie an die deutsche Kolonisierung und Kaiserzeit. Ich habe während meiner letzten Namibia-Reise im Sommer des gleichen Jahres einen solchen Leuchtturm nicht gesehen.

Auf gleicher Reise war natürlich Ostereisuchen angesagt. Da sich keine Kinder unter den Passagieren befanden, war das Suchen für Alt und Jung erlaubt. Wurde man fündig, durfte man natürlich das betreffende Ei behalten. Schon vor Tagesanbruch war eine stattliche Anzahl von Passagieren unterwegs, darunter erstaunlicherweise auch viele ältere Herrschaften. Mit großem Ernst und kaum zu überbietendem Eifer wurde in den entlegensten Winkeln des Schiffes gesucht. Das Ganze zog sich bis etwa 10 Uhr hin. Der ökumenische Gottesdienst in der Bordkapelle konnte erst verspätet beginnen, da ein schlecht gelaunter Passagier just in dem Moment hinter dem roten Vorhang hervortrat, etwas Ähnliches wie »So ein Mist« murmelte und den Raum verließ. Seine Suche war offensichtlich erfolglos geblieben.

Ebenfalls auf der gleichen Reise stürzte eine Dame an Deck, weil sie möglicherweise zu eifrig war bei der Suche nach Ostereiern, und brach sich den Schenkelhals. Ein Transport von Walvis Bay nach Windhoek und von dort per Flug weiter nach Frankfurt war unumgänglich. Aber Frau Josephine Guthmann, so hieß sie, weigerte sich, in das Flugzeug einzusteigen und bestand auf einer Rückreise per Schiff. »Für das Schiff habe ich bezahlt und nicht für den Flug«, argumentierte sie. Sie stimmte erst zu, als eine Begleitung durch eine Angestellte der South African Airways gefunden war.

Manchmal ist es auch schwer, Teilnehmer für eine Sehenswürdigkeit oder ein Naturschauspiel zu begeistern. Auf der Norwegen-Island-Reise im Sommer 2005 war es ein braun gebrannter und stets gut gelaunter Sachse, der sich völlig unbeeindruckt zeigte von dem faszinierenden Schauspiel der Mitternachtssonne. Er hatte schon so viele Kreuzfahrten hinter sich gebracht und dabei so viel gesehen, dass ihn »das« nicht sonderlich interessierte. »Wissen Sie«, sagte er, »ich habe mich mit 48 Jahren pensionieren lassen und scharren wie ein Huhn, um Geld zu verdienen, das sollen die andern machen. Ich mache Kreuzfahrten und das hier ist nicht besonders lohnenswert. Wenn jetzt noch gleichzeitig ein Wal hochspringen würde, dann wäre das natürlich was anderes.«

Zuweilen melden sich auch Passagiere, die sich als sehr reiseerfahren ausgeben und den Kapitän, der ihnen beim »Welcome-Drink« vorgestellt wurde, für zu jung und unerfahren halten. Als sich die zweite Brücke, die in Panama Nordamerika mit Südamerika verbindet, noch im Bau befand, konnte sich eine junge Mathematiklehrerin aus Neustadt an der Weinstraße nicht mehr zurückhalten. Sie stürmte aufgeregt über Deck und schrie, man müsse den Kapitän unbedingt davon abhalten, unter der sich im Bau befindlichen Brücke hindurch zu wollen. Dies sei schier unmöglich, das sehe doch jedermann, das Ganze sei viel zu niedrig, sie sei schließlich Mathematiklehrerin. Als es dennoch klappte und der erhebliche Abstand von den Schiffsaufbauten zur Brücke sichtbar wurde, konterte sie mit: »Noch mal Glück gehabt.«

Das Ehepaar Winterberg machte auf der schon erwähnten Donau-Flussfahrt gleichfalls auf sich aufmerksam. Es war vor allem Frau Winterberg, die in großer Sorge war, die Reise nicht überstehen zu können, ohne Schaden zu nehmen. Schleusendurchfahrten machten ihr große Angst und nachts bei der Einfahrt in die große Schleuse in der Slowakei konnte sie sich nicht mehr zurückhalten. Nachdem sie erfolglos ihren Mann davon überzeugen wollte, dass das Schiff untergehe und er das mit »Lass mich in Ruhe, es ist doch nicht mein Schiff« kommentiert hatte, stürmte sie, nur mit einem Pyjama bekleidet, zur Rezeption und brüllte, das Schiff ginge unter und jemand müsse unbedingt den Kapitän verständigen. Nachdem die Durchfahrt dennoch geglückt war und sie beim morgendlichen Frühstück saß, machte sie den Eindruck, als ob sie eine Katastrophe verhindert hätte.

Dettmar Kröger aus Stuttgart war ein Passagier, der im Herbst 2003 gleich drei Kreuzfahrten innerhalb von sechs Monaten hinter sich brachte, wie er sagte, und daher 300 kg Gepäck bei sich hatte. Er war, nach seinen Worten jedenfalls, Immobilienverkäufer, würde sechs Monate lang Häuser mit großem Erfolg verkaufen und könne dann für den Rest des Jahres große Kreuzfahrten unternehmen. Er war so angetan von meinem Südseevortrag und den gezeigten Dias, dass er mir für den Erwerb 6.000,– Euro bot, natürlich könnten es auch Kopien sein. Ich solle doch – etwa in zwei Monaten – sofort mit ihm Verbindung aufnehmen, um den gewünschten Kauf abzuwickeln, sofern ich damit einverstanden wäre, in bar selbstverständlich. Ich ließ sicherheitshalber zweieinhalb Monate verstreichen, aber meine Bemühungen um Kontaktaufnahme scheiterten dennoch: kein Anschluss unter dieser Nummer, Teilnehmer unter der angegebenen Adresse nicht bekannt. Und der Reiseveranstalter hatte eine Adresse, von der die Post mit »unbekannt verzogen« zurückkehrte. Von Dettmar Kröger habe ich nie wieder etwas gehört. Eigentlich schade, denn es waren wirklich schöne Dias.

Natürlich kann man sich auch sportlich betätigen an Bord der Kreuzfahrtschiffe. Neben Schwimmen und dem obligaten Fitnessraum gibt es die Möglichkeit, je nach Schiff, Tischtennis, Volleyball oder Fußball zu spielen, zu joggen oder dem angebotenen Sportprogramm zu folgen wie beispielsweise Gymnastik. Etwas ungewöhnlich verhielt sich eine Dame mittleren Alters, rothaarig und reichlich korpulent, auf der bereits erwähnten Weihnachts- und Silvesterreise 2006/2007. Sie ging generell erst dann in den Swimmingpool, wenn alle Plätze an Deck belegt waren, und dies geschah in der Regel zum Frühstück, zum Mittagessen oder wenn der Nachmittagskaffee serviert wurde. Wäre auch das Abendessen an Deck angeboten worden, sicherlich hätte sie auch dann zur gleichen Zeit ihr Bad genommen. Ein Mitreisender, dem dies nicht entgangen war, wandte sich schließlich reichlich zynisch an sie mit der Frage, warum sie ausgerechnet zu den Mahlzeiten ihr Bad nehmen müsse. Die Antwort: »Damit mich jeder sehen kann, denn so ganz unattraktiv bin ich ja auch nicht.«

Völlig anders gingen zwei rivalisierende Männergruppen auf der Neuseeland-Australien-Südafrika-Reise 2005 an das Thema Sport heran. Von der Aufmachung her konnte man bereits feststellen, dass es sich um zwei verschiedene Lager handelte. Die einen trugen blau-weiße Schals und gleichfarbige Mützen, die anderen gelb-schwarze Schals und passend dazu gelb-schwarze Mützen, wohlgemerkt ausnahmslos lauter erwachsene Männer auf einer teuren Kreuzfahrt. Sie veranstalteten eine Art »Kampftrinken« in der Bar an Deck und warfen die Biergläser anschließend über Bord. Die Schiffsbesatzung konnte relativ schnell diesem Treiben ein Ende bereiten. Wie die beiden »Spielführer« übereinstimmend sagten, feierten sie das alte Ruhrderby FC Schalke 04 gegen Borussia Dortmund. Vielleicht hatten Fußballfans unter den Passagieren dafür Verständnis, der weitaus größte Teil jedoch ganz offensichtlich nicht.

Ein Herr, nach eigenem Bekunden genau 74 Jahre alt, aus Aschaffenburg-Damm war Teilnehmer der Gala-Reise nach Island und Grönland im Spätsommer 2007. Er war unglaublich mitteilungsbedürftig und viele der Mitreisenden wussten Alter, Beruf, Wohnort, Anzahl der bisherigen Kreuzfahrten und die privaten Eckdaten aus seinem Leben, die eigentlich in die Privatschublade gehörten, zum Beispiel dass seine Schwester seit längerer Zeit am Ammersee lebt und sich seit der Auseinandersetzung über die Erbschaftssteuer nichts sehnlicher wünscht, als dass er in oder um Grönland herum ersaufen möge. Und diesen Gefallen wolle er ihr nun partout nicht tun. Er benötigte als Gehhilfe einen Stock, weil er inzwischen 22 Operationen, ich wiederhole: 22, hinter sich habe. Nicht alle seien Knieoperationen gewesen, die 23. stünde ins Haus nach Rückkehr, aber sie gelte seinen Augen. Seit Langem plage ihn der graue Star und seine jeweiligen Gegenüber erkenne er daher nur schemenhaft oder aus nächster Nähe. Landausflüge oder Landgänge oder sonstige Ausflüge vom Schiff aus waren aufgrund der Gehbehinderung eher selten. Aber wenn er ging, dann war er schwerbeladen mit Rucksack und Handtasche, er wolle den armen Leuten an Land weiterhelfen in ihrem Leben, wie er sagte. Er verteilte Europaflaggen aus Papier in Blau und mit gelben Sternen, dazu gab es Mundharmonikas, solange der Vorrat reichte. Als Gegenleistung erwartete er, dass die Empfänger dieser, sagen wir etwas ungewöhnlichen Gastgeschenke, eine Art Spalier bildeten und auf der Mundharmonika spielten. Da die Einheimischen aber ein solches Instrument weder je gesehen noch gespielt hatten, entstand ein solches grandioses Durcheinander von Tönen und Dissonanzen, wie es absichtlich niemals zu erzielen wäre.

Oft ist bei Kreuzfahrten die Ankunftszeit des Schiffes bei Rückkehr im jeweiligen Heimathafen morgens oder am frühen Vormittag. Darum ist es notwendig, dass das Gepäck am Abend zuvor oder spätestens um Mitternacht vor die Kabinentür gestellt wird, damit es abgeholt und zur Verladung bereitgehalten werden kann. So auch bei Ankunft des Schiffes in Bremerhaven im Mai 2006 von einer Kreuzfahrt aus Norwegen. Das Gepäck wurde an Deck nach einzelnen Destinationen wie Köln, Frankfurt und Leipzig sortiert und für den Weitertransport entsprechend verladen. Die Weiterfahrt erfolgte dann per Bus, ohne dass man sich um sein Gepäck kümmern musste. Ehepaar Wissmann aus Köln war offensichtlich der Meinung, man könne jederzeit an das Gepäck heran, um Dinge zu entnehmen, die man möglicherweise für die Weiterfahrt benötigte. Das funktioniert natürlich nicht bei zirka 600 Passagieren wie in diesem Falle. So war Herr Wissmann gezwungen, in Strümpfen und bei strömendem Regen von Bord und anschließend zu seinem Bus nach Köln zu gehen, der auch noch am weitesten weg geparkt hatte. Nahezu alle Gepäckstücke von 48 Mitfahrenden mussten wieder ausgeladen werden, ehe er endlich seines Koffers ansichtig wurde, um das herauszunehmen, was er dringend brauchte: ein paar Schuhe. Herr Wissmann hatte versehentlich sämtliches Schuhwerk im Koffer verstaut und kein einziges Paar Schuhe zurückbehalten. Frau Wissmann beschimpfte ihren Mann auf das Übelste, die Mitreisenden fluchten und schimpften ebenfalls angesichts der nicht unerheblich verspäteten Abfahrtszeit des Busses.

Eine andere Form der Antwort wählte ein Musiker, der im Zuge des Abendprogramms auftrat, auf die Frage einer älteren Dame: »Ich habe Sie gestern Abend erlebt bei Ihrem Auftritt, einfach großartig. Aber sagen Sie, kommen Sie unmittelbar vor Ihrem Auftritt jeweils an Bord oder wie machen Sie das?«

Seine Antwort: »Da ich auch tagsüber proben muss, komme ich bereits morgens an Bord und verlasse das Schiff abends nach der Vorstellung wieder per Hubschrauber.« Vom Veranstalter war später zu hören, dass jene Dame auf dem Bewertungsbogen von einer wunderschönen Kreuzfahrt sprach, aber einschränkend vermerkte, dass sie die Hubschraubergeräusche morgens und abends etwas gestört hätten.

Und eine andere Form der »Liegen-Sicherung« will ich Ihnen auch nicht vorenthalten, die sich gleichfalls eine ältere Dame aus Berlin im Zuge der Nordkap-Kreuzfahrt im Mai 2007 hat einfallen lassen: Sie schleppte spätnachmittags, wenn die Sonneneinstrahlung nicht mehr so intensiv war und es ziemlich kühl wurde, »ihre Liege« durch die Schiffsgänge in ihre Kabine und morgens vor dem Frühstück bei entsprechenden Witterungsbedingungen wieder an Deck. Da der Kreuzfahrtdirektor darum bat, die Liegen, wenn schon, dann höchstens 30 Minuten zu belegen, ohne selbst da zu sein, hatte sie es beim Frühstück immer sehr eilig, um rechtzeitig zu ihrem »Liegeplatz« zu kommen. Aber es schien ausgezeichnet zu funktionieren, sie hatte immer ihre Liege, dazu noch die gleiche.

Zu Missverständnissen führt zuweilen die Möglichkeit, sich beim mittäglichen Büfett selbst zu bedienen. So auch auf dem Kreuzfahrtabschnitt von Valparaiso nach Tahiti mit Zwischenstopp und Landgang in Valparaiso im Februar 2004. Der Nachtisch, und hier besonders das Angebot an Obst, war reichhaltig und vielfältig, die Früchte waren liebevoll aufgebaut. Die für Kabine 307 zuständige Stewardess weigerte sich plötzlich, ihrer Aufgabe nachzukommen, erwähnte Kabine in Ordnung zu bringen, während die Bewohnerin eine Stadtrundfahrt unternahm. Sie war eine Russin und sagte etwas von »nix Platz« und »Katastrophe«. Der Kreuzfahrtdirektor persönlich machte sich in Begleitung eines Sicherheitsoffiziers auf in Richtung Kabine 307, um der Ursache auf den Grund zu gehen. Groß war ihre Verwunderung, als sie die Kabine betraten: Das zweite Bett, der Fußboden und Teile des Wandschranks waren belegt mit Früchten aller Art: Orangen, Ananas, Aprikosen, Birnen, Pflaumen, Kiwis, Äpfel, Bananen. Die Kabine glich einem Obststand. Warum jene Dame diesen Vorrat angelegt hatte, konnte ich leider nicht in Erfahrung bringen.

Auch die sympathische Handhabung auf den Kreuzfahrtschiffen, Rot- und Weißwein bei den Hauptmahlzeiten kostenlos anzubieten, führt immer mal wieder zu Missverständnissen. Eine kleine Gruppe Reisender aus der ehemaligen DDR genoss das Essen einschließlich des

Rotweines offensichtlich in besonderem Maße. Sie führten stets mit sich die verchromten Kannen, die normalerweise Trinkwasser enthielten und in der Kabine zur Verfügung standen. Und diese füllten sie bis zum Rande mit Rotwein, ehe sie sich auf ihre Kabinen zurückzogen. Na, dann: Prost.

Prost aber auch jenem Bordpfarrer, der dies in ähnlicher Form täglich auf der Fahrt den Amazonas hoch praktizierte. Hier spielte sicherlich das extrem heiße Klima eine Rolle. Aber statt der Kanne brachte er eine Glaskaraffe mit, wie sie bei den Gottesdiensten verwendet wurden. Als ich ihn bei einem zufälligen Treffen an Deck deswegen ansprach, antwortete er: »Das ist Messwein.« Üblicherweise fand nur zweimal in der Woche ein Gottesdienst statt und der Wein, der dort beim Abendmahl gereicht wurde, hatte bei Weitem nicht diese Qualität. Gott vergelt's …

Groß auch die Aufregung mit einem älteren Herren auf der Norwegen-Kreuzfahrt im Sommer 2007. Lautstark verlangte er in der schiffseigenen Boutique nach Ohrenstöpseln, die er unbedingt kaufen wollte, weil er das Motorengeräusch in seiner Kabine nicht mehr ertragen könne. Als man dort bedauerte, damit nicht dienen zu können, wurde er sehr ungehalten. Dann soll man gefälligst dafür sorgen, dass der Kapitän die Motoren abstellte. Auf den Hinweis, dass dann das Schiff nicht mehr weiterfahren könnte, murmelte er etwas von fehlendem guten Willen und verließ den Laden fluchend.

Auf dieser Fahrt hatten mehrere Fahrgäste die Boutique im Visier und ihre Wünsche wichen erheblich von dem ab, was üblicherweise in einer Boutique zu haben war. Tags darauf betrat eine gepflegte Dame den Laden – wir waren bereits zwölf Tage in Norwegen unterwegs – und nach einigem Suchen und Betrachten der dortigen Kleidungsstücke, des Parfüms, der verschiedenen Seifen, kurzum, all der Dinge, die es in einer Boutique zu kaufen gibt, wandte sie sich an die Verkäuferin: »Sagen Sie, sind die Preise in Euro oder in schwedischen Kronen?«

Darauf die Verkäuferin erstaunt: „Wie kommen Sie auf Schweden? Wir sind die ganze Zeit schon in Norwegen.«

REISELEITER –
EIN TRAUMJOB?

Und die Dame: »Da hat man mir wieder eine falsche Antwort gegeben, Donnerwetter.«

Wie sich herausstellte, hatte sie bereits beim Bordreisebüro gefragt, wo wir uns eigentlich befinden. Da man dort hinsichtlich dieser ungewöhnlichen Frage glaubte, auf den Arm genommen zu werden, antwortete man ihr: »In Schweden, gnädige Frau.«

Ungewöhnlich auch die Antwort auf die Frage beim Besuch einer Spielbank in Macau auf der Hongkong-Dubai-Kreuzfahrt im April 2005, wie lange manche Besucher, meist Chinesen, sich denn hier aufhalten würden, um ihr Glück zu versuchen. Die Antwort des örtlichen Reiseleiters: »Ein beachtlicher Teil der Besucher bleibt 24 Stunden lang, ohne etwas zu essen oder zur Toilette zu gehen. Die verlassen ihren Platz deshalb nicht, weil sie in Sorge sind, dass ihnen dann ein Gewinn entgehen könnte.« Seine Stimme senkte sich, als er dann noch sagte: »Diese Leute tragen Pampers, verstehen Sie.« Ich verstand und verließ kopfschüttelnd die Spielbank.

# Reiseleiter für Studienreisen – ein Traumjob?

Der Job eines Reiseleiters: das ganze Jahr in der Weltgeschichte umherzureisen und für dieses Vergnügen auch noch bezahlt werden. Sicherlich werde ich dies noch eine Weile tun, zumindest solange ich glaube, den gestellten Anforderungen gerecht zu werden, eine positive Einstellung gegenüber Andersdenkenden und Fremdländischen auch weiterhin zu besitzen und ich es gesundheitlich verantworten kann. Es ist immer wieder eine Herausforderung, macht sehr viel Freude, schafft Toleranz und damit eine grundsätzlich positive Gesinnung und trägt, so denke ich, zur Bildung in vielfältiger Form bei. Und dazu haben natürlich entschieden auch die zahlreichen Reisenden beigetragen, die zwangsläufig bei meinen Erzählungen zu kurz kommen. Großartige Menschen, von denen ich viel gelernt habe, die mich teilhaben ließen an ihrer Bildung und Toleranz, an ihrer Erfahrung und ihrem Verhalten. Und inzwischen habe ich schon wieder zahlreiche neue kleine Episoden zusammengetragen – vielleicht folgt ja noch eine dritte Ausgabe. Und nun noch eine abschließende Bemerkung zu meinen Geschichten: Alle Namensgleichheiten und sonstigen Ähnlichkeiten mit tatsächlichen Ereignissen sind unbeabsichtigt und rein zufällig.

KARIKATUR DES AUTORS
MEXICO
ABRIL 19-1974